JUBA II.

Stéphanie GUÉDON

JUBA II.

L'Afrique au défi de Rome

LES BELLES LETTRES

2025

ISBN : 978-2-251-45669-0

Remerciements

Cet ouvrage est redevable aux amis et aux collègues qui, grâce à la richesse de nos échanges, et pour certains à la fort aimable mise à disposition de leurs travaux, ont nourri son écriture. Qu'en soient ici très chaleureusement remerciés Sophie Bajard, Marcel Bénabou, Nacéra Benseddik, François Bertrandy, Laurent Brassous, Claude Briand-Ponsart, Pascal Brunello pour la réalisation graphique, Florence Buttay, Laurent Callegarin, Mathilde Cazeaux, Michèle Coltelloni-Trannoy, Philippe Leveau, Mohamed Meouak, Arnaud Suspène, Gianpaolo Urso, ainsi que l'ensemble de l'équipe des Belles Lettres et plus particulièrement Alexandre Marcinkowski. Mes vifs remerciements vont également au Musée de l'Histoire et des Civilisations de Rabat, qui a gracieusement fourni la photographie du buste de Juba II. À Laurent, pour tout.

À toutes celles et ceux qui, au Maghreb, sont investis dans la connaissance de l'histoire et la protection du patrimoine.

Introduction

Les visages d'un souverain

Qui fut Juba II ? Prise dans les filets de l'histoire, son image a oscillé entre celle d'un petit roi africain docile et faible, soumis en toute chose à Rome et dépourvu d'initiative dans laquelle les historiens l'ont souvent cantonné, et celle d'un promoteur ancestral d'une culture berbère immuable, rôle qu'on souhaiterait aujourd'hui le voir jouer au Maghreb. En cela, Juba II incarne l'ambiguïté que représente encore l'Antiquité dans les mentalités collectives. Il est l'un de ces acteurs singuliers que l'histoire produite « en situation coloniale » en France[1], puis les romans nationaux au Maghreb ont investi d'une charge symbolique très forte, rendant plus ardue encore la tâche de dire qui il fut vraiment.

Tout commence pour Juba par un drame. Ni son père ni leur royaume de Numidie ne survivent à la guerre menée par César, désormais maître de Rome et de son Empire, et c'est enfant que le petit prince est ramené captif en Italie, où il grandit. Son destin y est tracé par Auguste, fils adoptif

1. Expression employée par Florence Deprest à propos des géographes de cette période, et appliquée par Philippe Leveau aux historiens contemporains : voir Deprest, 2009 et 2014, et Leveau, 2018. Les références bibliographiques détaillées sont données en fin d'ouvrage.

de César et premier empereur romain. De ses mains Juba reçoit à l'âge adulte un nouveau royaume en même temps qu'Auguste lui donne en mariage Cléopâtre Séléné, fille de la défunte Cléopâtre, dernière reine d'Égypte. Avec elle à ses côtés, il s'installe dès lors à Césarée – aujourd'hui la ville algérienne de Cherchell –, d'où il règne sur un immense territoire étendu d'ouest en est sur le Maroc et une partie de l'Algérie actuels, dernier royaume dans le nord d'une Afrique déjà sous domination romaine[1]. Mais c'est à une autre de ses qualités que le roi doit une reconnaissance plus grande encore dans les siècles qui suivent. Désormais on se souvient de lui comme l'un des plus savants historiens de langue grecque[2]. Homme de lettres érudit, Juba est l'auteur présumé d'une dizaine de traités touchant à des domaines variés dont il ne reste malheureusement aujourd'hui que des fragments pour suggérer l'étendue de sa curiosité[3].

La valeur qui lui a été reconnue par les Anciens a aussi difficilement soutenu la longue épreuve du temps. Au moment de faire le choix de figures marquantes, nulle histoire nationale au Maghreb n'a réclamé le souvenir du roi, non pas complètement tombé dans l'oubli mais désormais décrié. L'histoire de Juba II n'a rien de celle d'Hannibal ou encore de Jugurtha, son arrière-grand-oncle, à qui les guerres menées contre Rome ont valu bien plus tard d'être rangé parmi les héros nationaux en Tunisie et en Algérie[4]. À rebours de leur exemple, Juba II porte, lui, la macule de Rome, et c'est d'abord à l'aune de sa subordination à l'Empire que fut régulièrement jugé

1. « Afrique » et « Africain/africain » sont employés par commodité dans cet ouvrage avec un sens générique à valeur uniquement géographique.

2. Plutarque, *Vie de César*, 55.

3. Ces fragments furent rassemblés dans les *FHG*, t. III, p. 465-484 et les *FGrHist*, t. III, n° 275. Voir également le catalogue réactualisé des œuvres de Juba dans Roller, 2003, p. 261-263.

4. Alexandropoulos, 2018-2019.

l'ensemble des actions du roi, auquel on a peiné à reconnaître quelque mérite non seulement au Maghreb mais également en Europe[1].

La colonisation a, pendant longtemps, fait des recherches sur l'Antiquité au Maghreb une spécialité française. Il y avait là un intérêt politique très fort pour l'État français, qui prétendait s'inscrire dans les pas de Rome en Afrique et en réclamait l'héritage[2]. Stéphane Gsell, dont les travaux majeurs sur le nord de l'Afrique lui valaient d'être au début du XXe siècle l'autorité scientifique la plus respectée parmi les historiens de l'Antiquité, fut l'un des premiers à s'intéresser de façon approfondie à la personnalité de Juba II[3]. Son jugement envers celui qu'il qualifiait avec condescendance de « sympathique Africain » était alors nettement défavorable[4]. La période qui voyait la France engagée dans la colonisation au Maghreb donnait le ton et imprégnait l'histoire ancienne de ses préjugés. Le « bon roi » au service d'Auguste devait à son origine africaine – même si c'est à Rome qu'il avait grandi –, d'être considéré ni comme suffisamment romain, ni comme suffisamment grec, pour être classé parmi les auteurs importants de l'Antiquité[5]. C'est avec un mépris pareillement affirmé qu'était évoqué brièvement, au même moment, le nom de Juba II, dans la première histoire nationale de l'Algérie en langue arabe publiée entre 1928 et 1932 par Mubârak al-Mîlî : pour ce dernier, le roi était un traître ayant contribué à livrer l'Afrique à Rome et à l'Occident[6]. Soucieux d'ancrer

1. « Europe » et « Européen/européen » sont employés dans cet ouvrage avec un sens générique à valeur géographique.

2. Mattingly, 1996 ; Dondin-Payre, 2011.

3. Sur la figure d'historien que fut Stéphane Gsell, voir Leveau, 2018. Il faut mentionner, avant lui, la thèse en latin de La Blanchère sur Juba II, publiée en 1883.

4. Gsell, 1928, p. 206-276.

5. La qualification de « bon roi » est empruntée à Gsell, 1928, p. 220.

6. Mubârak al-Mîlî, *Histoire de l'Algérie dans les temps anciens et modernes (Ta'rîkh al-Jazâ'ir fî al-qadîm wa al-hadîth)*, étudié par Hannouz, 2014.

l'existence de l'Algérie dans l'histoire et de l'arrimer à son passé le plus ancien, Mubârak al-Mîlî envisageait la contribution de l'Antiquité et de ses acteurs sous l'angle inverse du point de vue européen, sans toutefois reconsidérer l'interprétation des sources ni objecter une véritable critique à l'historiographie coloniale dont il s'était d'ailleurs inspiré[1].

Les études publiées au Maghreb après la guerre d'indépendance algérienne n'ont pas davantage jugé favorablement le souvenir de Juba II[2]. Les mémoires nationales se sont fermement attachées à ceux qui s'étaient opposés à Rome, figure sublimatoire de l'Occident colonisateur. L'Antiquité, vécue comme un écho lointain à la colonisation française, résonnait pour longtemps dans les questionnements identitaires émergeant avec les libertés retrouvées[3]. «Aujourd'hui, la colonisation est une dimension de notre passé comme la romanisation a été une dimension de l'histoire de France» concluait Mohammed Harbi dans son essai de réflexion historique et politique sur l'Algérie paru pour la première fois en 1992[4]. Le paradigme qui faisait percevoir la colonisation à l'égal de la romanisation, source de discours discriminants contre les sociétés au Maghreb, restait bien vivace dans les mentalités marquées par un passé douloureux que Mohammed Harbi appelait alors à regarder en face en dépassant les passions, pour ne plus le rejeter. La plaie était profonde, et l'histoire ancienne particulièrement «lourde d'une angoisse quant à l'identité algérienne[5]». L'Antiquité

1. Alexandropoulos, 2018-2019, p. 116-119.

2. Dans son histoire du Maghreb, l'auteur majeur d'origine marocaine Abdallah Laroui évoque pour sa part en une ligne Juba II et son fils Ptolémée, «les deux derniers rois massyles», «clients des Césars» plutôt que «véritables princes autonomes» (Laroui, 1982, p. 35).

3. Leveau, 2014a et 2016.

4. Harbi, 2016, p. 161.

5. Harbi, 2016, p. 18.

n'échappait pas à la nécessité, formulée déjà par Mohamed Sahli en 1965[1], de décoloniser l'histoire et, au total, comme l'écrivait une dizaine d'années plus tard Yvon Thébert, de restituer à l'Afrique antique sa « dimension d'agent » sur la scène historique[2]. L'idée connaissait un écho plus large en France où une autre façon d'appréhender l'histoire était envisagée. Dans son ouvrage qui venait de paraître sur la conquête espagnole au Pérou, Nathan Wachtel portait ainsi la « vision des vaincus » afin de promouvoir un récit qui ne soit pas seulement celui des vainqueurs[3].

Au Maghreb, l'idée de résistance donnait un sens nouveau au passé et permettait de l'envisager autrement qu'une page écrite à la gloire de la puissance conquérante[4]. Bien plus, elle fut un moteur de création à l'idée de « nation », comme elle l'avait déjà été par le passé en Europe. Il y a indéniablement bien des similitudes dans les trajectoires héroïsées de Vercingétorix en France et de Jugurtha en Algérie. Leurs défaites furent non moins importantes que leur succès : elles étaient perçues comme la preuve d'une communauté nationale déjà existante bien avant la reconnaissance à son endroit d'un État-nation, et symbolisaient la longue lutte pour la liberté qu'il fallut mener pour y parvenir[5]. À la différence que la violence de la colonisation et de la guerre qui s'ensuivit fit du combat un thème autrement plus central dans l'Algérie contemporaine.

Dans ce contexte, le genre biographique prenait aussi un relief particulier[6]. Les figures d'exception, sélectionnées

1. Sahli, 1965.
2. Thébert, 1978, p. 80.
3. Wachtel, 1971.
4. C'est l'objet de la thèse de Marcel Bénabou publiée en 1976, qui proposait d'envisager sous une autre perspective l'histoire de l'Afrique romaine.
5. Alexandropoulos, 2012.
6. Cantier, 1994.

pour leurs actes de combat, permettaient de nourrir l'idée d'une appartenance collective indépendante, plongeant ses racines dans le passé ancien du Maghreb. De la galerie des « gloires nationales » fut alors exclu Juba II[1]. Loin d'être vu comme un modèle d'inspiration, il incarnait la soumission à Rome et le succès de l'Occident. À l'opposé, il fut prêté à ceux qui personnifiaient la résistance d'avoir été les tenants d'une culture et d'une unité berbères, supposément forgées dès l'Antiquité. L'idée était ancienne. Elle avait connu son plein épanouissement avec la colonisation, et permis à la France de trouver argument à la difficulté de subjuguer le nord de l'Afrique, dans les oppositions connues par Rome en son temps[2]. Avec l'émergence de la question berbère dans le champ politique au Maghreb après 1962, le lien revendiqué au passé exprimait un nouvel enjeu[3].

Pour différentes raisons, le regard général porté sur l'Antiquité a évolué au Maroc de façon sensible dès les années 1970, puis en Algérie au cours des années 1990[4]. Un tournant a été pris dans l'historiographie officielle, visant à enraciner ces États-nations dans leur passé africain le plus ancien. Les programmes et les manuels scolaires édités depuis cette période en sont la traduction la plus concrète, donnant une importance nouvelle à Juba II dans ces deux pays où son héritage bénéficie d'un intérêt inédit. Le souverain d'origine

1. Bénabou, 1976, p. 582 ; Ferdi & Bouchenaki, 2014, qui ne le retiennent pas dans leur liste des « figures d'exception de l'Algérie antique et médiévale », mais y incluent son père Juba Ier. Le traitement réservé dernièrement au souvenir de Massinissa, présenté comme une « source d'inspiration pour la politique étrangère algérienne » lors d'un colloque organisé par le Haut-Commissariat à l'amazighité, est à ce titre révélateur du modèle attendu de ces « figures d'exception » : *Massinissa*, 2015, p. 21 *sq*. Nacéra Benseddik est revenu très récemment sur la place des rois numides dans les mémoires collectives actuelles en Algérie : voir Benseddik, 2021.

2. Lorcin, 1995 ; Mattingly, 1996.

3. Dirèche, 2017.

4. Pour l'Algérie : Remaoun, 2003 ; pour le Maroc : Arraichi, 2015.

numide est devenu une référence utile, permettant d'apporter des arguments à l'ancienneté de la royauté au Maroc et de valoriser l'Antiquité et ses personnages marquants en Algérie, vieille terre numide par excellence.

Paré d'une nouvelle légitimité, Juba II est désormais perçu comme une personnalité amazighe – berbère – de premier plan. En Algérie, son histoire a été portée il y a peu par les voix du théâtre en 2018, puis du cinéma en 2020 avec le soutien du ministère de la Culture, faisant de l'ancien roi, au-delà de la part belle accordée à son mariage avec Cléopâtre Séléné, le porteur d'une culture ancestrale amazigh et plus largement de « l'identité nationale » en Algérie[1]. C'est dans une même « fonctionnalité idéologico-politique des images » que Massinissa avant lui, « le plus célèbre roi amazigh de l'Antiquité », « unificateur de la Numidie », a inspiré plusieurs films[2].

Différents problèmes historiques se posent toutefois à l'idée d'une unité et d'une permanence berbères depuis les périodes les plus anciennes, à commencer par l'emploi même du mot « berbère », qui n'a pas de réalité dans l'Antiquité[3]. Il s'agit en effet d'une création médiévale. Les auteurs arabes qui les premiers en firent usage, extérieurs à l'Afrique, tentaient d'en classifier les populations conquises et désignèrent d'abord comme « berbères », sans plus d'implication culturelle, celles

1. Ce sont les mots du ministre de la Culture, Azzedine Mihoubi, à l'occasion de l'avant-première du film : http://lecourrier-dalgerie.com/azzedine-mihoubi-a-lavant-premiere-de-juba-ii-faire-connaitre-lhistoire-profonde-de-lalgerie/

2. Bensalah, 2015.

3. Yvon Thébert fut l'un des premiers à en dénoncer l'usage : Thébert, 1978. Gabriel Camps, désigné par Salem Chaker comme « l'homme des permanences berbères », émit toutefois des remarques en ce sens : Camps, 2007, p. 95-96, et préface à cette édition de Salem Chaker, p. 13-20. Voir également Hamdoune, 2018, p. 9-11, et surtout Chaker, 2020.

qui ne relevaient pas de l'autorité byzantine[1]. Même si le mot est devenu d'un emploi courant pour évoquer le substrat humain le plus ancien au Maghreb, il faut résolument y renoncer pour l'Antiquité et songer à Juba autrement qu'à un « roi berbère ».

Au-delà de tous les qualificatifs que sa renommée, récupérée à de multiples titres, lui a fait tour à tour endosser, Marcel Bénabou révélait la complexité du personnage dans une contribution à l'histoire générale des Africains commencée en 1977[2]. L'intérêt qu'il portait à Juba II n'était pas neutre : à travers lui, il touchait dans sa dimension intime la question d'une culture multiple au Maghreb, cherchant dans le passé une forme de légitimité tout autant qu'une solution apaisée de son expression. Le portrait du roi était l'occasion d'évoquer « l'intellectuel africain parfaitement assimilé à la culture gréco-romaine, mais qui garde néanmoins un certain lien avec ses origines » et dans lequel Marcel Bénabou voyait, par un parallélisme étroit entre les époques, une projection de lui-même qui avait grandi au Maroc sous protectorat français[3].

Prenant de la distance avec l'historiographie d'époque coloniale, l'historien ouvrait la voie à un autre regard sur le règne et la personne de Juba II, aux « trois fidélités » : envers l'Afrique dont il était originaire et où il revint pour exercer ses fonctions de roi, envers Rome à qui il devait son pouvoir, envers le monde grec enfin, qui était celui de sa culture de prédilection[4]. Les différentes facettes du souverain ont bénéficié depuis d'études renouvelées, à commencer par

1. Telles sont les conclusions qui ressortent du volume collectif proposant la mise au point la plus récente sur la question : Valérian, 2021, en particulier les textes de Nef, 2021, et Rouighi, 2021.

2. Bénabou, 1977 (texte repris et remanié par Bénabou, 1988).

3. Bénabou, 2004.

4. Bénabou, 1988.

les travaux de Michèle Coltelloni-Trannoy, et d'autres ont suivi au Maghreb et en Europe[1]. Le moment est aussi venu aujourd'hui de considérer à nouveaux frais la figure de Juba, encore diversement appréciée. À travers le récit biographique, il s'agit de rassembler les pièces éparses faisant la lumière sur sa personnalité.

L'enjeu mérite qu'on s'y attache. Juba II, comme d'autres personnages historiques, est un point d'entrée privilégié dans l'histoire ancienne du Maghreb[2], pour comprendre non seulement comment le monde romain a étendu ses vues sur l'Afrique, mais également comment celle-ci a intégré Rome dans son histoire au seuil définitif de son passage sous le contrôle de la puissance européenne. La nature du lien qu'il tisse avec le passé, l'articulation étroite entre son histoire et la destinée de son royaume font la valeur remarquable du portrait de Juba. « L'intérêt de la biographie est de rappeler qu'une histoire qui se veut totale ne peut plus faire abstraction du rôle des individus, de leurs conceptions personnelles, de leurs choix » écrivait Mohamed Harbi[3]. Toute la difficulté est dès lors de parvenir à comprendre la singularité des individualités, afin de mieux cerner leur implication en termes de dynamiques collectives[4].

Comme celle des anciens royaumes africains, l'histoire de Juba est très parcellaire, transmise par bribes par les sources gréco-latines, partie prenante de l'Empire romain.

1. Les recherches de Michèle Coltelloni-Trannoy restent la référence majeure sur le royaume et les règnes de Juba et de son fils Ptolémée (cf. Coltelloni-Trannoy, 1997a), et il faut plus récemment faire mention de l'étude de Duane W. Roller dans une perspective dédiée aux aspects culturels (cf. Roller, 2003).

2. Comme ailleurs dans cet ouvrage, « Maghreb » est employé ici avec un sens générique à valeur géographique.

3. Harbi, 1985, p. 7.

4. Levi, 1989, p. 1336.

Les auteurs antiques s'y sont intéressés à partir du moment où elle rencontra les intérêts de Rome, et la perspective romaine oriente encore très fortement la façon de regarder le roi et l'interprétation des diverses traces laissées par son règne. Renverser le prisme est nécessaire, pour aussi mesurer plus exactement l'ascendant de Rome[1]. L'équilibre est une gageure tellement il est difficile d'entendre toutes les voix, mais l'exercice est essentiel pour envisager une « histoire à parts égales » dont le commencement n'est pas la victoire finale de Rome en Afrique[2].

Au moment de partir sur les pas de Juba, laissons alors ces mots ouvrir le chemin : « Ni roi-soliveau ni savant de pacotille, Juba a su utiliser les possibilités que lui offrait la situation[3]. »

1. Leveau, 2016.
2. La formule, qui a connu une grande fortune, est empruntée à Bertrand, 2011.
3. Bénabou, 1988, p. 213-214.

1

À l'origine, la Numidie

Juba II est le descendant d'une illustre lignée de rois numides[1], dont l'origine reste toutefois énigmatique. Une pierre découverte dans l'antique cité de Dougga, aujourd'hui en Tunisie, conserve le plus ancien souvenir assuré de cette dynastie : l'inscription, gravée en 139 avant notre ère en langue punique et en langue libyque, rappelle la construction d'un sanctuaire sous le règne de Micipsa en l'honneur de son père mort des années auparavant, le roi Massinissa, fils du roi Gaia, lui-même fils du sufète Zilalsan[2]. La fonction de sufète exercée par Zilalsan évoque assurément un commandement, mais dont on ignore à quoi il correspondait exactement. Le titre de roi, qui est plus familier pour l'historien, qualifie son fils Gaia. La suite de cette prestigieuse ascendance royale est révélée par une inscription latine dédiée par la cité hispanique de Carthagène, au « roi Juba [c'est-à-dire Juba II], fils du roi Juba [Juba Ier], petit-fils du roi Hiempsal, arrière-petit-fils du roi Gauda, arrière-arrière-arrière-petit-fils du roi Massinissa[3] ».

1. La carte, proposée p. 223, permet de localiser les toponymes et ethnonymes mentionnés dans l'ouvrage.

2. Aounallah & Golvin, 2016, p. 48-50.

3. *CIL*, II, 3417, Carthagène = *ILS*, 840. Voir également Abascal Palazón & Ramallo Asensio, 1997, n° 49, pl. 55.

Le nom de Juba reflète à lui seul l'histoire du nord de l'Afrique. Transmis sous sa forme latinisée et des formes approchantes en grec (Ioba, Iobas, Ioubas[1]), il est d'origine africaine. La langue punique le connaît sous le nom de Iobai, attesté par le monnayage frappé par le roi Juba Ier, mais son étymologie le rattache à la langue libyque[2]. Avec celle-ci les historiens qualifient de façon générique les usages linguistiques, présentant des traits communs, d'un ensemble épars de populations africaines, préexistant à la fondation de Carthage et à l'émergence de la culture punique[3]. Toute la richesse du maillage culturel au nord de l'Afrique, dans l'Antiquité, prend alors nom avec Juba, héritier d'une histoire dont il s'agit de dérouler le fil d'Ariane[4].

Ascendance royale

Juba voit le jour dans le royaume de Numidie, sur lequel règne son père Juba Ier. Nul ne sait avec exactitude quand il naît : les auteurs romains soulignent simplement son très jeune âge lorsque, amené à Rome par César, il figure dans son triomphe célébré en 46 avant notre ère[5]. Aussi pense-t-on qu'il serait né vers 50 ou 48[6]. Sans doute Juba quitta-t-il trop tôt l'Afrique pour avoir acquis et conservé la maîtrise complète de sa langue maternelle dont aucun de ses écrits

1. Roller, 2003, p. 1, n. 1 ; Alexandropoulos, 2007, p. 213-233.
2. Monnaies de Juba Ier : Coltelloni-Trannoy, 1997a, p. 41 ; Alexandropoulos, 2007, p. 401-402, n° 39-30. À propos de l'onomastique libyque : Camps, 2002.
3. Chaker, 2002 ; Chaker, 2020. Sur l'ethnique « Libyen » dans l'Antiquité, voir la notice synthétique de Zimmermann, 2008.
4. Nous renvoyons au sens donné à cette expression par Bennassar, 2005, évoquant l'exercice de la biographie.
5. Plutarque, *Vie de César*, 55, 2-3, et Appien, *Guerres civiles*, 2, 101 : textes rassemblés et commentés par Voisin, 1983.
6. Sur les différentes hypothèses : Roller, 2003, p. 59 et 74.

n'atteste un usage effectif, même si, on le verra, la mémoire de ses origines, transmise à Rome, et la fierté d'appartenir à une royale ascendance n'en furent pas moins vivaces.

Par son père, Juba II descend de la dynastie des Massyles qui étend sa domination sur le pays numide à la fin du IIIe siècle avant notre ère [1]. La Numidie apparaît chez les auteurs grecs et latins à l'occasion du récit de la première guerre punique (264-241 avant notre ère), qui oppose Rome à Carthage. Elle recouvre alors un territoire très vaste, jouxtant à l'est l'État carthaginois et à l'ouest le domaine des Maures qui s'étire au-delà de la Moulouya, identifié à la *Mulucha* des Anciens [2]. Dans cet espace numide qui embrasse le Maghreb central, deux peuples ou ensembles de populations – la dimension anthropologique des ethnonymes qui les désignent reste malheureusement insaisissable – se démarquent, chacun aboutissant à la création d'un État dynastique. Deux royaumes partageant la Numidie émergent ainsi, l'un entre les mains des Massyles, l'autre des Masaesyles. Les bornes de leurs territoires respectifs, qui furent fluctuants, ne sont pas connues avec précision : faut-il d'ailleurs considérer que ces royaumes étaient fondés sur des limites territoriales claires ? Nous sommes habitués à juger de la frontière à partir d'une appréciation de la notion qui nous est contemporaine et qui est étroitement liée à la définition des État modernes en Europe [3], or qu'en étaient-ils pour les Anciens ? Dans l'Afrique antique, l'autorité des rois maures et numides semble s'être exercée avant tout sur des populations dans le cadre de relations de sujétion, et non de façon directe sur des territoires proprement dits qu'il n'y avait alors pas lieu de définir. Aussi l'idée d'une ligne ou limite frontalière fut loin d'être une évidence,

1. Camps, 2001 ; Camps, 2007, p. 99-112 ; Bridoux, 2020.
2. Boudouhou & Rebuffat, 2010.
3. Foucher, 1987.

non seulement pour les souverains maures et numides mais également ensuite pour Rome, une fois acquise la domination sur leurs pays[1].

En tout état de cause, les trois royaumes, maure, massyle et masaesyle ont sans doute déjà au IVe siècle avant notre ère une existence effective : celle-ci est bien réelle lorsque les sources grecques et latines en font pour la première fois mention dans leur récit des affrontements entre Rome et Carthage, un siècle plus tard. L'impact de la lutte entre Rome et Carthage est décisif pour la Numidie, qui a cette occasion est unifiée sous une seule autorité. Le roi masaesyle Syphax, le plus puissant des souverains africains au moment de la deuxième guerre punique (218-202 avant notre ère), étend le premier son pouvoir avant d'être supplanté par le roi massyle Massinissa, lointain aïeul de Juba II[2]. Mais la renommée cédant le pas à la légende, le XXe siècle a davantage retenu le nom du second, devenu un personnage emblématique de l'histoire du Maghreb[3].

Les événements qui précipitent la deuxième guerre punique sur le sol africain sont déterminants pour le destin de la Numidie. À la faveur du face-à-face qui l'oppose à Carthage, Rome, prenant pied en Afrique, devient rapidement une pièce maîtresse sur son échiquier politique, tirant parti des forces et des faiblesses tout comme le font les souverains africains dans le choix du camp auquel ils se rallient. Carthage, État

1. Camps, 1979, p. 47 ; Coltelloni-Trannoy, 1997a, p. 70 et 72. Sur la genèse de la frontière romaine en Afrique : Guédon, 2018.

2. Briand-Ponsart, 2011, p. 156-166.

3. Polybe, qui fut contemporain de Massinissa, ne tarit pas d'éloge sur le roi numide (*Histoire*, 36, 16), et à sa suite Tite-Live, au Ier siècle avant notre ère, fait du souverain « le plus grand des rois de son temps » (*Histoire romaine*, 29, 29, 5) : voir Cazeaux, 2015. Pour un aperçu plus général : Camps, 1962 ; Briand-Ponsart, 2011, p. 161-162. Massinissa fut érigé en héros national en Algérie : en témoigne de façon récente le colloque puis l'ouvrage qui en a résulté (*Massinissa*, 2015).

pluriséculaire, s'est imposée comme un puissant voisin au moment où nous percevons l'existence de dynasties royales dans le nord de l'Afrique. Sa proximité explique aussi l'attitude pragmatique du roi numide Syphax : alors que la deuxième guerre punique fait rage, il entre en contact avec Rome en vue sans doute de faire pression sur Carthage et de temporiser les ambitions de cette dernière, tout autant qu'il espère empêcher la guerre de se jouer en Afrique. Il n'y réussit pas toutefois, et sa méfiance envers les prétentions romaines en cas de victoire sur Carthage conduit finalement Syphax à se ranger aux côtés de la puissance punique. Rome, qui a échoué à s'assurer le soutien de Syphax, fait alors alliance avec Massinissa, prince sans trône d'un petit royaume numide dont le territoire vient d'être conquis par Syphax. En 203 avant notre ère Massinissa parvient à capturer Syphax, qui est livré dans le camp romain au général Scipion (le premier à être surnommé par la suite Scipion l'Africain) ; celui-ci remet dans la foulée à Massinissa les insignes de la royauté. Des liens d'amitié durables sont désormais scellés entre Massinissa et le clan des Scipions. L'année suivante, la bataille fatidique de Zama consacre définitivement la victoire romaine contre Carthage : c'en est fini du roi Syphax, qui achève son existence en exil en Italie.

Pour Massinissa, l'issue de la deuxième guerre punique ouvre le temps des conquêtes, à commencer par celle du pays massyle sur lequel s'était étendu le domaine de son père. Il met également la main sur une partie du royaume de Syphax. Jusqu'à la troisième guerre punique, Massinissa s'emploie ainsi à accroître sa domination, tant à l'ouest qu'à l'est en revendiquant des terres que Carthage aurait anciennement prises à sa famille. Lorsqu'il meurt en 148 avant notre ère, la Numidie unifiée couvre une grande partie du nord de l'Afrique, de la Moulouya à l'ouest, qui la sépare du royaume maure, à la Grande Syrte à l'est, où son extension atteint les bornes du royaume de Cyrène, en Libye actuelle. Après que Massinissa eut tant œuvré pour la grandeur de son royaume, l'avenir qu'il concevait pour lui au moment de mourir ne cesse d'intriguer.

Avant que la maladie ne l'emporte, Massinissa aurait fait appeler auprès de lui le général Scipion Émilien[1]. Présent en Afrique, le Romain avait pris la tête des opérations dans la troisième guerre que Rome avait engagée contre Carthage. Le vieux roi, préoccupé par la dévolution à venir de son trône, ne parvenait pas à départager le pouvoir entre ses fils légitimes, aux qualités très différentes, et laissait en outre de nombreux enfants illégitimes. Aussi aurait-il émis le souhait de s'en remettre aux recommandations de celui dont l'aïeul lui avait reconnu cinquante-cinq ans plus tôt le titre de roi, et dont il avait hérité l'amitié. Est-ce à dire que la Numidie était complètement soumise à l'autorité romaine[2] ? Ou bien Massinissa souhaitait-il apaiser dans l'immédiat, par une intervention extérieure, les difficultés liées à sa succession ? Dans un calcul politique à plus long terme, le roi espérait peut-être, en impliquant Scipion, que les gages seraient pris d'une bonne entente entre ses successeurs et Rome dont il savait les velléités en Afrique et se méfiait à présent[3], et qu'ainsi rien ne serait tenté après sa mort contre son royaume. La décision de Rome d'en finir avec Carthage annonçait de nouvelles relations avec le royaume numide, mis au contact direct de la puissance des armes romaines. Le tracé de la *Fossa Regia* qui allait suivre, fixant la limite entre la province romaine formée sur la dépouille de Carthage, et la Numidie,

1. Appien, *Le Livre Africain*, 105, 497-498. Sur cet épisode et plus largement sur les relations de Massinissa avec Rome, voir l'étude de Saumagne, 1966.

2. Gsell, 1928, p. 135.

3. Appien, *Le Livre Africain*, 94, 444-445, évoque les relations tendues entre Massinissa et Rome dont se dévoilait l'ambition d'une conquête sans partage au commencement de la troisième guerre punique.

matérialisait la tension entre les deux États qui partageaient désormais une frontière commune[1]. Pour l'un comme pour l'autre, c'était la première fois qu'une forme concrète était donnée à l'une de leurs limites territoriales, déterminant officiellement la ligne à ne pas franchir dans leurs ambitions respectives de conquête.

Pour l'heure, force est de constater que le général romain, qui conduisait alors le siège préludant à la destruction prochaine de Carthage, semble avoir vu dans la mort du roi une circonstance suffisamment importante pour le décider à s'écarter momentanément du théâtre de la guerre. Scipion parvint toutefois trop tard au chevet de Massinissa qui, avant de s'éteindre, aurait enjoint ses proches à suivre le parti que prendrait le Romain. Celui-ci régla la succession en distribuant le pouvoir entre les trois fils légitimes du souverain numide[2]. Parmi eux, Micipsa reçut l'administration principale du royaume, puis quelques années plus tard l'entière disposition du trône à la mort de ses deux frères. Scipion fut-il seul juge du partage, ou le roi lui-même y avait-il songé ?

Le choix d'une tripartition du pouvoir royal a beaucoup questionné, car cet arbitrage tranchait avec le principe de primogéniture agnatique qui paraissait être en cours jusque-là dans le royaume numide. Doit-on pour autant considérer que la Numidie avait déjà légué les clés de son indépendance à Rome, qui par les mains de Scipion fragmentait la tête du royaume pour mieux l'affaiblir ? La réponse divise de longue date les historiens[3]. Certes, Massinissa était parvenu

1. Voir p. 29-30.

2. Polybe, *Histoires*, 36, 16, 10 ; Tite-Live, *Abrégés*, 50 ; Appien, *Le Livre Africain*, 106, 501-502 ; Valère-Maxime, *Faits et dits mémorables*, 5, 2, *ext.* 4.

3. Exposé récent des termes du débat : Bridoux, 2020, p. 168-179.

au pouvoir grâce à l'appui de Rome, qui n'avait pas manqué de le lui faire sentir[1]. Il faut toutefois se garder d'oublier que les récits, qui émanent du camp romain, ont eu tôt fait de présenter les rois numides dans une position de soumission afin de mieux exalter la puissance conquérante de la Ville et l'action de ses hommes charismatiques[2]. Cette tradition littéraire partageait plus largement les aspirations d'un courant politique selon lequel le destin de la Numidie était étroitement soumis à l'autorité de Rome depuis la deuxième guerre punique. Mais c'était faire peu de cas de la valeur du soutien apporté par Massinissa au moment de la bataille finale contre Hannibal à Zama en 202 avant notre ère, dont on perçoit qu'il fut décisif dans la victoire romaine désormais totale sur Carthage.

Les conflits qui déchirent les aspirants à la succession au pouvoir royal une génération plus tard en 118 avant notre ère à la mort de Micipsa, fils de Massinissa, ont toutefois raison de la grandeur du royaume de Numidie. Ses deux fils, Hiempsal et Adherbal, et son neveu Jugurtha, se disputent le pouvoir. Scipion Émilien, séduit par les talents militaires de Jugurtha qui avait commandé les forces numides envoyées en renfort auprès de l'armée romaine en Espagne au moment de la guerre contre Numance, en 134 avant notre ère, aurait convaincu Micipsa de faire une place à son neveu parmi ses héritiers[3]. C'était la deuxième fois que l'ombre de Rome se profilait dans le règlement de la succession royale en Numidie, en la personne de Scipion Émilien. Le récit des faits, qui nous sont seulement connus par Salluste, auquel on ignore jusqu'à quel point il est possible de faire confiance, ne permet malheureusement pas de faire toute la lumière sur le

1. Briand-Ponsart, 2005.
2. Voir les analyses de Saumagne, 1966.
3. Salluste, *Guerre de Jugurtha*, 9-10. Voir les commentaires de Saumagne, 1966.

jeu de Rome[1]. Les rebondissements qui conduisent finalement celle-ci à mener la guerre contre Jugurtha, sur ordre de qui les fils légitimes de Micipsa ont été tués, se soldent au final par la victoire romaine. Jugurtha, fait prisonnier, meurt à Rome en 104 avant notre ère. À cette victoire romaine, le roi maure Bocchus a contribué de façon décisive, même si telle n'avait pas été sa décision initiale. Soutenant Jugurtha, il est mis en échec par les armées romaines, auxquelles il se résout à se rallier. L'accord diplomatique âprement obtenu est déterminant, car l'intervention du roi maure permet la capture de Jugurtha. Pour prix de son ralliement, Bocchus reçoit alors des terres confisquées à l'ouest sur le territoire numide. Mais le royaume de Numidie ne disparaît pas. Gauda, le demi-frère de Jugurtha et neveu lui aussi de Micipsa, accède au trône : promesse lui avait été faite par Rome, avant que l'issue de la guerre ne permît d'en réaliser le dessein.

C'est ce royaume numide réduit autour du pays massyle dont le petit-fils de Gauda, Juba Ier, hérite quelques décennies plus tard. Son territoire était borné au nord-est par un ouvrage linéaire désigné dans les sources sous le nom de *Fossa Regia* : ce « fossé royal », dont le tracé et la forme même demeurent discutés, servit à matérialiser en 146 avant notre ère la limite entre le royaume de Numidie et la première province établie par Rome en Afrique à l'issue de la troisième guerre punique[2]. Le domaine de Juba Ier intégrait Cirta (aujourd'hui Constantine, en Algérie) et s'étendait au sud-est jusqu'au littoral de la Petite Syrte, en direction de Lepcis Magna ; pour le reste, ses limites, en particulier celles regardant le Sud et touchant à un espace traditionnellement dévolu chez les auteurs antiques

1. Sur les difficultés d'ordre historique que pose le texte de Salluste, voir en particulier Saumagne, 1966 ; Parker, 2004.

2. Aperçu synthétique et bibliographie : Guédon, 2018, p. 3, 37 et 39. De récentes découvertes ont été réalisées sur le tracé de la *Fossa Regia* : Chaouali, 2022.

aux Gétules, sont incertaines[1]. Derrière le nom de Gétules se profile en fait le plus grand mais aussi le plus énigmatique ensemble de populations éparses dans le nord de l'Afrique : les sources mentionnent pour la première fois leur existence à la fin du IIe siècle avant notre ère et les confinent à l'image symbolique et négative de populations barbares, associées au désert et à la vie nomade. Les emplois de l'ethnonyme « gétule » dans la littérature antique recouvrent un espace très vaste, depuis la région des Syrtes à l'est jusqu'à l'océan Atlantique, et intégrant au sud la frange septentrionale du Sahara[2]. Par le nom de Gétules étaient alors semble-t-il désignés les habitants de l'Afrique qui n'étaient ni maures, ni numides, et sur une partie desquels s'exerça selon les périodes la souveraineté des rois maures et numides[3].

Le territoire sur lequel paraît avoir porté la souveraineté de Juba Ier comptait plusieurs importants foyers de peuplement gétule, dans le sud-ouest du royaume et à l'est dans la Petite Syrte, non loin de Lepcis Magna. D'autres étaient installés dans le nord-est de la Numidie, où leur présence n'était pas ancienne : leurs familles y avaient semble-t-il reçu des terres à l'issue de la guerre contre Jugurtha, en récompense de leur aide apportée à l'armée romaine[4]. Imposer son autorité sur les populations gétules ne fut pas une mince affaire pour Juba Ier. Sans doute est-ce contre elles qu'il mena une expédition dans le sud de son royaume, dont l'auteur romain Élien se fait l'écho au début du IIIe siècle[5]. L'hostilité marquée de la part de Gétules prit un tour fatidique au moment où Juba Ier affrontait César, parvenu à rallier certains d'entre eux contre le roi[6].

1. Coltelloni-Trannoy, 2003.
2. Desanges, 1998.
3. Guédon, 2018, p. 30-36 ; Hamdoune, 2018, p. 63-64.
4. Coltelloni-Trannoy, 2003.
5. Élien, *La Personnalité des animaux*, 7, 23. Voir Desanges, 1980, p. 88, n. 2.
6. Pseudo-César, *Guerre d'Afrique*, 55, 1-2.

Le royaume de Juba Ier avoisinait également à l'ouest un domaine numide plus réduit, dont les contours sont mal connus[1]. À la tête de ce petit État numide régnait Massinissa II, semble-t-il dans une position subalterne, ou pour ainsi dire de vassalité, par rapport au pouvoir souverain exercé par Juba Ier. Y avait-il un lien de parenté entre Juba Ier et Massinissa II ? Si l'hypothèse est avancée, la réponse n'est pas assurée[2]. La généalogie de Juba Ier ne pose pas de difficulté, en revanche les sources n'apportent pas d'informations claires sur celle de Massinissa II. Juba Ier tenait son domaine de son père Hiempsal, qui, avec Masteabar, était le fils de Gauda. Les circonstances de la succession de Gauda demeurent mal élucidées dans le détail. Il est toutefois établi qu'après sa mort, vers 88 avant notre ère, son royaume est divisé, et Hiempsal en reçoit la plus belle partie, dont hérite par la suite son fils Juba Ier, tandis que Masteabar se voit placé à la tête d'un petit territoire numide à l'ouest. Le règne de Masteabar paraît avoir été de courte durée, remplacé dans ses fonctions en 81 avant notre ère par Massinissa II. S'agissait-il du fils de Masteabar ? Il est impossible de l'affirmer, et le fait qu'il lui succède ne peut être tenu pour preuve : en effet, le mode de transmission de la souveraineté en Numidie pouvait impliquer de façon plus large le groupe d'agnats, au sein duquel la royauté échoyait alors à l'aîné des hommes de la famille[3]. Quoi qu'il en ait été, l'impression qui domine tend à suggérer que Juba Ier, comme son père avant lui, exerça un pouvoir royal étendu sur l'ensemble de la Numidie, dont le territoire intégrait un royaume qui apparaît en position subordonnée au moment où règne sur ce petit domaine Massinissa II. Tel est le tableau politique de la Numidie jusqu'à la disparition de

1. Gsell, 1930, p. 291-292 ; Bertrandy, 1993.
2. Desanges, 1980, p. 88, n. 3 ; Camps, 1984.
3. Tite-Live, *Histoire romaine*, 29, 29. Voir Saumagne, 1966.

Juba Ier et de Massinissa II en 46 avant notre ère, emportés par la guerre contre César.

Au moment où s'engageait le conflit, Juba Ier était établi avec les siens à Zama Regia, la ville la plus orientale de son royaume. C'est là que le jeune Juba II sera capturé par les armées romaines, et peut-être y était-il né. La ville était à cinq jours de marche de Carthage[1]. Zama Regia semble avoir été un lieu privilégié de résidence de la famille royale, et Juba Ier l'aurait dotée de puissantes murailles au début de l'affrontement contre Rome, afin de protéger « ses femmes, ses enfants, et tout ce qu'il avait de plus précieux[2] ». La cité antique est aujourd'hui identifiée à la ville de Jama, dans le nord de l'actuelle Tunisie[3]. Les découvertes archéologiques, qui ont permis notamment de mettre au jour un grand temple remontant au IIe ou Ier siècle avant notre ère, semblent confirmer la description de Salluste : elle passait selon lui pour la ville la plus importante de la région au Ier siècle avant notre ère[4]. C'est dans ses environs que s'était jouée la bataille finale entre Hannibal et Rome, qui conclut la deuxième guerre punique.

On continue à s'interroger sur le surnom « Regia » accordé à la ville, et qui qualifie également six autres cités en pays numide : à la différence de Zama à l'époque de Juba Ier, celles-ci n'apparaissent toutefois pas comme les sièges politiques du roi numide[5]. À tout le moins peut-on dire que le qualificatif « Regia » renvoyait à un lien particulier entre ces villes et la dynastie numide, et pour celle-ci Zama Regia avait une importance dont le règne de Juba Ier donne l'indice.

---

1. Polybe, *Histoires*, 15, 5, 3 ; Tite-Live, *Histoire romaine*, 30, 29, 1.
2. Pseudo-César, *Guerre d'Afrique*, 91, 2-4 ; également Strabon, *Géographie*, 17, 3, 9.
3. Desanges *et al.*, 2010, p. 300-301.
4. Salluste, *Guerre de Jugurtha*, 56, 1. Voir Ferjaoui, 2001, p. 837-864.
5. Bridoux, 2020, p. 122-124.

Fut-elle pour autant la capitale de son royaume ? L'idée fut régulièrement avancée par les historiens, influencés à la fois par l'image antique d'un État centralisé qu'incarnait la cité de Rome, et la notion de capitale chère aux États modernes. Mais une telle fonction s'appliquait-elle au contexte numide ? La question se pose d'autant plus que les auteurs gréco-latins, lorsqu'ils évoquent l'importance de la cité et son lien au roi Juba Ier, ne font pas davantage que la présenter comme une résidence royale parmi d'autres[1]. Aussi faut-il nuancer la vision d'une capitale unique, et envisager plusieurs sièges au pouvoir de Juba Ier[2].

Une autre cité, Cirta, tenait effectivement une place remarquable dans la Numidie de Juba Ier. Les auteurs antiques lui confèrent un rôle politique majeur qui émerge avec Massinissa[3]. Puis Cirta semble avoir connu un essor exceptionnel sous le règne de Micipsa à qui il revient, selon Strabon, d'en avoir fait « une ville très forte et merveilleusement pourvue de toutes choses », fortement influencée par le monde hellénistique[4]. La ville est ensuite mentionnée comme la plus opulente du royaume de Juba Ier[5]. Mais, au-delà de ces quelques mentions, l'histoire de Cirta au Ier siècle avant notre ère jusqu'à la disparition de Juba Ier nous échappe en grande partie[6]. L'importance particulière que revêt la place dans les émissions monétaires du roi confirme néanmoins la situation privilégiée qui était la sienne sous son règne[7]. C'est ainsi que Juba Ier aurait fait figurer sur ses monnaies les monuments

1. Coltelloni-Trannoy, 2003 ; Desanges Jehan, commentaire au texte de Strabon, *Géographie*, 17, 3, 9 (Paris, Les Belles Lettres, 2017, p. 109).
2. Ghaki, 2012.
3. Tite-Live, *Histoire romaine*, 29, 32, 14 ; 30, 12, 5.
4. Strabon, *Géographie*, 17, 3, 13. Voir Coltelloni-Trannoy, 2011a, p. 557-562.
5. Pseudo-César, *Guerre d'Afrique*, 25, 2.
6. Bertrandy, 1994, p. 1964-1977.
7. Alexandropoulos, 2007, p. 173-186.

les plus emblématiques de Cirta, peut-être représentatifs de son pouvoir royal[1].

Culture numide

Issu des Massyles, Juba II tient ses origines du milieu culturel numide[2]. Que signifie alors être numide, être massyle, pour ceux que ces mots, donnés par d'autres, désignent[3] ? Il n'est pas aisé de le dire car les sources ne formulent pas la question de façon aussi claire. Le qualificatif « massyle », comme celui plus générique de « numide », semble initialement employé comme ethnonyme. Attestés d'abord en langues grecque et latine dans lesquelles ils furent transcrits, les deux s'inspirent probablement d'une onomastique africaine. Ils prennent pour la première fois corps en même temps que lettres dans la narration d'épisodes militaires remontant au IIIe siècle avant notre ère. La littérature gréco-latine qui en fait le récit ne livre toutefois pas la description pleinement objective d'une réalité sociale et culturelle précise. Ses auteurs, qui portent un regard extérieur sur les populations africaines, esquissent les traits d'une « appartenance » numide régulièrement perçue sous un prisme déformant, de façon négative. Pour eux, au premier rang desquels Polybe, tous unis dans un même destin politique et culturel que guide désormais la voix de Rome, le Numide incarne véritablement l'« autre », le « barbare », dans une vision dualiste de l'altérité qui exclut la dissemblance[4].

---

1. Coltelloni-Trannoy, 2011a, p. 559, n. 38.
2. Desanges, 1962, p. 109-110 ; Camps, 2007, p. 99-112 ; Briand-Ponsart, 2011, p. 156-166 ; Mattingly, 2023, 126-154.
3. Voir récemment Chaker, 2020.
4. Hartog, 2001 ; Cazeaux, 2017.

En dehors de ces témoignages externes, on peine malheureusement à appréhender la perception et l'expression d'une appartenance commune émanant des populations de Numidie elles-mêmes pour les périodes reculées. La façon d'envisager le problème invite en fait à réfléchir à la méthode appropriée pour en poser les termes. Il est hors de propos de chercher une culture originelle qui correspondrait à un état « non mélangé » : cela relève du mythe moderne, qui a forgé l'idée d'une continuité et d'un immobilisme dans la définition du peuplement nord-africain préromain, nourrissant ici la vision d'une « permanence berbère » qui aurait été ancrée depuis l'Antiquité. La prise en compte équilibrée des facteurs d'influence et des mutations offre aujourd'hui une autre perspective.

Parmi les traces matérielles, l'écriture apparaît a priori comme le vecteur le plus évident lorsqu'il s'agit d'envisager pour une population donnée la construction, la transmission d'une histoire et d'une culture communes[1]. Au nord de l'Afrique, il s'agit d'abord pour les Numides de l'écriture libyque. Or, pour ceux qui peuvent être datés, les textes libyques les plus anciens ne sont pas antérieurs au IIIe siècle avant notre ère[2] : ni les témoignages épigraphiques en langue libyque, ni davantage les inscriptions puniques découvertes en Numidie, ne font alors usage d'un ethnique dont l'emploi aurait devancé les premiers textes gréco-latins faisant mention de populations numides. Au vu des indices qui permettent aujourd'hui d'en juger, l'écriture en langue libyque n'apparaît d'ailleurs pas comme un support de communication primordial : pratiquée par des sociétés chez lesquelles prédominait l'oralité, elle eut semble-t-il d'abord

1. Moniot, 1974.
2. Pour les plus anciens textes en langue libyque relatifs à la Numidie : Camps *et al.*, 1996.

pour les Numides une fonction symbolique[1]. Dans le cheminement vers la construction d'une communauté d'appartenance, l'écriture n'est pas l'ultime moyen qui s'offre à un peuple pour exprimer celle-ci et en transmettre la mémoire : nombreuses sont les populations qui au cours de l'histoire de l'humanité y sont parvenues en dehors d'un recours systématique à une forme d'écriture[2].

Au-delà de son emploi en Numidie, l'origine même de la langue libyque, dont l'usage écrit est attesté, dans l'Antiquité, de la Libye au Maroc et jusqu'aux îles Canaries, interpelle encore. La genèse des alphabets libyques et leur ancienneté soulèvent, en effet, bien des interrogations. Selon une hypothèse partagée aujourd'hui, l'idée même d'écriture aurait émergé en pays libyque au contact des Phéniciens, au cours d'une période indéterminée comprise entre le VIIe et le IVe siècle avant notre ère, les premiers alphabets libyques empruntant pour lors partiellement aux lettres phéniciennes ou puniques[3].

Les incertitudes nombreuses qui pèsent sur les premières traces d'écriture en langue libyque touchent de façon plus concrète la douzaine de stèles découvertes au cœur du pays numide, aujourd'hui dans la région de la Grande Kabylie, en Algérie[4]. Ce corpus unique de documents iconographiques représente sous des traits stylisés des cavaliers, assortis d'inscriptions libyques, et semblerait dater, de façon très large, des trois derniers siècles avant notre ère. L'analyse stylistique, qui révèle certaines variantes, ne témoigne d'aucune trace notable d'influence punique ou encore romaine. Les

1. Chaker, 2002, p. 267-273.
2. Moniot, 1974.
3. Casajus, 2013.
4. Laporte, 1992 ; Camps *et al.*, 1999 ; Laporte, 2019, p. 12 ; Chaker, 2020.

analogies nombreuses dont rendent plus largement compte les choix iconographiques et leur relative homogénéité, ajoutées au caractère régional de la répartition géographique des monuments – certes déterminée par le hasard des découvertes archéologiques –, suggèrent aussi une inspiration d'essence numide. Les stèles figurées de Grande Kabylie en seraient alors une forme d'expression, peut-être localement circonscrite, qui serait contemporaine de la période des royaumes numides. On y décèle l'importance d'une « culture du cheval », partagée plus largement avec d'autres populations du Maghreb antique et du Sahara, et qui fait de l'animal et du cavalier armé le chevauchant un symbole de pouvoir et de commandement, de stature sociale aussi[1].

Une étape majeure semble avoir été franchie dans l'utilisation de l'écrit au temps de la Numidie royale. C'est ce que révèlent les « livres puniques » (*libri punici*) mentionnés par Salluste, contemporain de César, et qu'il associe à Hiempsal, probablement Hiempsal II, l'aïeul de Juba II[2] :

> « Quant aux premiers habitants de l'Afrique, à ceux qui vinrent s'y joindre, aux croisements qui en sont résultés, bien que cette opinion diffère de la tradition généralement adoptée, je vais résumer très brièvement l'exposé qu'on m'a traduit de livres puniques, attribués au roi Hiempsal, et qui concorde du reste avec ce que pensent les indigènes eux-mêmes, en laissant aux auteurs la responsabilité de leurs dires[3]. »

De ces « livres puniques » détenus par la famille de Juba II on sait malheureusement peu de choses en dehors du témoignage de Salluste, qui reste énigmatique. Évoque-t-il des archives carthaginoises passées entre les mains des rois

1. Mattingly, 2023, p. 153-154.
2. Coltelloni-Trannoy, 2005a.
3. Salluste, *Guerre de Jugurtha*, 17.

numides à l'issue de la troisième guerre punique en 146[1], ou encore une tradition orale mise à l'écrit, voire déjà manuscrite et modifiée à l'époque de Hiempsal II, au Ier siècle avant notre ère ? Le fait que Salluste attribue les livres spécifiquement à ce roi numide tendrait à accréditer cette dernière hypothèse. S'agissait-il alors des mêmes « livres puniques » dont certains auteurs antiques rapportent que Juba II fit usage pour ses propres travaux[2] ? Faut-il aussi les rapprocher des livres puniques dont Augustin, qui ne semble toutefois pas les avoir lui-même consultés, fait l'éloge pour le savoir qui leur est toujours reconnu à son époque[3] ?

Quelles que soient les réponses, l'empreinte punique imprègne indéniablement la culture numide à l'époque royale. Le roi numide Massinissa aurait d'ailleurs lui-même, aux dires d'Appien, grandi à Carthage[4]. Le punique est la langue d'expression du pouvoir en Numidie : c'est elle que les souverains numides utilisent en légende des monnaies qu'ils frappent à partir du IIIe siècle et jusqu'au Ier siècle avant notre ère[5]. D'évidence, la destruction de Carthage par Rome en 146 n'a pas eu d'effets sensibles sur la diffusion de la culture punique en Numidie qui, au contraire, emprunte de nouvelles formes après cette date.

Une autre influence culturelle est perceptible dans l'architecture d'époque royale en Numidie. Le Medracen, qui compte parmi les plus beaux édifices antiques conservés en Algérie,

1. D'après Pline l'Ancien, *Histoire naturelle*, 18, 22-23, le Sénat de Rome aurait donné aux princes africains des bibliothèques de Carthage qui venait d'être prise.

2. Ammien Marcellin, *Histoires*, 22, 15, 8 (voir p. 138) ; Solin, *Recueil des choses mémorables*, 33 (*Collectanea rerum memorabilium*, éd. de Theodor Mommsen, Berlin, Weidmann, 1895). Voir infra p. 88.

3. Augustin, *Lettres*, 17, 2 : sur son témoignage, voir Lancel, 1992, p. 377.

4. Appien, *Histoire romaine*, 8, 37, 155-156.

5. Alexandropoulos, 2007.

en constitue le témoin le plus spectaculaire mais aussi le plus ancien[1]. Ce mausolée numide, dont la hauteur avoisine une vingtaine de mètres, domine encore aujourd'hui de sa masse imposante le paysage au nord-ouest de Batna, au pied de l'Aurès. Sa construction, placée au cours des trois derniers siècles avant notre ère, n'est pas datée avec certitude[2]. S'il est communément admis que le monument était destiné à un roi, peut-être de la dynastie des Massyles, l'identité de celui-ci reste inconnue. Le caractère monumental de l'édifice impliqua immanquablement l'intervention d'une organisation politique bien établie, à même de concevoir un tel projet architectural et de déployer les moyens nécessaires à sa construction. La dimension religieuse est également majeure. Les tombes découvertes à proximité du mausolée renforcent le caractère dominant de l'individu à qui était destiné le monument, et tendent à faire de ce chef un intermédiaire entre les dieux et les hommes[3]. En cela, le Medracen est l'expression d'une unité communautaire ancrée, structurée autour d'une hiérarchie sociale dont les auteurs gréco-latins se font par la suite l'écho dans leur évocation de la Numidie royale et la reconnaissance des lignées généalogiques qui, au moment où ils commencent à s'y intéresser, en retracent l'histoire.

La valeur historique du monument explique aussi les débats tendus qui ont émaillé l'étude du Medracen à l'époque contemporaine, liés à la perception de la culture numide. Ce qui est mis en valeur aujourd'hui, c'est le sens donné aux inspirations extérieures, hellénistiques, tout à fait sensibles sur le monument numide, alors que l'historiographie héritée de l'époque coloniale avait régulièrement orienté le discours dans la perspective d'une invariance berbère depuis l'Antiquité.

1. Camps, 2010.
2. Coarelli & Thébert, 1988, p. 765, n. 4.
3. Briand-Ponsart, 2011, p. 159-160.

Cette vision des choses faisait alors du Medracen le témoin de la permanence d'une architecture traditionnelle africaine, recouverte d'un simple vernis hellénistique dans certains détails architectoniques. À l'opposé, on y voit désormais une production novatrice en rupture avec la tradition africaine : s'inspirant de grands modèles architecturaux développés en Méditerranée orientale – tombeau de Mausole, tombeau d'Alexandre le Grand –, le Medracen est perçu comme le signe d'une hellénisation affermie des régions numides à cette période et comme la manifestation architecturale de dynasties de type hellénistique en Afrique, tel que le règne de Massinissa permet de le percevoir[1].

L'« hellénisme numide » fut une « véritable révolution culturelle » selon les mots d'Y. Thébert, qui toucha en profondeur la société numide, à commencer par l'aristocratie[2]. Pour émerger, cette culture originale tira profit non seulement des relations entre le pays numide et Carthage, dont l'art punique était déjà imprégné par l'hellénisme à l'époque de la construction du Medracen, mais également des contacts directs entre les Numides et le monde grec, particulièrement sous l'impulsion de Massinissa.

Doté d'une vision politique exceptionnelle, ce roi était conscient à la fois des lignes de force qui traversaient le bassin méditerranéen et des moyens à mettre en œuvre pour y faire une place à la Numidie. Ainsi fut-il le premier souverain numide à nouer des liens diplomatiques et commerciaux avec l'Orient. Leur réussite s'incarne dans les statues dédiées, à Délos et à Rhodes, à Massinissa, à ses fils ou à son arrière-petit-fils Hiempsal II. Le symbole est également prestigieux

1. Coarelli & Thébert, 1988, p. 761-818.
2. Thébert, 2005. Voir également Coltelloni-Trannoy, 2005a ; Desanges, 2007.

avec la victoire remportée par l'un des fils de Massinissa, Mastabal, aux Grandes Panathénées lors des très réputés jeux équestres tenus à l'hippodrome d'Athènes : à ces concours organisés tous les quatre ans prenaient part des individus de haut rang, soit en concourant eux-mêmes, soit en envoyant chevaux et cochers participer en leur nom. Quelles qu'en aient été les modalités, la présence de la famille royale numide agissait comme une reconnaissance de son intégration dans la communauté culturelle dessinée par les cités grecques, et plus largement de son rôle actif dans l'ensemble géopolitique du bassin méditerranéen.

Les liens tissés par le royaume numide avec le monde grec s'appuyaient sur l'usage du grec, langue « internationale » et langue de la diplomatie à l'extérieur de l'Afrique pour Massinissa et les siens. Bien plus, ils s'accompagnaient d'une forme d'hellénisation dans le comportement des Numides. Pour eux, il s'agissait là des conditions primordiales pour prendre place parmi les États influents en Méditerranée et, par les alliances ainsi scellées, soutenir les intérêts de la Numidie et lui permettre de s'imposer, notamment face à Rome. L'éducation de ses fils dans la culture grecque, à l'exemple de celle reçue par les jeunesses dorées dans le monde hellénistique et à Rome, ou encore l'adoption des formes fondamentales de convivialité et de sociabilité, induites notamment par la pratique d'origine grecque du banquet[1], tels furent les moyens déployés par Massinissa pour y parvenir. En témoigne de façon éclatante le souvenir consigné dans ses *Mémoires* par le roi lagide Ptolémée VIII, invité à la cour et à la table de Massinissa alors qu'il règne sur la Cyrénaïque, à l'est du territoire de Carthage[2] :

1. Schmitt-Pantel, 1992.
2. Laporte, 2012.

« On servit la table à la manière romaine dans de la vaisselle d'argent : quant aux desserts, la table fut ornée à la manière de l'Italie. Les corbeilles étaient toutes faites de fils d'or tissés comme du jonc, et la musique fut grecque. »

L'anecdote révèle tout à la fois la pratique d'usages romains eux-mêmes fortement hellénisés et plus largement les liens économiques et culturels de la Numidie avec l'Italie. Elle est aussi l'indice des relations politiques nouées à la cour de Massinissa, au-delà du cadre romain. Même si Ptolémée VIII ne les évoque pas, il s'agissait sans nul doute d'intérêts diplomatiques que ces plaisirs de la table avaient pour motif de servir. Pour Massinissa, il pouvait être question de s'assurer l'appui du royaume de Cyrénaïque, qui avoisinait les Emporia (comptoirs) dont on sait que le souverain numide disputait le contrôle à Carthage. La région avait appartenu anciennement à ses ancêtres. Située sur la bordure maritime de la Libye actuelle, elle offrait une position privilégiée pour les échanges en direction de la Méditerranée orientale.

Placé au service des ambitions déployées par Massinissa, l'hellénisme est devenu un caractère structurant dans la culture du royaume numide, qui n'a rien perdu en force au moment où naît Juba II. Sous le règne de son père Juba Ier, les emprunts à la Méditerranée orientale se renouvellent et prennent même une tournure politique sans précédent. Soutenant le parti de Pompée dans la guerre civile qui déchire Rome, le roi numide entre en guerre contre César, qu'il lui faut affronter sur le sol africain. Le prix de son engagement est, il le sait, l'indépendance de son royaume. Celle-ci est plus que jamais affirmée : les symboles véhiculés par les monnaies que Juba Ier fait frapper s'y emploient[1]. Le roi numide utilise

1. Alexandropoulos, 2007, p. 173-186.

indéniablement des modèles iconographiques romains, qu'il réserve toutefois à des deniers frappés dans le camp de ses alliés romains. Pour le reste, les monnaies émises dans son royaume sont d'inspiration africaine, avec, pour certaines d'entre elles, des motifs empruntés aux souverains de l'Égypte lagide, hellénistique. Les choix faits par Juba Ier soulignent la finesse de sa conduite politique dans le conflit qui déchire Rome. Il donne le change à ceux des Romains qu'il a accepté de soutenir, pour mieux garantir, à plus long terme, l'indépendance de la Numidie. La voulant libre de toute domination politique extérieure, il a aussi choisi, comme ses ancêtres, de l'ouvrir à d'autres aires culturelles méditerranéennes. Par des symboles forts, il s'agissait pour le roi de faire entendre la voix de la Numidie sur laquelle les intentions de Rome se faisaient plus menaçantes.

2

L'arrachement à l'Afrique

Lorsque Juba II voit le jour en Numidie, les tensions entre le royaume dirigé par son père et Rome ont déjà consommé la rupture entre les deux États. La Numidie faisait incontestablement l'objet de la convoitise romaine. Toutefois, ni la conquête du royaume et encore moins la capture du jeune Juba ne furent l'objet d'un plan mûrement réfléchi.

L'ascension politique de César et de Pompée, leur affrontement et l'installation au pouvoir de César fixaient le sort de Rome mais aussi, de façon irrémédiable, celui de la Numidie. Pris dans la tourmente de leur lutte, le royaume africain en subissait à son tour les contrecoups violents. Assurément, les intérêts et les ambitions personnels nourrissaient déjà du côté romain les liens tissés anciennement entre la Numidie et Rome, par l'entremise de la famille des Scipions. Mais, lorsque naît Juba II, ce cadre relationnel s'est mué en alliance politique : son père Juba Ier s'engageait à soutenir le clan de Pompée face à César, et se jetait dans la lutte au moment où le sol africain devenait le terrain de leurs combats.

Au Ier siècle avant notre ère, l'Afrique est l'une des régions de la Méditerranée où se détermine le destin de Rome et du monde romain[1]. Dans le récit de cette histoire, transmis par les sources romaines, l'Afrique a toutefois peu intéressé pour elle-même. Si elle est évoquée, c'est parce qu'elle devient le théâtre du drame qui se jouait à ce moment-là à la tête de Rome. Ainsi en allait-il depuis le moment où les auteurs anciens, issus du monde romain, ont commencé à s'intéresser à l'Afrique, toile de fond des guerres menées par Rome contre Carthage. À travers le récit de la conquête de la Numidie par César, il est toutefois possible de saisir en demi-teinte la capacité d'action du roi numide. Ses choix et la valeur de son engagement ont pesé d'un poids déterminant non seulement sur l'avenir de son royaume et le destin de son fils Juba II, mais aussi sur celui de Rome.

La Numidie face à Rome

Tout jeune homme, Juba Ier est envoyé par son père Hiempsal II en ambassade à Rome. Un incident survenu alors devait marquer sans doute de façon indélébile la manière dont le futur souverain allait envisager ses relations avec l'État romain et, plus personnellement, celles avec César. Cela se passe à la fin de l'année 64 ou au début de l'année 63 avant notre ère. Un jeune prince numide du nom de Masintha voulait semble-t-il s'affranchir de l'autorité de Hiempsal et gagner sa pleine indépendance. À Rome, il était venu chercher la protection et le soutien de César. Et c'est aussi auprès de lui que se rend le jeune Juba Ier, qui avait sans doute pour mission de défendre la cause de son père et de dénoncer l'attitude de Masintha[2].

1. La mesure en est donnée par Serge Lancel dans son ouvrage de synthèse sur l'Algérie antique : Lancel, 2008, p. 62.
2. Suétone, *Vie de César*, 71.

L'entrevue entre les trois hommes est orageuse. César, prenant la défense de son protégé et s'opposant à son extradition, s'emporte, et aurait saisi Juba par la barbe. Que ce geste ait été réel ou bien mis en scène par Suétone dans son récit de la vie de César, l'anecdote est significative et la symbolique très claire : pour les Romains, qui depuis longtemps avaient adopté la coutume de se raser la barbe, celle-ci incarnait l'altérité du Numide, jugé trop exotique[1]. Le soin avec lequel César lui-même s'y serait conformé passait d'ailleurs pour un excès de minutie[2]. Sa conduite, qui n'aurait pas été possible envers l'un de ses éminents concitoyens, renvoyait alors d'autant plus Juba à sa condition d'étranger. Le cas de Masintha est jugé par le Sénat à Rome. Il donne raison à Hiempsal et ordonne que le prince rebelle paie le tribut qu'il devait à son roi à titre de sujet. Mais César entreprend de le soustraire à la sentence prononcée à l'issue du procès, le cachant pendant plusieurs années avant de l'emmener à ses côtés dans la province romaine d'Espagne ultérieure qu'il reçoit la charge de gouverner, en 61 avant notre ère.

L'humiliation infligée par César à Juba n'est pas le seul souvenir laissé à Rome par son passage. Cicéron rapporte la fascination exercée par la présence du jeune Numide, à la fortune aussi opulente que sa belle chevelure[3]. De la même manière que la barbe, ce trait d'apparence qui le distingue des Romains en matière de coiffure renvoie Juba, de façon symbolique et méprisante, à sa condition d'étranger. Cicéron l'utilise avec ironie afin de signifier l'attrait inconséquent de ses concitoyens pour les richesses du royaume de Numidie et les manœuvres corruptrices dont, selon ses dires, Juba se serait rendu coupable grâce à sa fortune lors de son voyage à Rome.

1. Pline l'Ancien, *Histoire naturelle*, 7, 211.
2. Suétone, *Vie de César*, 45.
3. Cicéron, *De la loi agraire*, 2, 58.

L'ostensible hostilité des sources romaines envers Juba fut reprise à leur compte par certains historiens. Le ton railleur de Cicéron a ainsi contribué à nourrir le mépris avec lequel le portrait de Juba Ier a pu être forgé au xxe siècle, à travers des lignes cinglantes qui entremêlaient plus largement considérations physiques et caractères moraux dévalorisants [1]. La vanité qu'aurait traduite notamment le soin particulier accordé à sa chevelure, la bassesse, la bêtise et la cruauté sont ainsi les attributs qui servirent à résumer la personnalité du roi de Numidie. Ils ont contribué à nourrir l'image du Numide, c'est-à-dire de l'Autre face à la romanité, qui prenait un relief particulier dans une histoire écrite au moment où la France s'investissait dans la colonisation au Maghreb. La descendance de Juba Ier n'était pas épargnée. En témoigne l'âpreté avec laquelle fut décrit son petit-fils Ptolémée, fils de Juba II et de la reine d'origine égyptienne Cléopâtre Séléné, à partir des monnaies et des bustes sculptés le représentant : « Les traits sont assez fins, surtout dans le buste – car ils s'alourdirent un peu avec l'âge –, mais le front bas et oblique, les yeux petits et bridés, la bouche sensuelle révèlent une intelligence médiocre, un caractère sournois et vicieux. On a voulu retrouver dans cette figure un type kabyle : j'y verrais, pour ma part, écrivait Stéphane Gsell en 1928, un Levantin, raffiné et corrompu, le dernier rejeton de la race dégénérée des Ptolémées [2]. »

Assurément, le jeune Juba Ier avait fait preuve d'aplomb au cœur même du cercle politique romain. Lui qui n'était pas encore souverain de Numidie prenait la mesure de ce qu'il pouvait en coûter de défendre face à Rome l'indépendance

1. Alexandropoulos, 2007, p. 173-186.
2. Gsell, 1928, p. 282.

de son royaume. C'est aussi à cela que font écho les propos de Cicéron. L'anecdote qu'il rapporte prend place dans un contexte de projets de loi qui visaient notamment les intérêts territoriaux du royaume de Numidie. En 75 avant notre ère, un accord conclu avec le consul C. Aurelius Cotta reconnaissait au roi Hiempsal II le bénéfice de terres dans la province d'Afrique : il semblait hériter là d'un droit ancien accordé aux descendants de Massinissa en 146 avant J.-C., en récompense de son implication aux côtés de Rome contre Carthage[1]. Hiempsal ne put toutefois jouir de ce droit car il ne fut pas ratifié à Rome.

La discussion autour d'un nouveau projet de loi agraire en 64-63 avant notre ère fut l'occasion pour le jeune Juba Ier de soutenir la cause de son royaume, y compris en versant des gratifications aux membres du Sénat afin de les convaincre, si l'on suit le témoignage de Cicéron[2]. La pratique n'avait là, somme toute, rien d'inédit. Les princes numides savaient d'expérience que l'argent pouvait retourner bien des situations à Rome. Il y avait pour s'en convaincre le souvenir de Jugurtha. Candidat au trône de Numidie qu'il avait revendiqué au prix même de l'assassinat d'un rival en plein Rome, où celui-ci bénéficiait d'une protection officielle, Jugurtha put néanmoins quitter la ville et s'en retourner en Afrique sans trop de difficulté, après avoir corrompu certains sénateurs. « Ville vénale, et qui ne tardera pas à périr, si elle trouve un acheteur ! » se serait-il alors écrié en jetant un dernier regard vers Rome, au moment où il en laissait derrière lui les murs[3]. A-t-il réellement prononcé ces mots ? Rien n'est moins sûr, mais les auteurs romains se sont plu à l'écrire, ce qui montre pour le moins que la cupidité de leurs sénateurs était un travers bien connu,

1. Gsell, 1928, p. 80.
2. Cicéron, *De la loi agraire*, 1, 4, 10, et 2, 58-59.
3. Salluste, *Guerre de Jugurtha*, 35.

et les souverains numides ne l'ignoraient pas. L'habileté des négociations menées par le jeune Juba permit que le droit du royaume numide sur les terres qui lui avaient été promises dans la province romaine puisse être reconnu dans les faits par certaines clauses contenues dans la loi alors à l'étude[1]. Toutefois, celle-ci ne fut finalement pas votée à Rome, car le projet fut retiré avant[2].

Il y avait sans doute une raison particulière, et plus personnelle, à l'animosité virulente de César contre le jeune Juba. Le royaume de Numidie avait effectivement déjà noué alliance avec l'homme en passe de devenir son plus grand ennemi dans la course au pouvoir à Rome. Hiempsal II avait tissé des liens d'amitié avec Pompée, dont hériterait Juba Ier une fois devenu roi[3]. Leur rapprochement fut scellé par un événement survenu en 81 avant notre ère : cette année-là, un certain Hiarbas s'empara du pouvoir en Numidie et chassa Hiempsal du trône[4]. Le coup d'État entrait en pleine résonance avec les événements qui se jouaient à Rome. Hiarbas, disent les sources écrites, était un allié de Marius, protagoniste avec Sylla de la deuxième guerre civile qui déchirait la République romaine. Le camp de Sylla, dans lequel se rangeait Pompée, l'emporta définitivement en 82 avant notre ère. Lorsque Pompée intervint en 81 pour rétablir Hiempsal sur le trône de Numidie, c'est aussi contre les partisans de Marius qu'il se battit en Afrique. L'action de Pompée, conjuguée à celle du prince de Maurétanie Bogud, permit à Hiempsal, sur ces entrefaites, de recouvrer son pouvoir.

---

1. Le projet écartait de la vente prévue de terres publiques celles attribuées à Hiempsal, et sur lesquelles par là-même son autorité était reconnue.

2. Pline l'Ancien, *Histoire naturelle*, 7, 117 : l'opposition de Cicéron, alors consul, servie par son talent d'orateur, avait convaincu ses concitoyens d'y renoncer.

3. Pseudo-César, *Guerre d'Afrique*, 2, 25.

4. Plutarque, *Vie de Pompée*, 11-13 ; Appien, *Guerres civiles*, 1, 80.

Les circonstances qui avaient rapproché Pompée et Hiempsal expliquent le soutien accordé plus tard par Juba Ier au général romain dans le conflit qui allait l'opposer à César. Un nouvel incident avait sans doute terminé de convaincre Juba d'embrasser le parti de Pompée, lorsqu'éclata en 49 la guerre civile. Peu de temps auparavant, en 50 avant notre ère, le tribun Curion, partisan de César, avait suggéré d'annexer purement et simplement le royaume de Numidie et de le déclarer possession du peuple romain, ce qui resta toutefois sans suite[1]. Telles étaient néanmoins les ambitions de Rome et ses prétentions sur le royaume de Numidie. Elles étaient servies par un courant littéraire qui s'employait à leur donner une façade légitime, véhiculant l'idée que certains souverains africains étaient redevables aux Romains de leur montée sur le trône. Ce qu'il en a été en réalité échappe encore.

La menace que César et ses partisans faisaient peser sur le royaume de Numidie prend un tour plus sérieux lorsque, fort de sa victoire gauloise, César, après d'ultimes négociations avec Pompée et le gouvernement romain, franchit le Rubicon avec son armée au début de l'année 49, et entame sa traversée de l'Italie en direction de Rome, dont il s'empare quelques mois plus tard. C'est alors qu'il charge son dévoué lieutenant Curion de soumettre la province d'Afrique, dirigée par un partisan de Pompée. Juba Ier a tôt fait de comprendre l'ampleur du danger qui se profile. S'engageant à son tour dans la guerre civile romaine, il accorde promptement son aide au gouverneur pompéien. Il pressent à n'en pas douter ce qu'il allait lui en coûter de la part de César, tenant entre ses mains la capitale de l'Empire désertée par Pompée et ses alliés en fuite.

1. César, *Guerre civile*, 2, 25, 4 ; Cassius Dion, *Histoire romaine*, 41, 41, 3 ; Lucain, *La Pharsale*, 4, 689-691.

Juba Ier peut nourrir les pires craintes à l'égard de César, dont le fidèle allié Curion avait formulé un an plus tôt le projet d'annexion de la Numidie. Il sait aussi l'importance du soutien qu'il lui faut fournir au gouverneur de la province d'Afrique pour l'emporter. Et, de fait, son jugement ne l'a pas égaré. Grâce au renfort de l'infanterie et de la cavalerie numides qu'accompagnent plusieurs dizaines d'éléphants, Curion périt en août 49 près d'Utique, dont il tentait de s'emparer, à une trentaine de kilomètres au nord-ouest de Carthage[1]. La bataille marque indubitablement le succès des détachements numides. À la suite de cette victoire, Juba Ier rallie les partisans de Pompée qui s'étaient rassemblés plus tôt dans le port d'Utique afin de défendre la ville contre Curion. À Rome, le Sénat tenu par César le proclame ennemi public[2].

Les événements s'engagent mal toutefois pour le clan pompéien. Pompée et ceux qui l'avaient suivi jusqu'en Grèce sont vaincus par l'armée césarienne à Pharsale, en juin 48. Pompée lui-même est assassiné quelques mois plus tard en Égypte, où il avait trouvé refuge. Un grand nombre de ses partisans prennent alors le chemin de l'Afrique afin de rejoindre Juba Ier. L'implication du roi de Numidie dans la guerre civile romaine avait reçu un écho retentissant et donné espoir au clan pompéien[3] : ce sont ainsi près de 10000 hommes qui parviennent à Utique à l'issue d'une longue marche de deux mois à travers le désert des Syrtes, après que les embarcations qui les avaient conduits jusque-là eurent échoué à Benghazi.

---

1. César, *Guerre civile*, 2, 23-44 ; Cassius Dion, *Histoire romaine*, 41, 42 ; Appien, *Guerres civiles*, 2, 45.
2. Cassius Dion, *Histoire romaine*, 41, 42, 7.
3. Lucain, *La Pharsale*, 9, 300 *sq*.

Pour César, le danger prend soudainement de l'ampleur : ses opposants réunis en Afrique, forts des contingents fournis par Juba Ier, ont pu rassembler une armée de près de 70 000 hommes, dont le gros des troupes est concentré à Utique[1]. D'importantes réserves d'armes et de céréales ont également été constituées et mises à disposition du clan pompéien. À la fin de l'année 47, c'est en revanche avec un contingent militaire réduit que César parvient en Afrique, non sans difficulté après avoir essuyé une tempête qui disperse sa flotte. Il s'établit à Ruspina – aujourd'hui près de Monastir – et s'y maintient pendant deux mois en attendant d'autres renforts à venir. Le conflit qui déchire Rome s'est désormais déplacé en Afrique, qui en devient l'ultime champ de bataille. L'affrontement personnel entre Pompée et César, qui a dégénéré en guerre civile, est irrémédiablement un ferment de division. César, comme les partisans de Pompée, sollicite alors le soutien des rois africains. Face au roi de Numidie rallié au camp pompéien, les rois maures choisissent quant à eux le parti césarien.

L'appui fourni par Juba Ier ne doit pas tromper : son engagement militaire auprès du clan de Pompée a un prix que le roi numide a certainement à cœur de faire reconnaître, d'autant que ses cobelligérants romains ont tardé à le déclarer officiellement ami et allié[2]. Scipion, qui commandait les troupes pompéiennes, lui aurait alors promis en retour l'ensemble des possessions africaines de Rome[3]. La simple évocation de cette promesse, qu'elle ait été réelle ou exagérée par les sources romaines, suffit à dire l'enjeu décisif que

1. Pour le détail de l'aide fournie par Juba Ier : Bertrandy, 1991.

2. Ce n'est qu'après la victoire sur Curion que le Sénat pompéien, réfugié en Grèce, lui accorde enfin ce titre, que le consul pompéien C. Claudius Marcellus s'était auparavant opposé à lui octroyer : César, *Guerre civile*, 1, 6, 3 ; Cassius Dion, *Histoire romaine*, 41, 42, 7.

3. Cassius Dion, *Histoire romaine*, 43, 4.

représentait la guerre sur le sol africain, ultime opportunité pour ses adversaires d'arrêter César dans sa conquête du pouvoir. Pour tenir Rome, l'Empire valait bien le sacrifice de l'Afrique.

Juba Ier impose sans doute des conditions sur le butin de guerre afin d'en assurer sa part : c'est ce qui lui permet probablement, entre 48 et 46 avant notre ère, de frapper de nombreuses monnaies à Utique, quartier général du parti pompéien. Sur ces monnaies destinées au paiement des troupes romaines, l'effigie de Juba Ier s'affiche avec force. Il y a alors une très grande similarité stylistique dans les portraits qu'elles donnent du roi, avec des monnaies émises au même endroit par les généraux romains. Non seulement Juba Ier est présent à leurs côtés et implique la Numidie dans les opérations militaires, mais il veut également être perçu comme l'égal des chefs romains, sinon comme leur supérieur[1].

L'enjeu est de taille. La guerre entre César et Pompée donne à Juba Ier l'opportunité de faire reconnaître par Rome sa pleine indépendance et sa souveraineté, en échange de son alliance. L'emploi du terme *rex* sur les monnaies frappées à Utique pourrait être interprété dans ce sens. Il fournit le premier témoignage de l'utilisation du latin dans les légendes monétaires d'Afrique, qui jusque-là faisaient exclusivement usage du punique. Le choix de Juba Ier relève alors du calcul politique qui dicte sa coopération militaire avec l'état-major pompéien. Utilisant à son profit les usages monétaires de ce puissant allié, il proclame son pouvoir au sein du camp romain[2].

1. Alexandropoulos, 2007, p. 173-186.
2. Alexandropoulos, 2005, p. 206.

Si, dans un premier temps, Pompée semble par ailleurs avoir compté sur l'appui des Maures, le soutien des rois qui occupent désormais le trône, Bocchus II en Maurétanie orientale et Bogud en Maurétanie occidentale, va, depuis 49, au nouveau maître de Rome, César[1]. La rivalité entre les royaumes maures et leur voisin numide, et les perspectives que pouvaient laisser présager une défaite de la Numidie, furent sans doute déterminantes dans les partis pris. Certes, Bogud, dont le royaume s'étend sur le nord-ouest du Maroc actuel, est très éloigné des lieux d'affrontement en Afrique ; mais il prend part aux campagnes de César contre le parti pompéien qui s'est reconstitué en Espagne.

Bocchus II s'engage plus activement en Afrique afin de soutenir le parti césarien. Il associe ses forces à l'armée de mercenaires rassemblée par un aventurier et chef de guerre d'origine italienne, Sittius, qui a pris les armes pour le compte de César et loué ses services au roi de Maurétanie[2]. Cet ancien homme d'affaires qui a connu des déboires avec la justice romaine, avait déjà noué par le passé des liens avec le trône de Maurétanie, impliquant semble-t-il d'importants enjeux financiers : il est effectivement fort possible que Sittius, dont les activités de banquier s'étaient étendues au-delà de l'Italie, ait été le créancier du roi de Maurétanie[3].

Les forces conjuguées de Bocchus II et de Sittius s'emploient à prendre à revers, depuis l'ouest, la Numidie. Alors que l'année 47 touche à sa fin, venus depuis la Maurétanie orientale ils marchent de concert sur le domaine numide que tenait Massinissa II, puis poursuivent vers l'est et frappent au cœur

1. Strabon, *Géographie*, 17, 3, 7 ; Cassius Dion, *Histoire romaine*, 41, 42, 7 ; Lucain, *La Pharsale*, 3, 290-300.
2. Pseudo-César, *Guerre d'Afrique*, 25 ; Cassius Dion, *Histoire romaine*, 43, 3, 1.
3. Cicéron, *Plaidoyer pour Sylla*, 56-58.

le royaume de Juba Ier en s'emparant de la ville de Cirta. Des villes et des campagnes de Numidie sont pillées, et ceux qui résistent sont assassinés[1].

Averti de l'infortune de son royaume alors qu'il rejoignait le camp pompéien, Juba Ier décide promptement de rebrousser chemin pour défendre son pays. Les récits antiques sont muets sur les faits qui accompagnent le retour du roi numide dans ses terres. Il y reste toutefois peu de temps car une victoire remportée par César allait requérir une dernière fois sa présence auprès du camp pompéien. Laissant à l'un de ses lieutenants la charge de combattre l'armée de Sittius, Juba Ier rejoint les généraux romains établis à Uzitta, non loin du port de Thapsus, au début de l'année 46. Les perspectives s'assombrissaient pour le roi de Numidie.

La victoire de César

Les événements qui se précipitent en 46 tournent résolument à l'avantage de César. Des renforts venus de Sicile lui permettent désormais de compter sur une armée conséquente[2]. Il y a plus. Fuyant le camp adverse, des recrues ont également rejoint les troupes du Romain. Il accueille de la sorte, semble-t-il en nombre, non seulement des transfuges de l'armée pompéienne mais également des cavaliers gétules servant auprès de Juba Ier, ainsi que des Numides et des Gétules qui avaient été placés sous les ordres de Scipion[3] : si, parmi ces derniers, certains ont fait le choix de s'extraire des combats et de rentrer chez eux, d'autres prennent les armes pour le compte de César, qui passe pour un fidèle de Marius.

1. Pseudo-César, *Guerre d'Afrique*, 25, 1-3 ; Appien, *Guerres civiles*, 2, 96.
2. Pseudo-César, *Guerre d'Afrique*, 34 et 53.
3. Pseudo-César, *Guerre d'Afrique*, 32 ; 52 ; 56.

Ceux-là des Gétules qui ont rallié César gardent effectivement le souvenir de leurs pères qui avaient combattu en Afrique auprès de Marius au moment de la guerre menée par Rome contre Jugurtha : à l'issue de la victoire romaine en 105, ils avaient alors reçu pour prix de leur alliance des terres prises sur le territoire numide, leur garantissant une indépendance face au souverain de Numidie. Ils pouvaient, à l'opposé, continuer à nourrir une haine tenace envers le nom de Pompée. Nous l'avons dit, celui-ci était intervenu en faveur du roi numide Hiempsal, dont le pouvoir avait été confisqué avec l'aide de partisans de Marius. Après la victoire remportée grâce à Pompée en 80, Hiempsal avait été rétabli à la tête du royaume numide dont les droits étaient dès lors étendus sur les terres des Gétules qui avaient combattu pour Marius[1]. Leur soumission autoritaire au roi de Numidie pourrait aussi expliquer leurs relations conflictuelles avec Hiempsal puis ses descendants, Juba Ier mais également Juba II.

César le sait, et il utilise cette hostilité pour affaiblir et frapper au corps la Numidie. Ainsi fait-il renvoyer chez eux certains des Gétules qui s'étaient rendus à lui, les chargeant de convaincre les populations locales de prendre les armes contre le souverain numide[2]. La révolte éclate aux frontières occidentales de la Numidie, contraignant derechef Juba Ier à rapatrier une partie de son armée venue soutenir le camp pompéien, afin de protéger son royaume. Une nouvelle brèche s'ouvrait dans les forces numides.

Le face-à-face décisif devient inéluctable. Jusque-là, l'affrontement entre César et les Pompéiens auxquels s'était

1. Pseudo-César, *Guerre d'Afrique*, 56.
2. Pseudo-César, *Guerre d'Afrique*, 55.

allié Juba Ier avait pris la forme de manœuvres militaires éprouvantes, mais qui entraînèrent relativement peu de véritables combats. César avait attendu d'être suffisamment en force pour engager, au moment opportun, l'offensive. C'est au début du mois d'avril 46 qu'il lance l'attaque dans les parages de Thapsus, où le parti adverse avait pris position[1]. La victoire de l'armée césarienne s'avère irrémédiable. L'issue de la guerre marque l'incontestable supériorité tactique de César et l'efficience de ses troupes au combat, face au clan pompéien et numide fissuré par ses faiblesses et mis en déroute. Parmi les généraux romains, Caton, qui gardait la place d'Utique, apprenant la nouvelle de la défaite choisit le suicide plutôt que d'être fait prisonnier par César : jugé à l'aune de son dernier acte de bravoure, il sera érigé en symbole des vertus romaines à l'issue de la guerre civile[2]. Scipion, qui a pris part à la bataille de Thapsus, et d'autres Pompéiens tentent pour leur part de passer en Espagne, mais leurs embarcations sont rejetées sur les côtes africaines, où elles sont attaquées et coulées par une flotte commandée par Sittius[3].

Juba Ier a survécu au combat. Il essaie de regagner son royaume afin de retrouver les siens, femmes et enfants, dont le jeune Juba, qu'il avait laissés à Zama avec un important trésor. Son entourage y était établi au moins depuis le début de la guerre : au moment où Juba Ier s'engageait dans le conflit, il avait ainsi pris soin de faire protéger la ville par d'imposantes murailles[4]. Lorsqu'en 46 le roi vaincu parvient devant les portes de Zama, les habitants qui ont reçu la nouvelle de sa défaite refusent toutefois de le laisser entrer. Juba Ier aurait en effet pris un bien terrible engagement au commencement

1. Pseudo-César, *Guerre d'Afrique*, 79 *sq*.
2. Pseudo-César, *Guerre d'Afrique*, 88
3. Pseudo-César, *Guerre d'Afrique*, 96.
4. Pseudo-César, *Guerre d'Afrique*, 91.

des hostilités, faisant dresser sur la place de la ville un immense bûcher assorti de la promesse suivante : en cas de défaite de sa part, « il entasserait sur ce bûcher tous ses biens, ferait exécuter tous les habitants et les y ferait jeter, et après avoir mis le feu, se tuerait enfin lui-même par-dessus et se ferait brûler avec ses enfants, ses femmes, les habitants et tout le trésor royal[1] ». Le présage de ce funeste sort rappelle singulièrement la mort légendaire d'anciens souverains orientaux[2]. Face au refus des habitants de Zama de lui ouvrir les portes de la ville, Juba Ier aurait demandé en ultime requête que les siens puissent le rejoindre afin de partir avec lui. Mais c'est en vain, et Juba Ier ne les reverra jamais. Craignant qu'il ne revienne avec une armée, la population de Zama missionne hâtivement une délégation auprès de César afin de lui demander protection. Sitôt prévenu, le dictateur romain prend le chemin de la Numidie et gagne bientôt Zama.

Perdant l'espoir de trouver des appuis dans son royaume, Juba Ier se résolut alors à mourir. Il se réfugia dans l'un de ses domaines avec l'officier romain M. Petreius, qui l'avait suivi dans sa fuite après la défaite de Thapsus, et tous deux prirent le parti de se livrer un duel mortel. Différentes versions des faits nous sont parvenues : celle qui a reçu le plus de crédit raconte que Juba Ier l'emporta, mais, ne parvenant pas à se percer de son épée pour mourir à son tour, il demanda à un esclave de lui porter le coup fatal[3].

La Numidie tombait définitivement entre les mains de César, qui en fixe alors le sort[4]. À Zama, il fait mettre aux

1. Pseudo-César, *Guerre d'Afrique*, 91, 2.
2. Gsell, 1928, p. 152.
3. Pseudo-César, *Guerre d'Afrique*, 94 : ce récit est celui qui a reçu le plus de crédit, voir Gsell, 1928, p. 152.
4. Pseudo-César, *Guerre d'Afrique*, 97.

enchères les biens de Juba Ier. À l'est, le royaume numide est réduit au statut de province romaine, à l'exception de la région de Cirta : celle-ci est jointe à une partie du domaine sur lequel le souverain numide Massinissa II avait exercé son autorité, afin de former une sorte de « principauté » donnée en récompense au chef de guerre Sittius[1]. Vers l'ouest, le reste du territoire de Massinissa II est remis à Bocchus II pour prix de son soutien[2]. En même temps que César et son parti arrêtaient le destin de la Numidie, ils forgeaient aussi, pour les générations futures, le portrait de celui qui, à la tête du royaume numide, fut en Afrique leur fervent ennemi.

Tout repose sur un récit, celui de la *Guerre d'Afrique* attribuée au Pseudo-César. Il vaut par l'éclairage unique qu'il apporte. En effet, l'auteur de ce texte, qui a été inséré pour une raison inconnue dans la somme des récits de campagnes de César – d'où le nom de Pseudo-César –, fut un témoin exceptionnel des faits[3]. On pense qu'il fit partie de l'armée césarienne, non pas au sein même de son état-major mais plutôt comme officier supérieur, et qu'il participa à la guerre en Afrique. Son attachement à César est naturellement perceptible, tout autant que son regard sans concession sur le clan pompéien, à l'exception de Caton pour qui il manifeste de l'admiration. Rien n'est dissimulé de la haine et du mépris qu'il porte envers Juba Ier, et les allusions qu'il y fait ont aussi pour effet de grandir le Romain qui en est venu à bout.

Le roi numide fut-il alors un « monstre d'orgueil et de stupidité » pour le dire avec les mots du Pseudo-César[4] ?

1. Appien, *Guerres civiles*, 4, 54 ; Pline l'Ancien, *Histoire naturelle*, 5, 22.
2. Appien, *Guerres civiles*, 4, 54.
3. Voir l'introduction au *Pseudo-César. Guerre d'Afrique*, texte établi et traduit, revu, corrigé et augmenté par Alphonse Bouvet et Jean-Claude Richard, Paris, Les Belles Lettres, 1997.
4. Pseudo-César, *Guerre d'Afrique*, 57.

Quelle fut la personnalité exacte de Juba Ier, il est impossible de le dire ; probablement un homme ambitieux comme le furent également les chefs romains, et soucieux de l'indépendance de son royaume face aux visées de César, dont les desseins étaient clairs. Le clan pompéien fondait aussi son espoir sur l'engagement du roi à ses côtés afin de contrecarrer l'offensive césarienne. Pour les partisans de Pompée, le sort de Rome reposait incontestablement sur les épaules du roi de Numidie et sur sa capacité à pouvoir l'emporter en Afrique.

Sans doute est-ce ainsi que l'on doit comprendre l'allusion à l'arrogance qui qualifie dans le récit romain la posture du roi numide vis-à-vis des généraux pompéiens[1] : Juba Ier, conscient de l'importance de son soutien, était certainement déterminé à ne pas jouer les subordonnés dans le conflit. Certes, celui-ci prenait pour théâtre une province romaine, mais elle n'en restait pas moins une terre africaine, qui pouvait nourrir les aspirations de conquête du roi. Les partisans de Pompée, qui n'avaient pas réussi à imposer leur autorité autant sans doute qu'ils l'auraient souhaité, devaient aussi reconnaître au souverain, dont ils espéraient beaucoup, une fonction majeure afin de résoudre le conflit qui les opposait à d'autres Romains sur le sol africain. Tel est le sens que l'on peut donner à la fois à la promesse qui aurait été faite par le clan pompéien de céder, en cas de victoire, la province romaine d'Afrique à Juba, et à l'attitude de ce dernier vis-à-vis des généraux romains[2].

Si l'issue de la guerre reposait de façon déterminante sur son implication, celle-ci pouvait justifier aux yeux de Juba Ier qu'on le considère comme le chef de l'ensemble des troupes,

1. Outre le Pseudo-César, voir Plutarque, *Vie de Caton*, 57 ; Cassius Dion, *Histoire romaine*, 42, 57.
2. Décret & Fantar, 1998, p. 153.

romaines et africaines, engagées dans la lutte contre César. C'est ainsi que le roi de Numidie revendiqua d'être seul à revêtir le manteau de pourpre qui, pour les Romains, était l'insigne du commandant suprême[1]. Cette prétention, jugée comme un acte d'insolence ignominieux dans le récit du Pseudo-César, fut acceptée par les Pompéiens, et le général Scipion s'en tint pour lui-même au manteau blanc. La situation ne fut toutefois pas facile à tenir pour les chefs romains, dont l'entente avec le roi numide fut loin d'être parfaite[2]. À cela s'ajoutait la division qui régnait entre les généraux pompéiens eux-mêmes.

La brutalité reprochée par ailleurs à Juba dans son comportement envers les populations ayant localement pris le parti de César fut sans doute réelle, comme les faits de violence également attribués aux généraux romains du camp pompéien[3]. De tels actes sont loin d'être isolés dans les conflits qui impliquèrent les armées romaines au cours de leur histoire, et les troupes menées par César n'en furent elles-mêmes pas exemptes[4]. Le recours à la violence constituait pour les chefs militaires, de Rome et d'ailleurs, une arme psychologique qui, à travers la leçon du sort cruel réservé à des individus ou groupes de populations, visait, par la peur, à vaincre les oppositions ennemies. La brutalité versée plus particulièrement au compte du caractère de Juba Ier servait à nourrir l'image du coupable idéal, étranger aux vertus romaines, dans la vision de la guerre en Afrique transmise par les auteurs romains[5]. Avec cela, l'usage de la violence attribué massivement au camp pompéien et numide permettait d'autant mieux de faire

1. Pseudo-César, *Guerre d'Afrique*, 57.
2. Plutarque, *Vie de Caton*, 57-58 ; Cassius Dion, *Histoire romaine*, 42, 57.
3. Pseudo-César, *Guerre d'Afrique*, 20, 6, et 26, 2 et 6 ; Plutarque, *Vie de Caton*, 57-58 ; Cassius Dion, *Histoire romaine*, 42, 57.
4. Barrandon, 2018 ; Hulot, 2018, p. 73-99.
5. Alexandropoulos, 2007, p. 173-186.

ressortir la clémence et la tempérance des décisions prises par César dans le récit de sa victoire[1]. À son retour à Rome, le dictateur ferait de cette vertu, qu'il disputait déjà à Pompée au début de leur affrontement, une formule emblématique dans ses discours et sa propagande politique[2].

César quitte l'Afrique au mois de juin de l'année 46[3]. Après une étape en Sardaigne, il foule le sol de Rome à la fin du mois de juillet. Ainsi prenait fin son expédition africaine, et avec elle le royaume de Numidie. Emporté dans la tourmente de la guerre, le très jeune Juba, fils du roi défunt, était arraché aux siens à Zama. Il vivait alors au sein du gynécée que possédait son père, sans doute auprès de sa mère, dont on ignore toutefois tout : notre information se réduit à la brève mention des femmes et des enfants du souverain de Numidie, établis dans sa résidence royale au moment du conflit[4].

Nul ne sait ce qu'il advint d'eux après que les armées de César se furent emparées de Zama, à l'exception de Juba II. Les circonstances de sa capture par César et de son voyage ne sont toutefois pas connues. On ne peut qu'imaginer le désarroi du jeune enfant, coupé de sa famille et embarqué sous la contrainte avec les armées romaines. Tout au plus est-il possible de supposer qu'il fut accompagné par quelque personne de son entourage afin de le prendre en charge au vu de son jeune âge. Aucun, a priori, n'était qualifié pour cela dans l'armée de César, dont les ordres avaient été stricts au moment d'embarquer ses troupes pour l'Afrique : « Les

1. Pseudo-César, *Guerre d'Afrique*, 88 et 90.
2. Sur l'usage de la notion de clémence dans la vie politique romaine, entre la fin de la République et le début de l'Empire : Flamerie de Lachapelle, 2011.
3. Pseudo-César, *Guerre d'Afrique*, 98.
4. Pseudo-César, *Guerre d'Afrique*, 91.

instructions concernant le transport des troupes de Sicile en Afrique interdisaient d'admettre sur les bateaux, en dehors des soldats eux-mêmes et des armes, aucun bagage, aucun esclave, rien de ce dont ont besoin d'ordinaire les soldats[1]. »

L'existence du jeune Juba apparaît pour la première fois dans les récits antiques au moment du triomphe célébré par César quelques semaines après son retour à Rome, à la fin du mois de septembre 46. Bien qu'il ait été le fils d'un roi vaincu, Juba II allait grandir dans le souvenir de ses origines, jamais reniées, mais aussi des événements qui avaient précipité la mort de son père. La fidélité de Juba II envers la mémoire familiale est à ce titre sensible à travers les inscriptions et les monnaies. Un témoignage sculpté retrouvé à Volubilis, au Maroc, intrigue néanmoins, car il rappelle le dernier engagement de Juba Ier contre César : l'objet, un buste en bronze, représente le général pompéien Caton, dont le nom est gravé à la base[2]. Cette pièce compte parmi les remarquables œuvres d'art découvertes sur le même site, dont fait également partie la célèbre tête identifiée comme celle de Juba II[3], sculptée au moment où le roi accéda au pouvoir. Quelques autres bronzes remontent de façon assurée au règne d'Auguste. En revanche, le fait est moins facilement établi pour le buste de Caton.

En effet, si l'identification du personnage ne pose pas de difficulté, sa datation, fondée sur l'appréciation de critères stylistiques, est plus discutée, oscillant entre la fin de la

1. Pseudo-César, *Guerre d'Afrique*, 47.
2. Les bronzes antiques du site de Volubilis, dont ce portrait de Caton, ont fait l'objet, en 2014, d'une exposition au Mucem de Marseille : voir *Splendeurs de Volubilis*, 2014. Il y a unanimité pour reconnaître derrière la mention « Cato », celle de Caton d'Utique ou Caton le Jeune, plutôt que son célèbre aïeul Caton l'Ancien qui vécut vécut au IIe siècle avant notre ère.
3. Voir en annexe.

République romaine et le règne de l'empereur Trajan[1]. Selon une hypothèse défendue depuis sa découverte, le portrait de Caton aurait été une pièce des collections d'art possédées par Juba II et exposées dans sa résidence à Volubilis. En soi, l'hommage esthétique rendu au général romain vaincu par César ne saurait surprendre. De fait, sa mort avait paré son nom d'une renommée exceptionnelle et d'une valeur édifiante à Rome. Dès la fin de la guerre civile et pour les générations suivantes, le défunt Caton incarnait par sa dimension héroïque l'image idéale du sage et de la noblesse humaine, figure exemplaire de la philosophie stoïcienne et des vertus romaines[2]. Contre toute attente, Pompée lui-même devenait un modèle majeur pour Auguste, premier empereur et héritier de César[3]. L'évocation des grandes figures du clan pompéien y compris sous une forme artistique pouvait donc être d'autant plus facilement admise lorsqu'elle s'exposait en dehors de Rome.

Si le buste de Caton est contemporain de Juba II, le choix du roi de l'inclure dans ses collections pourrait dès lors avoir eu plusieurs significations. L'œuvre d'art était peut-être l'occasion pour lui, qui avait grandi auprès de la famille césarienne et devait à Auguste d'avoir été placé sur le trône, tout à la fois de figurer les valeurs morales communément revendiquées par les Romains, et d'évoquer dans une autre perspective l'ultime allié de son père qui avait choisi la même mort, et le dernier combat de ce dernier, à la mémoire duquel elle rendait un subtil hommage. Le manque d'indice ne permet malheureusement pas d'aller au-delà de l'hypothèse. Il est toutefois notable que le bronze de Volubilis constitue la seule représentation connue à ce jour de Caton

1. Coltelloni-Trannoy, 1997a, p. 88, n. 66 ; Roller, 2003, p. 144-146.
2. Drogula, 2019.
3. Roddaz, 2004.

d'Utique, dont Juba II pouvait avoir un intérêt personnel certain à posséder et exposer le portrait.

Au fond, l'objectif de César lorsqu'il s'empara du jeune Juba après la prise de Zama ne fut pas de lui faire oublier ses origines. Bien au contraire, en temps voulu celles-ci s'avéreraient utiles et le dictateur le savait. En enlevant l'enfant, il visait d'abord les intérêts politiques de Rome et les siens propres. On ne sait si la capture du fils du roi de Numidie fut décidée de longue date. Sans doute fut-elle plutôt précipitée par les événements lorsque la famille royale tomba entre les mains de César. Comme il représentait l'autorité officielle de Rome, le choix des captifs lui revenait. La pratique n'était pas inédite, et César lui-même y avait déjà eu recours. Cléopâtre Séléné, fille de la dernière souveraine d'Égypte et du Romain Marc Antoine, suivrait plus tard le même parcours que le petit prince numide, dont elle deviendrait la première épouse.

Vaincu par César, le peuple des Massyles dont était issu le jeune Juba II n'allait pas tarder à prendre une place particulière dans les représentations de l'Afrique à Rome[1]. L'œuvre de Virgile, sous le règne d'Auguste, fait d'eux le symbole des confins méridionaux du monde habité, gardiens de savoir et de pouvoir magiques immémoriaux[2]. Et, pour longtemps encore, le prestige associé au nom de l'ancien royaume qui fut celui de la Numidie des Massyles restera vivace à Rome[3].

---

1. Des populations massyle et masaesyle sont encore mentionnées au Ier siècle dans l'œuvre de Pline l'Ancien : Desanges Jehan, éd. trad. et commentaire de Pline l'Ancien, *Histoire naturelle. Livre V, 1re partie, 1-46. L'Afrique du Nord*, Paris, Les Belles Lettres, 2003, p.145-146 et p. 335-336. Voir également la carte en annexe.
2. Virgile, *Énéide*, 4, 483, et 6, 60.
3. Desanges, 1980.

Un tel souvenir avait sans doute un prix inestimable pour le jeune Juba II, dont l'arrachement précoce à sa terre natale l'éloignait irrémédiablement des dernières images de son enfance africaine. Prince numide, il était désormais otage de Rome.

3

Sous le sceau de Rome

Conduit dans le sillage de César, le petit Juba pénètre dans Rome au cœur de l'été 46, après un long périple de plusieurs semaines[1]. C'est désormais là qu'il est appelé à vivre. De cette période romaine on ne sait pas grand-chose, et c'est furtivement que se dévoile sa jeunesse dans la capitale de l'Empire. Pour autant, et même si beaucoup de questions restent sans réponse, ces années furent déterminantes dans la manière dont se construisit la personnalité du futur roi et homme de lettres.

L'intérêt politique qui avait entraîné sa capture et son déracinement forcé s'annonçait comme la garantie d'une certaine sécurité matérielle dans laquelle le jeune Numide allait s'initier à un nouveau monde, qui n'était pas celui de sa famille de naissance. Enfant d'un roi déchu élevé dans la Rome conquérante, il lui faudrait composer avec ses origines et sa condition de captif. Au sein du cercle des parents de César puis d'Auguste, qui semble-t-il l'accueillit et assura son éducation, rien ne lui fut caché de son histoire, et sans doute ce petit hôte précieux comprit-il très tôt quelle était

1. Pseudo-César, *Guerre d'Afrique*, 98 ; Cassius Dion, *Histoire romaine*, 43, 14, 1-2.

sa place, et ce que le premier citoyen de Rome et sa famille pouvaient attendre de lui en retour.

Une jeunesse auprès d'Auguste

« Revenu de Libye à Rome, César prononça d'abord devant le peuple un discours où il exaltait sa victoire [...]. Puis il célébra ses triomphes sur la Gaule, sur l'Égypte, sur le Pont et sur la Libye ; pour ce dernier, Scipion n'était pas nommé, mais seulement le roi Juba. Lors de ce triomphe, Juba, fils de ce roi, qui n'était encore qu'un tout jeune enfant, fut mené dans le cortège, et sa capture fut pour lui un grand bonheur, car, de barbare et Numide qu'il était, il devint l'un des plus savants historiens grecs[1]. »

Ainsi sont mentionnés pour la première fois l'existence de Juba II en même temps que ses premiers pas symboliques dans Rome.

César fait célébrer à la fin de l'été 46 quatre triomphes durant plusieurs jours, dédiés chacun à l'une de ses conquêtes : sur la Gaule, l'Égypte, le royaume du Pont en Asie Mineure, enfin sur l'Afrique lors d'une cérémonie remarquable par son faste exceptionnel[2]. Pour avoir le droit de triompher à Rome, il fallait avoir combattu victorieusement contre une puissance étrangère : César n'aurait pu prétendre à cet honneur en ayant mené une guerre contre des Romains. Mais le nom de Juba exhibé sur des panneaux rappelant les noms des peuples et des souverains vaincus, la présence de son jeune fils qui portait le même nom que lui et l'étalage du fabuleux butin ramené du royaume de Numidie, tout cela donnait au peuple de Rome le gage que César avait mené en Afrique une guerre contre un belligérant extérieur. Tel était le spectacle qu'il offrait à ses compatriotes éblouis, et peut-être était-ce

1. Plutarque, *Vie de César*, 55, 1-3.
2. Ce triomphe a été étudié en détail par Voisin, 1983.

là la vraie raison qui avait conduit César à capturer le jeune Juba et à le ramener à Rome.

Le dictateur était particulièrement soucieux de sa popularité, dont dépendait la place exceptionnelle qu'il venait d'acquérir dans la vie politique romaine. Or l'enfant pouvait constituer de façon opportune la preuve vivante qu'il avait brillamment conquis un redoutable ennemi et réduit à l'état de servitude sa descendance. L'Afrique, incarnée par le jeune Juba, était mise au service de « l'obsession triomphale » de César[1]. La victoire et l'idéologie qui l'accompagnaient imprimaient fortement l'image qu'il souhaitait donner de son nouveau régime politique. En témoignent de façon éclatante les honneurs du triomphe qui lui avaient été décernés avant même l'issue de la guerre que César s'apprêtait alors à mener sur le sol d'Afrique[2].

Au moment de triompher, la parade des prisonniers participait traditionnellement au spectacle sur lequel une foule nombreuse et bruyante, amassée pour l'événement, jetait des regards curieux, et sur laquelle il faisait forte impression. On les devine, habitants de Rome galvanisés et intrigués, se pressant pour voir la scène dans laquelle figure le tout jeune Juba, au milieu du cortège qui précède le char de César. D'autres prisonniers illustres défilent également ces jours-là, à l'instar de Vercingétorix pour la Gaule, et d'Arsinoé, la demi-sœur de la reine d'Égypte, Cléopâtre[3]. Derrière le char du triomphateur suit Octave : son grand-oncle, César,

1. Expression empruntée à Gagé, 1936, p. 317.

2. Cassius Dion, *Histoire romaine*, 42, 20, 5 : « Ils décidèrent aussi un autre privilège, habituel mais, dans la corruption de cette époque, matière à haine et à rancœur : pour la guerre contre Juba et contre les Romains qui combattaient avec lui, alors que César, à cette époque, n'était même pas au courant qu'elle dût avoir lieu, ils décidèrent de célébrer sa victoire comme s'il avait déjà gagné. »

3. Cassius Dion, *Histoire romaine*, 43, 19.

l'a joint à son escorte le jour de son triomphe africain[1]. Le jeune homme, qui va vers ses 17 ans, n'a pas participé à la guerre en Afrique. Mais la place de choix qui lui est faite par César lors de la somptueuse cérémonie et les récompenses militaires dont il est gratifié à cette occasion, comme s'il avait pris part aux combats, le désignent publiquement comme son successeur. Adopté par César à sa mort, il prendra le nom d'Octavien et deviendra, une quinzaine d'années plus tard, le premier empereur de Rome, connu sous le nom d'Auguste.

Parmi les prisonniers montrés en spectacle lors des triomphes de César, certains, dont Vercingétorix, sont mis à mort[2]. Juba a la vie sauve, tout comme la jeune Arsinoé ; celle-ci, déjà adulte, est même libérée. Aux yeux de César, le Gaulois incarnait d'autant plus la résistance à laquelle il s'était heurté en Gaule qu'il en avait été le fer de lance. Tel n'est pas le cas de Juba, qui ne représente pour lui aucun danger. Ce qu'il advient dans l'immédiat de l'enfant reste toutefois énigmatique car aucune source n'y fait allusion. Quels ont été pour lui les souvenirs de son jeune âge et de sa famille face à la violence de son déracinement, qui s'annonçait définitif ? Il est impossible de répondre. Les auteurs antiques n'en disent aucun mot, convaincus, de leur point de vue romain, du sort heureux du petit Numide. Mais il est fort probable que cet épisode fut déterminant dans la psyché de l'adulte et de l'acteur politique que deviendra Juba.

Pour l'heure, sans doute César pourvoit-il à la prise en charge du jeune enfant à Rome même, et c'est là que Juba grandit[3]. Le meurtre du dictateur en mars 44 avant notre

1. Sources et commentaires : Voisin, 1983.
2. Cassius Dion, *Histoire romaine*, 43, 19.
3. Cassius Dion, *Histoire romaine*, 51, 15.

ère eut-il une incidence sur le quotidien du petit Numide ? On ne le sait pas. L'impression qui domine est la proximité qui semble avoir existé entre Juba et la famille d'Octavien, dont le testament de César faisait son fils adoptif. Suétone mentionne, certes dans un éloge appuyé, l'attention particulière qu'Octavien, une fois empereur, accordait aux descendants de rois étrangers, et peut-être au moment d'écrire ses mots songeait-il notamment à Juba II[1] :

> « Les royaumes dont il s'empara par droit de conquête furent, sauf de rares exceptions, rendus à leurs anciens maîtres ou attribués à des étrangers. Quant aux rois alliés de Rome, il ne craignit point de les unir même entre eux par des liens de parenté, se montrant toujours disposé à faire naître et à favoriser ces rapprochements et ces amitiés ; en outre, il eut pour eux tous autant de sollicitude que s'ils avaient été les membres divers de l'Empire, allant même jusqu'à donner des mentors aux princes trop jeunes ou faibles d'esprit, en attendant qu'ils eussent grandi ou recouvré la raison ; de plus, il éleva et fit instruire avec ses propres enfants ceux de plusieurs rois. »

Les circonstances dans lesquelles ces enfants étaient envoyés à Rome variaient toutefois. Différents exemples en témoignent. Phraatès IV, roi des Parthes – en Arménie actuelle –, expédia en otages certains de ses fils accompagnés de leurs épouses et de leurs enfants, afin de gagner l'amitié d'Auguste tout en se prémunissant contre les risques de complot qui le menaçaient[2]. Grâce au confort de l'existence qu'ils menèrent dans la capitale de l'Empire, « train de vie royal aux dépens du Trésor public » commentait Strabon, ils s'acclimatèrent très vite au mode de vie romain, et certains vécurent à Rome jusqu'à leur mort. Hérode le Grand, roi de Judée et ami de l'État romain dont il dépendait pour bien des choses en politique, envoya également huit fils dont il

1. Suétone, *Vie d'Auguste*, 48.

2. Strabon, *Géographie*, 6, 4, 2, et 16, 1, 28 ; *Res Gestae Divi Augusti*, 32, 2 ; Tacite, *Annales*, 2, 1 ; Justin, *Abrégé des Histoires Philippiques*, 42, 5, 1.

est dit explicitement pour deux d'entre eux qu'ils avaient été expédiés à Rome par leur père pour y être éduqués[1].

Il est expressément fait mention de l'entourage d'Octavien dans l'accueil fourni à des enfants royaux, à propos de ceux d'Antoine et de Cléopâtre. À la suite du suicide de leurs parents en 30 avant notre ère, Octavien les fait ramener à Rome et confier à sa sœur Octavie. La situation était particulière. Octavie avait été mariée à Antoine et s'occupait déjà des enfants qu'ils avaient eus ensemble et de ceux qui étaient nés de leurs précédentes unions. Lorsqu'Antoine meurt, vaincu par Octavien, elle reçoit alors la charge d'élever les enfants qu'Antoine avait eus de toutes ses unions, la dernière étant celle avec Cléopâtre, dont elle recueille les jumeaux âgés de dix ans, Cléopâtre Séléné et Alexandre Hélios, et le jeune Ptolémée Philadelphe, qui a six ans[2]. Pour eux, la situation était un peu différente de celle de Juba : leur père avait appartenu à la noblesse romaine avec laquelle ils avaient alors un lien étroit, et dans la maison d'Octavie ils rejoignaient notamment leurs deux demi-sœurs, Antonia maior et Antonia minor, nées de l'union entre Octavie et Antoine.

Le lien qui avait uni Octavie à Antoine n'explique pas tout dans la décision de confier à celle-ci le soin d'élever ces enfants venus de l'étranger. La façon dont Octavie, véritable femme de pouvoir, présida à la destinée de ces jeunes, servait les visées stratégiques de l'empereur. Sans doute fut-elle guidée en cela par Auguste, qui lui avait confié le soin de veiller sur eux et de les éduquer dans le respect de la tradition romaine, espérant probablement un jour utiliser leur soutien pour servir sa cause politique. C'est pour celle-ci qu'Octavie

1. Flavius Josèphe, *Guerre des Juifs*, 1, 602-603. Voir Hadas-Lebel, 2003.
2. Suétone, *Vie d'Auguste*, 12 ; Plutarque, *Vie d'Antoine*, 87.

paraît avoir déployé bien des talents d'habile négociatrice et de conseillère auprès de son frère, dont elle avait l'oreille. La fermeté de certaines de ses décisions montre le respect et la confiance que celui-ci lui témoignait en retour, quand bien même il ne partageait pas son avis.

Tel fut le cas lorsqu'Octavie fit savoir qu'elle continuerait à vivre dans la maison d'Antoine, conformément aux liens du mariage qui les avaient unis, alors même qu'il vivait désormais ouvertement avec Cléopâtre en Égypte[1]. Ce fut au final un bon calcul politique de la part d'Octavien d'accepter ce choix auquel il s'était initialement opposé, car il contribua à entretenir, sur le plan politique, le courant d'hostilité à Rome envers Antoine. Ce dernier répudia finalement Octavie en 32, et la contraignit à quitter le domicile conjugal avec tous les enfants dont elle avait la charge[2]. Sans doute s'installa-t-elle alors auprès d'Octavien, qui avait fait l'acquisition, vers 40, d'une maison sur le Palatin[3]. Là, Octavie pouvait se consacrer pleinement à la vie de la maisonnée et s'employer aux tâches traditionnellement dévolues aux femmes et aux filles de la famille : c'est à elles, écrit Suétone, qu'Auguste eut notamment coutume de confier la confection de ses vêtements[4].

Dans cette demeure du Palatin où Octavie élevait ses enfants et ceux nés des différentes unions d'Antoine, elle veilla aussi à leur avenir en pourvoyant à leurs mariages. Plutarque y fait allusion, en même temps qu'il évoque le jeune Juba :

> « Antoine avait laissé, grâce à trois femmes, une descendance de sept enfants. L'aîné, Antyllus, fut le seul que César fit mettre à mort.

1. Plutarque, *Vie d'Antoine*, 54, 1.
2. Plutarque, *Vie d'Antoine*, 57, 4.
3. Suétone, *Vie d'Auguste*, 72, 2.
4. Suétone, *Vie d'Auguste*, 73, 2.

Octavie, ayant recueilli les autres, les éleva avec les siens. Elle maria Cléopâtre, fille de Cléopâtre, à Juba, le mieux doué des rois[1]. »

Les mots de Plutarque tendent à suggérer que Juba, parmi les enfants royaux dont Octavie dirigeait le destin, était particulièrement apprécié pour ses qualités intellectuelles. Le contexte était tout à fait propice à développer son goût des lettres, dont ses écrits témoigneront plus tard. Auguste lui-même partageait cet intérêt[2]. Au cœur de son vaste domaine sur le Palatin, il fit d'ailleurs construire une bibliothèque dédiée aux lettres latines et grecques, ouverte au public. Octavie y contribua également avec l'édification de la bibliothèque de Marcellus, du nom de son fils défunt, sur le Champ de Mars[3].

Les longues heures qu'il consacra lors de ses années de jeunesse à lire les auteurs classiques pourraient expliquer les qualités prêtées à Juba et sa réputation de sérieux. Les auteurs postérieurs qui l'évoquent furent sans doute d'autant plus enclins à souligner ses bonnes dispositions qu'ils savaient rétrospectivement combien d'autres adolescents de la famille impériale, fine fleur de la jeunesse dorée de Rome, avaient donné du fil à retordre par leurs frasques. Le parcours personnel de Juba et les événements qui avaient bouleversé son enfance et déterminé son arrivée à Rome ne sont, du reste, peut-être pas étrangers à une certaine gravité, manifestée dans son penchant pour l'étude.

L'ambiance studieuse dans laquelle Juba grandit convenait aussi aux traits de caractère prêtés à Octavie : ses portraits donnent à voir la même rigueur, assortie d'une certaine sobriété dans l'attitude et l'apprêt de la coiffure[4]. Tout dans

1. Plutarque, *Vie d'Antoine*, 87.
2. Suétone, *Vie d'Auguste*, 84 *sq*.
3. Suétone, *Vie d'Auguste*, 29, 4 ; Plutarque, *Vie de Marcellus*, 30.
4. Plutarque, *Vie d'Antoine*, 31.

sa conduite la conformait à l'image vertueuse attendue d'une femme de son rang dans la société romaine. C'est aussi sans doute dans un milieu digne de leur qualité et de la place qu'occupait sa famille qu'Octavie éleva Juba et les enfants à sa charge. Son frère bénéficiait d'une position particulière à Rome, les distinguant parmi les autres familles de l'aristocratie romaine. Il en allait alors de son prestige que les enfants élevés dans sa maison reçoivent la meilleure éducation. Soin et magnificence sont ainsi les deux mots employés par Plutarque pour décrire l'attention dont ils furent l'objet de la part d'Octavie[1]. Le confort de leur existence pesait sans doute de tout son poids sur ces enfants, et ils durent probablement comprendre très vite les enjeux supérieurs accaparant la famille qui les avait accueillis.

L'atmosphère de palais qui baignait la jeunesse de Juba était, en effet, faite de relations et de calculs dictés par l'ascension politique sans précédent d'Auguste, et le choix de celui qui lui succéderait à sa mort. Là sont les deux préoccupations qui ont guidé Octavie dans son quotidien auprès de l'empereur, et dans ses efforts pour placer sa progéniture au sommet de l'État romain. À la veille d'y parvenir avec son fils aîné Marcellus, elle le perdit toutefois dans la fleur de l'âge, et avec lui beaucoup de ce qui faisait l'intérêt de son existence. C'était en 23 avant notre ère, et Juba avait déjà quitté Rome. Marcellus, neveu d'Auguste, fut le premier mari de sa fille Julie. Il figurait alors en bonne position pour recevoir le legs politique d'Auguste et lui succéder quand le moment serait venu. Juba était plus âgé que lui de quelques années, et on peut présumer qu'ils grandirent ensemble. Vers le même âge où se dessinait le destin politique de Juba, Marcellus avait connu son ascension au sein de la famille

1. Plutarque, *Vie d'Antoine*, 54.

impériale. Mais il fut emporté subitement par la maladie, et sa mère Octavie, drapée dans le deuil, ne se remit semble-t-il jamais de la perte de son fils[1].

Le soupçon d'avoir fait empoisonner Marcellus qui, selon Cassius Dion, aurait pesé sur l'épouse d'Auguste, Livie, parce que l'empereur l'aurait préféré à ses propres fils, s'il est infondé, montre pour le moins combien les tensions étaient nombreuses au sein de la maisonnée d'Auguste. Elles s'accentuaient au fur et à mesure que les héritiers de la famille impériale grandissaient et approchaient de l'âge d'entrer dans la vie politique[2]. Ainsi s'éloignaient leurs amusements d'enfants, en même temps que la gravité de leurs destins éloignait les uns des autres les anciens camarades de Juba.

De toutes ces tensions, Juba fut probablement un témoin privilégié, mais un témoin qui restait étranger au jeu se déroulant sous ses yeux. Il ne semble pas en avoir nourri, durant ses années de jeunesse, une aigreur particulière ou une aversion envers la famille d'Auguste. Il ne paraît pas non plus avoir subi de mauvais traitement contrairement à ce qu'affirme la Souda, cette source d'époque médiévale : pour le moins, aucun auteur antique ne s'en fait l'écho[3]. Il reste cependant délicat de parler de sentiments ou encore d'affection familiale dont Juba aurait été entouré. Il semble qu'une certaine distance ait été maintenue vis-à-vis des enfants royaux élevés auprès d'Auguste, que leur entrée dans l'âge adulte et les enjeux liés à leurs origines rendaient plus perceptible et prégnante.

---

1. Sénèque, *Consolation à Marcia*, 2.
2. Cassius Dion, *Histoire romaine*, 53, 30, et 53, 33.
3. Souda, s. v. « Iobas » ('Suda on line': https://www.cs.uky.edu/~raphael/sol/sol-html/).

Comme Juba autrefois, la petite Cléopâtre Séléné et son jumeau Alexandre Hélios, alors âgés de 11 ans, avaient pénétré dans Rome comme prisonniers. Ils prirent part, le 15 août 29 avant notre ère, au troisième jour du triple triomphe célébré par Octavien[1]. Juba y assista d'ailleurs probablement. Exposés à la foule, peut-être enchaînés, tous deux durent défiler au côté d'une statue de leur mère Cléopâtre se donnant la mort, emportée par le venin du serpent qui figurait enroulé autour de son bras[2]. Ils n'étaient plus à l'âge où l'on oublie, et sans doute gardèrent-ils un souvenir très vif des circonstances de leur entrée dans la capitale de l'Empire, et dans la famille d'Octavien. Un court passage relevé chez Cassius Dion tend à suggérer qu'elles devaient marquer durablement leurs relations avec celui qui était en passe de devenir le premier empereur de Rome[3] :

> « Cléopâtre épousa Juba, fils de Juba ; à ce dernier qu'il avait fait élever en Italie et qu'il avait emmené dans ses campagnes, César [il s'agit d'Auguste] donna donc cette épouse et la dignité royale de son père ; et pour leur montrer sa faveur, il épargna également Alexandre et Ptolémée. »

Il sera question plus loin du royaume dont Auguste dota Juba, et de son mariage avec Cléopâtre. Loin de l'attention et des faveurs dont il bénéficia, le sort d'Alexandre et Ptolémée indique à l'opposé la réserve, voire la méfiance inspirée à l'empereur par ces princes. C'est l'intervention décisive de Séléné et Juba, alors en grâce auprès d'Auguste, qui semble leur avoir permis d'échapper à un sort funeste et de recouvrer

---

1. Sur les enfants que Cléopâtre et Antoine ont eus ensemble et leurs dates de naissance, voir Sartre, 2018.

2. Properce, *Élégies*, 2, 1, 33 ; Plutarque, *Vie d'Antoine*, 86, 6 ; Cassius Dion, *Histoire romaine*, 51, 21, 8.

3. Cassius Dion, *Histoire romaine*, 51, 15, 6 : voir la citation de ce passage par Coltelloni-Trannoy, 1997a, p. 222.

leur liberté de mouvement. Séléné et Juba les accueillirent sans doute à leurs côtés dans leur nouveau royaume en Afrique, mais on ne sait ce qu'il advint ensuite des frères de la reine.

Peut-on aller jusqu'à parler, comme cela a été fait, de bienveillance et de sentiments amicaux de la part d'Auguste à l'égard de Juba[1] ? Depuis son enfance à Rome, Juba paraît surtout n'avoir jamais constitué une source d'inquiétude pour la famille impériale, laissant dans les sources l'image d'un jeune homme dont rien dans le comportement ne prêtait à redire, et qui avait acquis de longue date la confiance de l'empereur. Aviénus, au IVe siècle de notre ère, évoque ainsi le souvenir d'un roi bien-aimé d'Octave[2]. Peut-être à l'âge juvénile avait-il partagé quelques moments privilégiés avec Octavien, dont Suétone écrit qu'il aimait s'entourer d'une jeune compagnie pour se distraire[3] :

> « Pour se divertir, tantôt il pêchait à la ligne, tantôt il jouait aux dés, aux osselets ou aux noix avec de petits enfants d'une figure et d'un babil agréables, qu'il faisait rechercher partout, surtout des Maures et des Syriens. »

L'évocation d'enfants syriens et maures pourrait désigner les jeunes d'ascendance royale dont la famille impériale s'était chargée de l'éducation à Rome. Tel était le cas des princes hérodiens qui bénéficiaient de la protection de l'entourage d'Auguste[4]. Si l'anecdote évoque un goût, une distraction à laquelle il aimait se livrer avant même qu'il ne devienne empereur, on pourrait aussi songer à Juba, alors en âge d'être parmi ces petits enfants d'origine africaine, compagnons de jeu occasionnels du Romain. Le qualificatif « maure » fut

1. Ce sont les mots employés par Gsell, 1928, p. 224.
2. Aviénus, *Les Rivages maritimes*, 279.
3. Suétone, *Vie d'Auguste*, 83.
4. Hadas-Lebel, 2003, p. 55-56.

utilisé parfois de façon confuse et élargie pour désigner non seulement les Maures mais également les Numides chez les auteurs romains[1]. Aux yeux du futur Auguste, Juba pouvait alors figurer l'exotisme d'une origine dans laquelle il voyait un certain attrait, comme en témoigne Suétone. Par le jeu, le Romain avait peut-être eu l'occasion de se familiariser davantage avec le jeune Numide qui grandissait au sein de sa famille.

Une éducation aristocratique

Rien n'est dit de l'instruction reçue par Juba à Rome. L'abondante production littéraire qui fut la sienne confirme toutefois qu'il bénéficia de la meilleure formation, selon les mêmes principes d'apprentissage réservés aux enfants de la famille impériale. Son jeune âge lui permit probablement d'apprendre sans difficulté, et sans une pointe d'accent, le latin. Mais le grec, auquel s'était par ailleurs déjà largement ouverte la culture numide, allait devenir sa langue de prédilection[2]. À Rome, il constituait le socle de la culture classique à laquelle était formée la jeunesse de l'aristocratie, indispensable aux futurs serviteurs de l'État romain issus de ce même milieu social[3]. Sa suprématie sur la culture romaine n'avait rien perdu de sa force, en même temps qu'il restait la langue de communication par excellence autour de la Méditerranée[4].

À l'heure où Juba y grandit, la capitale de l'Empire ne manque pas de lettrés renommés. Il y a, dans la sphère de la

1. Desanges, 2010.
2. Plutarque, *Vie de César*, 55.
3. Moatti, 1997, p. 81-84.
4. Coltelloni-Trannoy, 2005a.

famille impériale, des savants et des pédagogues d'origine grecque qui, du fait de leurs compétences et de leur présence à Rome au même moment que Juba, ont pu exercer leurs talents et leur influence sur lui[1]. Octavie choisit ainsi, comme précepteur de son fils Marcellus, le philosophe Nestor mentionné par Strabon comme l'un de ses contemporains célèbres, issu de la ville de Tarse[2]. Il n'est pas exclu que Juba et tous les enfants sous la responsabilité d'Octavie aient bénéficié plus largement de son enseignement.

Tel est peut-être le cas également avec l'auteur et grammairien latin Hygin[3]. Jeune homme, celui-ci aurait été capturé à Alexandrie et ramené à Rome par César, qui en aurait fait son esclave avant qu'Auguste ne lui redonne sa liberté. Il suit alors à Rome l'enseignement de l'historien et auteur prolifique Alexandre Polyhistor, originaire d'Anatolie et mort à Rome vers 35 avant notre ère. Plus tard, Hygin se voit confier par Auguste la charge de la bibliothèque du temple d'Apollon, que l'empereur avait fait édifier sur le Palatin. Il enseigne également, et passe pour avoir eu de nombreux élèves. L'état de grande pauvreté dans lequel il aurait sombré vers la fin de sa vie suggère toutefois qu'il n'entretenait pas de liens étroits à ce moment-là avec la famille impériale. Il est malgré tout possible que Juba ait connu Hygin ainsi qu'Alexandre Polyhistor, dont l'âge était avancé mais les leçons demeuraient réputées.

Le cercle des hommes de lettres qui gravitent autour d'Auguste fait alors une large part à la culture grecque et à

---

1. Pour un panorama plus large de l'activité intellectuelle à l'époque de César et sous le règne d'Auguste : Roller, 2003, p. 65-75, qui envisage toutefois de façon plus affirmative que nous ne le faisons ici des liens avec Juba II, pour lesquels il n'y a aucune preuve tangible.

2. Strabon, *Géographie*, 14, 5, 14.

3. Suétone, *Des grammairiens et rhéteurs*, 20. Sur cet auteur et les discussions sur l'œuvre littéraire qui lui est attribuée : Inowlocki, 2007.

la philosophie. L'héritier de César entretient lui-même des liens étroits et durables avec ses précepteurs, dont certains restent à ses côtés comme conseillers. Passionné par les lettres grecques, écrit Suétone, l'empereur doit sa formation à Apollodore de Pergame, qui lui enseigna l'éloquence ; il fut ensuite l'élève du philosophe Arius, originaire d'Alexandrie, et de ses fils Denys et Nicanor[1]. Arius reste par la suite attaché à la famille impériale et à Auguste, dont il est un conseiller très écouté[2]. Dans le sillon d'Arius vient également s'établir à Rome le philosophe Xénarque, originaire de Séleucie : tous deux sont liés d'amitié[3]. Sa carrière d'enseignant, dont les leçons furent notamment suivies par le géographe Strabon à Alexandrie puis à Rome, vaut à Xénarque d'être estimé par Auguste.

Il y a là des similitudes avec le parcours suivi par Athénodore, présent auprès de l'empereur depuis sa jeunesse. Philosophe et historien originaire, comme Nestor, de Tarse, il est très proche de la famille impériale. Athénodore, arrivé peut-être en Italie vers 50 avant notre ère, jouit sans doute déjà à Rome d'une réputation sans faille lorsqu'il est choisi pour être le précepteur d'Octave. Considéré comme l'un des plus illustres philosophes stoïciens de l'époque, il fut aussi celui de ses maîtres pour lequel Octave eut une grande considération et qu'il honora en retour[4]. Athénodore semble être resté aux côtés du jeune homme, dont il accompagne l'ascension politique après l'assassinat de César en 44, devenant l'un de ses proches conseillers[5]. Ayant atteint un âge avancé, il sollicite cependant de pouvoir retourner dans sa patrie, où

1. Suétone, *Vie d'Auguste*, 89, 1-2.
2. Plutarque, *Vie d'Antoine*, 80 ; Sénèque, *Consolation à Marcia*, 4, 2-5, 6.
3. Strabon, *Géographie*, 14, 5, 4.
4. Strabon, *Géographie*, 14, 5, 14. Voir Goulet, 1994.
5. Tholbecq, 2009.

il revient peu après 30 avant notre ère. Familier d'Auguste, il le fut aussi d'Octavie, à qui il dédia un traité[1].

Athénodore a également Strabon parmi ses amis[2]. Le géographe et philosophe grec originaire d'Amasée – en Turquie actuelle – était sans doute arrivé peu avant la mort de César à Rome, où on le voit proche du cercle politique dirigeant[3]. Certains passages de son œuvre ont même fait suggérer qu'il aurait entretenu une amitié étroite avec Juba II[4]. Pour décrire l'Afrique dans sa monumentale *Géographie*, Strabon s'est appuyé très largement sur la lecture de l'œuvre d'Artémidore, rédigée entre 104 et 100 avant notre ère, et de celle plus récente de Posidonius, mais il n'a fait semble-t-il aucun usage des écrits de Juba II[5]. Certaines mises à jour de ses connaissances qui concernent plus particulièrement des événements de la vie de Juba II avec la mention, à plusieurs reprises, de son décès, pourraient néanmoins impliquer sa proximité avec l'élite politique romaine, peut-être également un intérêt plus personnel envers le roi d'origine numide. En l'état, il est toutefois difficile d'affirmer qu'un lien étroit aurait existé entre les deux hommes[6].

Au cours de la décennie qui correspond à ses années de formation, acquise pour l'essentiel approximativement entre 40 et 30 avant notre ère, Juba était alors à même de tirer bénéfice

1. Plutarque, *Vie de Publicola*, 17.
2. Strabon, *Géographie*, 16, 4, 21.
3. Plutarque, *Vie de César*, 63, 3.
4. Roller, 2003, p. 69.
5. Cf. les commentaires de Benoît Laudenbach et Jehan Desanges, éd. et trad. de Strabon, *Géographie. Livre XVII, 2e partie. L'Afrique de l'Atlantique au golfe de Soloum*, Paris, Les Belles Lettres, 2017, p. IX-XXII.
6. Strabon, *Géographie. Livre XVII, 2e partie. L'Afrique de l'Atlantique au golfe de Soloum*, éd. et trad. Benoît Laudenbach et Jehan Desanges, Paris, Les Belles Lettres, 2017, p. X, n. 5.

à la fois des maîtres sollicités pour la formation des jeunes de l'élite politique à Rome, mais également des ressources grecques et latines des bibliothèques publiques qui voyaient le jour à l'initiative d'Auguste, sur le Palatin à proximité de la maison de l'empereur mais également sur le Champ de Mars, et qui étaient confiées au soin de lettrés reconnus.

À cette fonction, il y eut notamment Varron, que Juba a peut-être croisé dans sa jeunesse. Après une partie de son existence dédiée à l'action politique – il fut l'ami et un soutien de Pompée –, Varron se retire de la vie publique vers 48 avant notre ère pour se consacrer définitivement à la philosophie et à la théologie. Il bénéficie désormais, jusqu'en 44, de la protection de César, qui lui confie la tâche de rassembler des livres grecs et latins afin de constituer des bibliothèques ouvertes au public[1]. L'assassinat du dictateur le fait cependant regarder comme un ennemi, peut-être du fait de son ancienne amitié pour Pompée[2]. Mais, le temps de la guerre civile passé, il est gratifié d'une considération exceptionnelle : Varron reçoit l'honneur de voir son buste placé parmi ceux des hommes mémorables de l'histoire romaine, dont les effigies décorent la première bibliothèque publique qui vient d'être créée à Rome. Parmi tous les personnages ainsi représentés, Varron est alors le seul à bénéficier, de son vivant, de ce privilège[3].

L'idée de réunir ces portraits revient à Asinius Pollion, qui ouvre la bibliothèque sur la colline de l'Aventin[4]. Il réalisait là semble-t-il le projet initialement formulé par César et confié à Varron de rassembler des ouvrages en vue de les rendre accessibles au public. Asinius Pollion utilise

1. Suétone, *Vie de César*, 44, 4.
2. Appien, *Guerres civiles*, 4, 47.
3. Pline l'Ancien, *Histoire naturelle*, 7, 30, 7.
4. Pline l'Ancien, *Histoire naturelle*, 35, 2, 6.

à cet effet le butin rapporté à la suite de sa victoire sur les Dalmates, pour laquelle il avait reçu l'honneur de triompher en 39 avant notre ère. Homme politique mais aussi homme de lettres, Asinius Pollion s'illustre à la fois comme orateur, historien, critique littéraire et poète[1]. Très attaché semble-t-il au souvenir de la République romaine, il paraît toutefois avoir conservé une certaine indépendance et liberté d'expression vis-à-vis d'Auguste, qui suggèrent sa distance envers la famille impériale[2]. Il n'y a aucune certitude que le jeune Juba, du fait de sa position, ait eu l'opportunité de devenir proche d'Asinius Pollion[3]. Tout au plus connaissait-il son nom, et qui sait, peut-être, enfant, a-t-il assisté à la célébration de son triomphe.

Quoi qu'il en ait été, non seulement Juba recevait à n'en pas douter la meilleure formation intellectuelle qui pouvait être dispensée alors à Rome, mais aussi sans doute avait-il les qualités personnelles pour en tirer bénéfice. Son intérêt pour les lettres, en particulier pour les lettres grecques, peut apparaître comme un refuge dans lequel Juba oubliait sa condition de prince otage à Rome[4]. Il y avait fort probablement une motivation plus profonde à cela. La façon dont Juba mettra plus tard à profit ses années de formation et son érudition suggère que son goût des lettres ne relevait pas de la fuite mais de la conscience, sans doute très tôt forgée, du rôle de l'écriture et de l'utilisation de la langue grecque comme moyen d'affirmation de son identité propre, face à Rome et à la romanité[5].

1. Goulet, 2012.
2. Suétone, *Vie d'Auguste*, 43, 7. Voir Ferriès, 2007, p. 335-341.
3. Nous divergeons ici de l'opinion de Roller, 2003, p. 67, qui présume un lien d'amitié étroit entre Asinius Pollion et Auguste ainsi que Juba.
4. Bénabou, 1988.
5. Coltelloni-Trannoy, 2005a.

La vie et l'œuvre d'un auteur grec tel que Polybe inspirèrent peut-être le jeune Juba. Otage de haut rang ramené à Rome en 167 avant notre ère, Polybe reçut des conditions d'accueil privilégiées qui lui ouvrirent les portes du cercle politique. Il devint grâce à sa situation un observateur exceptionnel de l'extension géographique de la domination romaine, dont rendent compte ses *Histoires* rédigées à la fin de sa vie. L'attention particulière dont il gratifie l'Afrique fait de lui la meilleure source de connaissances de son temps sur cette région de la Méditerranée[1]. Polybe assista d'ailleurs en personne à la chute définitive de Carthage en 146. Son éloge de Massinissa, à la cour duquel il avait été reçu, ne pouvait que piquer l'intérêt de Juba, de même que l'expédition qu'il mena sur le littoral atlantique du nord de l'Afrique[2]. On songe aussi immanquablement à l'attrait que Polybe a dû exercer sur le jeune Juba II lorsque celui-ci, après avoir été nommé roi, se lança dans un voyage similaire[3].

La curiosité de Juba pour l'Afrique s'éveilla sans doute également au contact des énigmatiques « livres puniques ». Est-ce à Rome qu'il put les consulter pour la première fois ? Ils sont évoqués par Salluste dans sa *Guerre de Jugurtha,* qu'il compose vers 41-40 avant notre ère : l'auteur latin les attribue alors à Hiempsal, sans doute Hiempsal II, grand-père de Juba II, qui les aurait fait traduire en grec[4]. C'est

1. Desanges, 1997a.

2. Polybe, *Histoires*, 36, 16, à propos de Massinissa : « Son œuvre la plus belle, la plus divine fut celle-ci : avant lui, la Numidie tout entière était stérile et l'on pensait que son sol ne pouvait donner de récoltes ; or, le premier et avec ses seules ressources, il prouva qu'elle pouvait produire toutes espèces de fruits, autant que n'importe quelle autre contrée, en constituant des domaines particuliers de dix mille plèthres qu'il répartit entre ses fils et qui se révélèrent extrêmement fertiles. Il est juste de rappeler cela, pour rendre à sa mémoire un hommage mérité » (trad. Denis Roussel, Paris, Gallimard, 2003, p. 1314). Sur le périple africain de Polybe : Mederos Martín, 2013.

3. Voir p. 135 *sq*.

4. Salluste, *Guerre de Jugurtha*, 17 (voir ci-dessus p. 37-38).

indirectement que le Romain prit connaissance de leur existence et de leur contenu, à partir d'une source grecque qui en faisait mention et dont lui-même tira ses informations[1]. La même évocation sibylline de « livres puniques » (*libri punici*) réapparaît des siècles plus tard à propos des sources littéraires utilisées par Juba II lorsqu'il écrivit son traité intitulé *Libyca* : à lire les auteurs latins qui s'en font l'écho, Juba II aurait eu une connaissance exclusive de ces livres, dont lui seul aurait fait usage[2]. De tout cela on a déduit que Juba eut en sa possession tout ou partie de la bibliothèque numide transmise dans la lignée de Hiempsal, son aïeul, dans des circonstances qui nous restent toutefois inconnues[3].

Les travaux de l'esprit ne furent sans doute pas les seuls auxquels fut initié Juba. Pour être complète, l'éducation d'un jeune noble à Rome incluait également des activités physiques. On peut penser, par analogie avec ce que l'on sait pour d'autres membres de la famille impériale au cours de cette période, que Juba fut formé à l'équitation et à l'escrime : ces disciplines occupèrent une grande part du quotidien de Tibère dans sa jeunesse, et aussi semble-t-il des fils d'Hérode accueillis au même moment à Rome[4]. La chasse et les exercices militaires faisaient en outre partie d'une éducation soignée, à laquelle ces princes venus d'Orient eurent accès[5]. À leur égal, Juba reçut très certainement une instruction militaire : c'est ainsi qu'il se serait distingué dans l'une des expéditions menées par Auguste, lui valant en récompense un royaume à diriger en Afrique et la main de Cléopâtre Séléné[6]. Il s'agissait

1. Coltelloni-Trannoy, 2005a.
2. Ammien Marcellin, 22, 15, 8 (voir p. 138) ; Solin, *Recueil des choses mémorables*, 33 (voir ci-dessus pour l'édition).
3. Coltelloni-Trannoy, 2005a.
4. Suétone, *Vie de Tibère*, 13. Voir Hadas-Lebel, 2003, p. 49 et 51.
5. Flavius Josèphe, *Antiquités juives*, 16, 400.
6. Cassius Dion, *Histoire romaine*, 51, 15.

vraisemblablement de la campagne militaire qu'Auguste dirigea dans la péninsule Ibérique contre les Astures et les Cantabres, et qui le retint pendant deux années, en 26 et 25 avant notre ère, éloigné de Rome[1].

À cette occasion Auguste avait emmené avec lui son beau-fils Tibère et son neveu Marcellus, le fils d'Octavie, qui avaient à peine 17 ans[2]. Il n'était pas rare de retrouver sur le champ de bataille de jeunes novices issus de l'aristocratie romaine, aux côtés de chefs militaires aguerris : Auguste l'avait éprouvé à un âge identique, en accompagnant César dans sa guerre d'Espagne en 46 avant notre ère[3]. Une fois empereur, il encouragea d'ailleurs les jeunes des familles de sénateurs à faire de même[4]. L'objectif était sans ambiguïté : achever la formation attendue des futurs premiers citoyens de Rome, dans laquelle l'expérience militaire avait pleinement sa place. « C'est bien ce que voulait sa patrie : envoyer un enfant et recevoir un homme. » La formule appartient au poète Crinagoras de Mytilène : peut-être lui aussi du voyage d'Auguste en Espagne, il destinait ses mots à Marcellus dans un éloge qui célébrait à travers lui la famille impériale[5].

Plus âgé que Marcellus, Juba avait déjà entamé sa formation militaire et possiblement pris part à des expéditions militaires auprès d'Auguste. Il y avait peut-être aussi, dans le choix d'Auguste d'être accompagné par Juba dans cette campagne en péninsule Ibérique, l'indice du lien étroit tissé entre eux et du projet formé par l'empereur : devenu son protecteur, celui-ci veillait à s'assurer que Juba était désormais prêt

1. Coltelloni-Trannoy, 1997a, p. 38.
2. Cassius Dion, *Histoire romaine*, 53, 26 ; Suétone, *Vie de Tibère*, 9.
3. Suétone, *Vie d'Auguste*, 8.
4. Suétone, *Vie d'Auguste*, 38.
5. Crinagoras de Mytilène, *Anthologie palatine*, 9, 283. Voir Cogitore, 2010, p. 263-264.

à remplir la lourde fonction de chef politique, au service des intérêts de Rome. Et Juba, semble-t-il, venait de lui en fournir la preuve.

Tel était le dessein final de l'éducation que reçut Juba, au milieu des jeunes de la maison impériale. Comme pour d'autres enfants de descendance royale amenés à Rome pour y être élevés, l'intention était d'en faire de loyaux serviteurs de l'État romain. Il s'agissait en somme pour tous de les former aux obligations politiques et sociales dues à leur rang. Et dans cette société romaine fortement hiérarchisée, la place de chacun était rigoureusement codifiée et rendue parfaitement visible au quotidien. L'appartenance à la maison impériale s'affichait publiquement lors des rassemblements collectifs, dont les moments de spectacles fournissaient de nombreuses occasions. Le fait de descendre d'un roi, même déchu, et d'être élevé dans la famille impériale, donnait sans doute à Juba le droit de paraître aux meilleures places[1]. Ainsi contribuait-il à entretenir l'image glorieuse d'une dynastie familiale à la tête de l'État romain, dont elle montrait l'étendue de la domination sur les illustres représentants de puissances étrangères soumises et désormais placées à son service. Retenu comme otage à Rome, le jeune prince numide n'avait pas moins reçu une formation qui le destinait désormais à de hautes charges. Toute la question est encore aujourd'hui de comprendre de quelle manière il les a assumées.

1. Voir les remarques d'Hadas-Lebel, 2003, p. 50.

4

Le retour en terre numide

Au sortir de l'adolescence, le jeune Juba a tout d'un Romain issu de l'élite cultivée de la Ville et de sa famille politique la plus puissante. Ayant passé toute son enfance et sa jeunesse à Rome, il est aussi en cela différent d'autres princes. Vers la même période, Hérode envoie ses premiers fils, d'un âge plus avancé que Juba, dans la capitale du monde romain, où ils sont accueillis par des particuliers[1]. Orphelin, fils d'un roi déchu et sans royaume, Juba a quant à lui été placé en contact étroit avec la famille impériale.

Tout comme la course au pouvoir de César avait scellé le sort du petit Numide, l'assassinat du dictateur quelques années plus tard détermine l'avenir de Juba, en Afrique par les bouleversements politiques qu'il suscite, et à Rome, où le jeune homme est entraîné dans le sillage du futur empereur. À la faveur de ces circonstances, Juba, une fois adulte, reçoit d'Octavien-Auguste un titre de roi qui fait de lui un souverain au profil tout à fait singulier. Attachée à la création d'un nouveau royaume africain, cette fonction le propulse sur le devant de la scène politique.

1. Hadas-Lebel, 2003.

Un nouveau roi sous les auspices du Capricorne

À Rome et ailleurs, pour qui souhaite faire reconnaître son pouvoir, chaque symbole compte qui puisse tenir sur une monnaie, média de communication le plus répandu dans le monde antique. Témoin privilégié de l'ascension exceptionnelle d'Octavien-Auguste, Juba connaît le langage politique des Romains et en maîtrise les codes. Il sait la force des mots et des images et c'est à dessein qu'il choisit le Capricorne, signe astrologique de prédilection de son impérial protecteur romain, pour orner des pièces qu'il fait frapper une fois devenu roi. Au cœur de son dialogue avec l'Empire, il y a la relation, l'amitié peut-être qui lie Juba à son dirigeant. Avec le Capricorne, c'est aussi le visage d'Auguste qui se dessine, d'abord comme protecteur puis comme modèle politique.

Octavien-Auguste est présent auprès de Juba dès son entrée dans la vie civique romaine. Avant même de jouer le rôle politique de premier plan auquel l'empereur le destine, le jeune Juba a probablement acquis le statut de citoyen. À Rome, l'exercice de la citoyenneté marquait l'entrée dans l'âge d'homme pour les fils de citoyens. Pour d'autres, la citoyenneté romaine était une récompense et une distinction accordée à titre individuel, notamment pour de nobles étrangers. Quand Juba l'a-t-il reçue, et dans quelles circonstances, il n'est pas possible de le dire, mais il ne fait aucun doute qu'il est déjà citoyen romain lorsqu'il est nommé roi par Auguste[1]. Certaines fonctions honorifiques qui lui seront attribuées au cours de son règne, que seul pouvait exercer

1. Coltelloni-Trannoy, 2003 ; Roller, 2003, p. 74-75.

un individu disposant de la citoyenneté romaine, confirment qu'il en était titulaire.

Pour celui à qui elle était accordée à titre de gratification, cela impliquait aussi l'adoption de noms rappelant ceux de son bienfaiteur. Juba prend ceux de Caius Iulius, désignant soit Jules César, soit Auguste : tels sont les noms transmis à son fils Ptolémée qui hérite de sa citoyenneté romaine, et qu'il donne également à ses affranchis[1]. Or Juba lui-même semble bien s'être passé de les utiliser. Sur les monnaies qu'il émet comme sur les inscriptions officielles, c'est du *rex Iuba* (roi Juba) dont il est question[2]. Signe encore plus manifeste de sa liberté affirmée face à Rome, Juba va jusqu'à rappeler la mémoire de son père parmi les légendes gravées sur ses monnaies d'argent : « le roi Juba, fils du roi Juba » (*Rex Iuba Regis Iubae F(ilius)*) revendique on ne peut plus clairement ses origines.

Son audace surprend, car nul n'ignore alors que Juba Ier avait été un farouche adversaire de César. Mais à Rome aussi le souvenir des guerres civiles commence à s'estomper, tout comme la glorification de la figure de César, dont on voit bien qu'Auguste essaie de se détacher afin de rassurer sur ses intentions politiques[3]. L'initiative de Juba II est cependant d'autant plus frappante qu'il choisit de ne faire figurer aucun portrait de l'empereur sur son monnayage, à rebours d'autres rois liés à Rome. Et pour autant le soutien d'Auguste semble lui avoir été indéfectible tout au long de son règne, de même d'ailleurs qu'en retour la loyauté de Juba envers l'empereur et Rome ne s'est jamais démentie. La forme d'estime qui existait entre les deux hommes pesa sans doute de façon

1. Tran, 2013.
2. Suspène, 2015.
3. Devillers & Sion-Jenkins, 2012.

fondamentale dans la nature du rapport politique qui les engageait, l'un en tant que roi placé dans l'amitié de l'autre, empereur romain[1].

En invoquant le nom de son père plutôt que le souvenir de Rome, Juba faisait un calcul politique très réfléchi. Ses monnaies d'argent étaient diffusées dans l'ensemble de son royaume. Elles avaient supplanté les frappes romaines, dont la masse avait dominé dans l'espace occidental du Maghreb avant qu'il ne soit couronné roi[2]. La circulation de cet abondant numéraire royal en argent évoque alors un dialogue privilégié pour lequel les monnaies étaient tout autant un moyen d'échange qu'un outil d'expression politique et culturelle entre Juba et ses sujets, et non avec Rome. Ainsi Juba leur rappelait-il et gravait dans les mémoires non seulement sa filiation et son origine africaines, mais également sa légitimité à porter le titre de roi. S'il a pu de la sorte publiquement affirmer un droit héréditaire à la couronne en Afrique, c'est aussi parce que celui-ci lui a été reconnu par Auguste. Juba ne faisait finalement là que manifester la condition dans laquelle il avait été élevé à Rome, lui, le fils d'un roi vaincu, en même temps qu'il résumait en quelques mots, autant que pouvait le permettre une pièce de monnaie, les raisons qui avaient conduit l'empereur à lui confier personnellement un pouvoir royal en Afrique.

L'idée de couronner Juba du titre souverain a sans doute fait son chemin depuis un certain temps déjà dans l'esprit d'Auguste lorsqu'il entraîne dans son sillage le jeune numide pour lui prêter main-forte dans son expédition militaire en péninsule Ibérique. Cette campagne fut peut-être l'occasion

1. Suspène, 2016.
2. Alexandropoulos, 2007, p. 213-233.

d'apprécier la valeur de celui qu'il s'apprêtait à placer à la tête d'un nouveau royaume en Afrique[1]. Une telle fonction impliquait des qualités militaires dont il s'agissait pour Auguste de pouvoir juger, avant d'arrêter sa décision. L'épreuve est alors concluante, et il n'en faut pas davantage à l'empereur pour agir : c'est semble-t-il à l'issue immédiate de ces opérations militaires, en 25 avant notre ère, que Juba reçoit en récompense de l'aide fournie à Auguste la charge d'un royaume qui le fait renouer avec l'Afrique[2]. Le jeune prince est à ce moment-là âgé d'une vingtaine d'années ; il n'a, en tout état de cause, pas atteint sa trentième année.

La décision d'Auguste de créer un nouveau royaume ne visait pas seulement à reconnaître les mérites de Juba en le couronnant. Il avait davantage en tête : les mots de Suétone l'expriment avec une certaine justesse lorsqu'il écrit qu'à de rares exceptions près Auguste rendait les États conquis par Rome à leurs possesseurs ou les remettait à des étrangers[3]. L'empereur lui-même s'en explique à propos du royaume d'Arménie[4]. Maintenir en place un vivier de rois qui pouvaient lui être fidèles relevait d'une stratégie politique qui servait aussi ses intérêts à Rome : c'était là d'ailleurs une pratique ancienne, déjà éprouvée au temps de la République romaine[5].

Si Auguste avait appelé de ses vœux la création d'un royaume africain, c'est qu'il lui apparaissait alors comme la solution la plus opportune, même si les raisons fondamentales de ce choix nous échappent encore. Lorsque le roi de

1. Coltelloni-Trannoy, 1997a, p. 26.
2. Cassius Dion, *Histoire romaine*, 51, 15 ; 53, 26.
3. Suétone, *Vie d'Auguste*, 48, 1 (voir ci-dessus p. 73).
4. *Res Gestae Divi Augusti*, 27.
5. Suspène, 2015, p. 204-205.

Maurétanie Bocchus II meurt en 33 avant notre ère, il est dit qu'il revint à Octavien de décider du sort du royaume, dont aucun successeur légitime ne semblait réclamer le trône : on a aussi pensé que le futur maître de Rome avait hérité par testament des terres du souverain, placé dans son amitié[1]. Celui qui n'avait pas encore les prérogatives d'un empereur ne pouvait accepter à titre personnel ce legs, qu'il transmit au gouvernement de la République. Ce qu'il advint dans l'immédiat de la gestion et de l'administration de ce nouveau territoire reçu par Rome reste néanmoins obscur[2]. La difficulté à en juger tient probablement au fait que la solution trouvée était exceptionnelle et provisoire, et attendait une décision plus ferme qui précise le statut de la Maurétanie. C'est chose faite par Auguste en 25 avant notre ère avec le couronnement de Juba II, mais peut-être y songeait-il déjà dès 30 après avoir remporté la victoire d'Actium contre Antoine, qui le laissait désormais seul détenteur du pouvoir à Rome. Si le jeune Juba a dès le début fait partie de ses plans pour diriger un royaume, il fallait toutefois attendre que le prince pressenti pour la charge ait pleinement fait les preuves de ses qualités et atteint l'âge d'assumer les responsabilités d'un roi.

La conquête de l'Égypte en 30 venait opportunément servir le projet d'Octavien. En s'emparant de ce royaume, il ramenait à Rome les enfants d'Antoine et de Cléopâtre, dont il devait réfléchir à l'avenir afin de servir au mieux ses intérêts. Il aurait ainsi pu dès ce moment-là songer à marier Juba à Cléopâtre Séléné, élevée dorénavant par sa sœur Octavie, en même temps qu'il formait peut-être déjà le projet d'un

1. Cassius Dion, *Histoire romaine*, 49, 43, 7. Voir Coltelloni-Trannoy, 1997b, sur l'hypothèse de cet héritage.
2. Coltelloni-Trannoy, 1997a, p. 22-27 et 36.

nouveau royaume en Afrique[1]. En matière matrimoniale, rien n'était laissé au hasard dans les décisions prises par Auguste. L'union entre Juba et Séléné était un calcul politique qui lui permettait de donner une assise solide au nouveau royaume qu'il concevait, en quête d'un roi[2]. Le couple royal à l'image prestigieuse allait en assurer la prospérité à travers la dynastie qu'il était appelé à fonder : pour preuve, le nom de Ptolémée donné par Juba II et Cléopâtre Séléné à leur fils. Si le souhait de perpétuer la lignée de l'Égypte lagide apparaît clairement, Cléopâtre ne fut pour autant pas la reine d'un gouvernement en exil[3]. À tout le moins, que Juba ait associé son fils à l'exercice de son pouvoir à partir de 19 suivant une coutume répandue dans les monarchies hellénistiques et plus particulièrement en Égypte, montrait bien que son royaume était conçu pour durer, non seulement dans son esprit mais également aux yeux des Romains[4]. C'est bien dans cette perspective qu'Auguste avait fait le choix du jeune prince pour occuper le trône[5].

Il n'y a pas davantage lieu de suivre l'interprétation traditionnelle qui en faisait une « royauté en sursis » et Juba un « roi de “transition” » simplement destiné à éviter, de façon immédiate, le coût d'une occupation romaine directe[6]. L'hypothèse d'une fin programmée s'appuie sur le sort connu par le royaume, annexé par Rome une trentaine d'années après la disparition d'Auguste lorsque Ptolémée, le fils héritier de Juba II, meurt assassiné dans des circonstances qui restent

1. Cassius Dion, *Histoire romaine*, 51, 15.
2. Coltelloni-Trannoy, 1997a, p. 36.
3. C'est le rôle que lui attribue Roller, 2003, p. 151.
4. Coltelloni-Trannoy, 1997a, p. 38-39.
5. Suspène, 2015, p. 203.
6. Alexandropoulos, 2007, p. 213 ; Suspène, 2015, p. 203, et également pour les remarques qui suivent.

mal élucidées, en 39 ou en 40[1]. Il est condamné à mort par l'empereur Caligula, dont il était le cousin, pour des raisons liées peut-être à la participation de Ptolémée à un complot[2]. Pour autant, la disparition commanditée du fils de Juba II ne relevait pas du désir de l'empereur de faire main basse sur son royaume et ses richesses[3]. Elle ne semble pas davantage avoir été le fruit d'une décision prise de longue date qui aurait plongé ses racines aux origines même du royaume.

Comment comprendre autrement la longévité tout à fait remarquable du règne de Juba, qui s'étend sur cinquante ans et se poursuit au-delà de la mort du premier empereur romain ? Aucun élément ne démontre de façon tangible qu'il s'agissait là d'un royaume dont la durée éphémère avait été décidée dès sa création. Au contraire, la manière dont Juba II exprime la nature de son pouvoir royal et la latitude avec laquelle l'empereur romain le laisse faire sont frappantes. La reconnaissance du titre royal gravé sur les monnaies de Juba, désigné du latin *REX*, est sans ambiguïté sur les intentions d'Auguste, le succès et la pérennité que l'empereur souhaitait garantir au royaume africain.

Telle était aussi le dessein de Juba, qui rappelle habilement sa relation à Rome. Le Capricorne reproduit au revers de certaines de ses monnaies en est sans doute la figure la plus emblématique. Ce symbole apparaît tardivement, au cours de la trente-cinquième année du règne de Juba, peu de temps d'ailleurs avant qu'Auguste ne meure, mais il n'en est pas moins révélateur de son état d'esprit[4]. Le premier empereur avait une considération particulière pour le signe astral du

1. La date de sa mort reste discutée : Malloch, 2004.
2. Faur, 1973.
3. Coltelloni-Trannoy, 1997a, p. 55-60 ; Pons Pujol, 2021.
4. Suspène, 2015, p. 197.

Capricorne[1]. « Auguste eut une si grande confiance dans ses destinées qu'il fit publier son horoscope et frapper des pièces d'argent portant le signe du Capricorne, sous lequel il naquit[2]. » Les mots de Suétone ne doivent toutefois pas tromper, et lui-même le dit [3] : le Capricorne n'était pas le signe astral de naissance d'Auguste, qui avait vu le jour le 23 septembre en 63 avant notre ère, à une date de lever du soleil en Balance. D'autres calculs, que l'on peine à établir clairement, ont joué dans le choix du prince d'accorder la faveur à ce signe astral. Le Capricorne évoquait à l'évidence pour Auguste l'image tout à la fois de la victoire, de la domination et de la prospérité qu'il voulait diffuser à travers ses monnaies[4].

En reprenant à son compte le signe du zodiaque pour son monnayage, Juba II établit immanquablement un lien étroit avec Auguste. Le choix, qui relevait résolument d'un esprit stratégique, est très fin[5]. Il lui permettait habilement de personnaliser son rapport d'alliance avec l'Empire, en l'attachant à Auguste et non à Rome. C'est toutefois davantage qu'un symbole de soumission ou d'allégeance à la personne de l'empereur. Juba, en utilisant cette figure, se présentait par imitation comme un émule d'Auguste. Bien plus, en accompagnant le signe astral de la mention de ses années de règne sur ses monnaies, il en faisait une marque d'expression de son propre pouvoir politique, une autoreprésentation de sa longévité. Tel était le message diffusé par Juba II à destination de Rome et au-delà.

1. Terio, 2012.
2. Suétone, *Vie d'Auguste*, 94, 18.
3. Suétone, *Vie d'Auguste*, 5.
4. Alexandropoulos, 2007, p. 213-233.
5. Suspène, 2015, p. 197 *sq*.

La création d'un vaste royaume

Le territoire sur lequel Juba était appelé à régner, très vaste, embrassait à peu de chose près les deux tiers du Maghreb. Il était borné par l'Atlantique à l'ouest et l'antique fleuve Ampsaga à l'est, c'est-à-dire l'actuel oued el-Kébir, qui marquait la limite avec la province romaine d'Afrique[1]. Selon une coutume bien établie, les historiens le qualifient régulièrement de royaume de Maurétanie. Il est toutefois loin d'être certain qu'il était appelé ainsi dans l'Antiquité[2]. Les textes et les inscriptions s'accordent à évoquer le roi Juba et sa dignité royale, en revanche la confusion est sensible lorsque les auteurs antiques du temps de Juba II ou d'une génération postérieure s'emploient à désigner son royaume. Ils ne lui donnent pas le nom de Maurétanie mais semblent regarder Juba II comme un souverain numide dont l'autorité se serait étendue sur des populations maures. Strabon, qui lui est contemporain, est le premier à le formuler[3] :

> « De nos jours, la Maurousie [c'est-à-dire la Maurétanie] et une grande partie de la Libye sont confiées à Juba, grâce à la bienveillance et à l'amitié des Romains. »

Strabon ne nomme pas ce royaume. Ce qui importe, c'est la nature du pouvoir de Juba et de son titre royal. Il en fournit l'indice ailleurs, non sans quelques inexactitudes :

> « Peu de temps avant nous, les rois Bogos et Bocchos possédaient cette terre, en toute amitié avec les Romains. Après leur mort, Juba reçut le pouvoir, pouvoir que lui donna César Auguste en plus de celui qu'il hérita de son père[4]. »

1. Guédon, 2018, p. 22-30.
2. Briand-Ponsart, 2011, p. 175 *sq.*
3. Strabon, *Géographie*, 6, 4, 2 : voir le témoignage cité par Coltelloni-Trannoy, 1997a, p. 223.
4. Strabon, *Géographie*, 17, 3, 7.

Les rois dont Strabon rappelle le souvenir sont Bogud (en grec Bogos), souverain de Maurétanie occidentale, et Bocchus (Bocchos) à la tête de la Maurétanie orientale. Ils prirent le parti de César au moment de la guerre civile, mais, ce qu'omet de préciser Strabon qui fait un large raccourci chronologique, c'est que Bogud perd son trône en 38 après avoir choisi de soutenir le camp d'Antoine contre celui d'Octavien. Bocchus est alors promu roi des deux Maurétanies, puis, à sa mort en 33, il lègue son royaume à Octavien. Quelque temps plus tard, Auguste en fait de Juba le nouveau souverain dont l'autorité dépasse cependant le seul territoire maurétanien. Mais, sur cet aspect-là également, le témoignage de Strabon laisse de prime abord un sentiment de confusion[1].

Le géographe d'Amasée affirme que Juba hérita du pouvoir de son père, en plus de celui qui portait sur la Maurétanie. Or la chose n'est pas rigoureusement exacte, pour la bonne raison que le royaume de Numidie, après la défaite de Juba Ier face à César, est transformé en province romaine sous le nom d'*Africa noua* : elle jouxte l'ancienne province romaine d'Afrique formée sur le territoire de Carthage, dès lors appelée *Africa uetus*. Cette nouvelle province ne tarde pas à recevoir l'ancien domaine taillé dans le nord-ouest de la Numidie et donné en récompense au chef de guerre Sittius par César, à l'issue de sa victoire. L'assassinat de César au mois de mars 44 avant notre ère avait effectivement ravivé les braises de la violence qui, quelques années plus tôt, avaient accompagné le démantèlement de la Numidie et menaçaient d'embraser de nouveau l'Afrique. Un prince numide du nom d'Arabion, dont le père Massinissa II avait régné sur le petit domaine confisqué au profit de Sittius, saisit l'occasion de la crise

1. Commentaires de J. Desanges : Strabon, *Géographie. Livre XVII, 2e partie. L'Afrique de l'Atlantique au golfe de Soloum*, éd., trad. et commentaire de Benoît Laudenbach et Jehan Desanges, Paris, Les Belles Lettres, 2017, p. 98-100.

ouverte par l'assassinat de César pour le reprendre. Arabion vient à bout de Sittius, qui perd la vie dans ce conflit[1]. Il échoue toutefois dans son entreprise de reconquête territoriale, et lui-même est éliminé à l'occasion des troubles provoqués par la mort de César et qui déchirent les deux provinces romaines d'Afrique, entre partisans et opposants aux meurtriers du dictateur. La situation est vite rétablie au profit des héritiers de César, et, lorsque Juba II est nommé roi, il y a désormais une seule et grande province d'Afrique unifiée, ladite province d'Afrique proconsulaire, aux bornes de son royaume.

S'il est alors inexact d'affirmer que Juba hérita du domaine de son père, quelques mots de Cassius Dion jettent un autre éclairage sur la nature singulière de son pouvoir[2] :

> « À Juba, il [Octave] donna une partie de la Gétulie à la place de la royauté paternelle, bien qu'il eût inscrit la plupart de ces territoires dans l'Empire romain, et en sus les royaumes de Bocchus et de Bogud. »

D'après ce témoignage, l'empereur étend l'autorité de Juba II non seulement sur la Maurétanie mais également sur une partie de l'ancien royaume numide. Celle-ci correspond au domaine des Gétules, situé au sud et au sud-ouest des hautes plaines de la région de Constantine[3]. Or ce qui compte pour Cassius Dion, comme ce fut peut-être le cas également pour Strabon, ce n'est pas le royaume au sens territorial et dans des limites administratives clairement dessinées, mais bien plus la fonction royale dont Juba II est le détenteur : en cela, il est alors bien l'héritier de son père ainsi que le successeur de Bogud et de Bocchus II à la tête d'une Maurétanie unifiée.

1. Appien, *Guerres civiles*, 4, 54.
2. Cassius Dion, *Histoire romaine*, 53, 26, cité par Coltelloni-Trannoy, 1997a, p. 222.
3. Desanges, 1964.

Les mots de Cassius Dion sont à ce titre sans ambiguïté lorsqu'il évoque de façon succincte mais explicite, dans un autre passage, « la royauté héritée de son père[1] ». L'origine et la qualification de son pouvoir lui-même, et les populations sur lesquelles il s'étend, sont les plus essentielles pour définir le royaume de Juba II.

Son titre royal et le champ d'action qu'il recouvre sont très clairement liés chez les auteurs antiques au royaume passé de Numidie. Celui-ci en constitue l'essence même, par rapport auquel le choix de leurs mots place la royauté maure dans une position secondaire, une sorte d'ajout complémentaire prolongeant le legs paternel. Roi numide, Juba II l'est donc incontestablement aux yeux de ses contemporains romains, et c'est ainsi que son titre royal est reconnu. À Rome, où il a grandi dès son plus jeune âge, il reste l'enfant de Numidie, de sang royal.

La prédominance accordée à l'héritage numide pourrait aussi tenir à une autre raison. Il n'est pas impossible que pour Strabon, dont on sait qu'il utilisa majoritairement une documentation ancienne pour nourrir ses écrits, la Numidie était encore perçue dans sa plus vaste extension, jusqu'à la Moulouya, dans une vision calquée sur l'ancien grand royaume du fameux roi Syphax, à l'endroit où régna quelques siècles plus tard le roi maure Bocchus II[2]. Or l'oued Moulouya avait acquis une forte charge symbolique et était appelé à rester pendant longtemps encore, dans l'esprit des lettrés romains, la frontière entre le pays des Maures et celui des Numides[3].

1. Cassius Dion, *Histoire romaine*, 51, 15, 6.

2. Strabon, *Géographie*, 17, 3, 9.

3. Briand-Ponsart, 2011, p. 180 ; Strabon, *Géographie. Livre XVII, 2e partie. L'Afrique de l'Atlantique au golfe de Soloum*, éd., trad. et commentaire de Benoît Laudenbach et Jehan Desanges, Paris, Les Belles Lettres, 2017, Notice p. XVIII.

Tantôt mentionné comme le roi des Maures, tantôt comme celui des Libyens – c'est-à-dire des Africains[1] –, Juba II est qualifié par des attributs variés chez les auteurs du monde romain, mais ils disent bien au fond ce qui l'attend en tant que roi. Gouverner un si grand royaume et sa mosaïque de populations ne se présente pas comme une entreprise facile, et sans doute Auguste peut-il pressentir que la tâche qu'il confie au prince recèle bien des difficultés auxquelles il ne souhaite d'ailleurs pas directement confronter son Empire. Plus qu'une récompense, c'est un défi qui s'offre au jeune homme élevé à Rome et placé vers l'âge de 25 ans, sans plus d'expérience politique, à la tête d'un vaste État, l'un des derniers grands royaumes encore en place dans le bassin méditerranéen à cette période. Il lui faut impérativement, et avant toute autre chose, y être reconnu et considéré comme légitime par les populations dont il devient le nouveau souverain.

Or la géographie à son tour impose d'inéluctables contraintes. Voyager d'un point à l'autre d'un territoire aussi vaste n'est pas aisé, y compris par voie terrestre[2]. Comme Bocchus II avant lui, Juba choisit alors d'établir sa résidence royale dans la cité de Iol, rebaptisée Césarée, en position centrale au cœur de son royaume. Une hypothèse ancienne a également voulu faire de Volubilis sa capitale occidentale, ce que l'archéologie n'a toutefois pas permis de démontrer ; en tout état de cause, la cité ne concurrença pas le rôle tenu par Césarée[3]. Les découvertes archéologiques réalisées plus récemment dans la cité de Lixus invitent en outre à envisager avec des arguments probants, à défaut de certitudes, l'existence

1. Tacite, *Annales*, 4, 5 : « Les Maures avaient été donnés à Juba en cadeau par le peuple romain » ; Flavius Josèphe, *Antiquités juives*, 17, 349, au sujet de la seconde épouse de Juba II, Glaphyra : « Elle épousa Juba, roi des Libyens. »
2. Hamdoune, 2002, p. 1425-1443.
3. Coltelloni-Trannoy, 1997a, p. 81-83.

d'une autre résidence du roi dans cette région située à l'extrême occident de son royaume[1].

Le modèle d'un pouvoir centralisé semble bien l'emporter dans l'organisation de son royaume, mais tout porte à croire que Juba II fut amené à le traverser épisodiquement : les liens d'allégeance avec les populations locales sur lesquelles repose son pouvoir impliquent très certainement de sa part qu'il soit présent auprès d'elles pour s'assurer leur fidélité[2]. L'intérêt du roi pour les voyages dépasse d'ailleurs le cadre politique : sa curiosité le porte à plusieurs reprises aux extrémités de son royaume, dans l'Atlas et jusqu'aux îles Canaries, où il mène des missions d'exploration[3]. Sans doute ces déplacements n'étaient-ils pas complètement coupés des nécessités de gouvernance, et furent mis à profit pour la bonne marche du royaume. Le risque d'oppositions très fortes était une réalité dont Juba prit très vite la mesure, dans un territoire où son autorité ne fut pas reconnue partout avec la même facilité. Aussi avait-il certainement tôt compris que « voyager, c'est gouverner[4] ».

Rien n'est toutefois moins simple que de dessiner avec précision les contours de son royaume. L'Atlantique à l'ouest, la Méditerranée au nord et le fleuve Ampsaga à l'est lui donnaient des bornes naturelles, mais en direction du sud la profondeur du domaine de Juba II est plus incertaine[5]. Cette région était celle des populations qualifiées de gétules, établies notamment sur la fraction de territoire qui avait anciennement appartenu au domaine de son père Juba Ier, et dont Juba II hérite lorsqu'il devient roi. L'étendue de leur

1. Aranegui Gascó, 2015, et Mar & Aranegui, 2016. L'hypothèse fut mise en doute par Papi, 2015.
2. Coltelloni-Trannoy, 2010.
3. Pline l'Ancien, *Histoire naturelle*, 5, 51-52, et 6, 202-203.
4. Expression reprise de Boutier, 1980.
5. Coltelloni-Trannoy, 1997a, p. 69 *sq*.

aire de peuplement au sein du royaume de Juba II, mais aussi au-delà, reste malheureusement très mal connue[1]. Il est en tout cas avéré que leur présence confronte Juba II à la même difficulté qu'avait rencontrée son père : les différents soulèvements des Gétules montrent à l'évidence que le pouvoir exercé par les rois numides sur ces populations reste fragile. Il y a semble-t-il une cohésion très forte qui unit les Gétules dépendants du royaume de Juba II : c'est ce que dit l'expression de Gétulie employée à leur propos par Pline l'Ancien au Ier siècle de notre ère, pour désigner la région peuplée par les Gétules et confiée au gouvernement de Juba[2]. Le nom lui donne une unité et, pourrait-on dire, une certaine appartenance territoriale perçue comme telle du point de vue romain.

Au moment où écrit Pline, les Gétules sont alors considérés comme une *natio* : le sens n'est pas facile à rendre au mot qui, dans l'appréciation du Romain, semble renvoyer à un groupement humain d'importance à l'échelle du nord de l'Afrique, par rapport à d'autres jugés plus petits. Dans les écrits de la période, *natio* paraît plus généralement évoquer à la périphérie du monde romain un peuple attaché à un territoire, sans préjuger de son organisation sociale et politique mais qui, pour le moins, le différenciait aux yeux des Romains du modèle qui leur était familier, celui de la cité[3].

Pline utilise également le substantif *gens*, d'une signification approchante, à propos des Gétules établis à l'extrémité occidentale du nord de l'Afrique, dans ce qui est devenu alors la province de Maurétanie tingitane après la disparition du royaume de Juba II[4] :

---

1. Desanges, 1964.
2. Pline l'Ancien, *Histoire naturelle*, 5, 30. Voir Guédon, 2018, p. 28-29.
3. Hamdoune, 2018, p. 70.
4. Pline l'Ancien, *Histoire naturelle*, 5, 17.

« Voici les peuples [*gentes*] qui l'habitent : celui des Maures, jadis le principal d'entre eux – d'où le nom <de Maurétanie> –, que la plupart des auteurs ont appelés Maurusii. Diminué par les guerres, il est réduit à un petit nombre de clans. Son voisin le plus proche était le peuple des Masaesyli ; mais il s'est éteint de la même façon. Ce sont à présent des peuples [*gentes*] gétules qui tiennent le pays… »

Il s'agit là très nettement d'une « vision stéréotypée d'un Romain de la fin du Ier siècle », confronté à des réalités humaines et des formes de communautés qui lui sont étrangères et qu'il tente de rendre, dans un emploi assez flou, par le latin *gens*[1]. Derrière ce mot, tel qu'on peut le percevoir à travers le témoignage de Pline qui fait état de groupes humains puissants, se profile néanmoins l'idée d'une structuration socio-politique ; les populations dont il est question sont désormais intégrées au monde provincial romain. Chez les auteurs romains postérieurs, *gens* finit ainsi par supplanter *natio* pour désigner les peuples vivant aux confins de l'Afrique romaine[2].

Les Maures, également rangés dans la catégorie des *gentes*, sont une autre composante essentielle dans la géographie humaine du royaume de Juba II. Selon Strabon, cet ethnonyme employé par les Romains est celui que les intéressés se donnent eux-mêmes, formant « un peuple [*ethnos*] de Libye nombreux et opulent installé face à l'Ibérie, de l'autre côté du détroit [de Gibraltar][3] ». Une génération plus tard, Pline l'Ancien évoque toutefois leur repli et l'importance prise à leur endroit par les Gétules[4]. Mais, au-delà d'une acception géographique précise, dès avant même l'époque de Juba II le qualificatif « maure » semble avoir pris une signification élargie, avec

1. Hamdoune, 2018, p. 64.
2. Hamdoune, 2015.
3. Strabon, *Géographie*, 17, 3, 2 ; voir également 2, 5, 33.
4. Pline l'Ancien, *Histoire naturelle*, 5, 17.

une extension vers l'est de l'ethnonyme « Maurus » dans les sources romaines[1]. Au cours de l'Antiquité sont ainsi progressivement désignées sous ce nom les populations vivant dans le sud du Maghreb[2], en même temps qu'il se charge d'une connotation négative[3]. Le Maure, comme ce fut longtemps le cas des Gétules, incarne dès lors dans la mentalité romaine le barbare par excellence[4].

Très tôt, depuis les écrits d'Hérodote, s'est forgée une vision dévalorisante des populations vivant en deçà de la zone côtière méditerranéenne en Afrique, diffusée par les sources gréco-romaines[5]. La même image univoque qui traverse les siècles de la période ancienne les réduit au nomadisme : le cliché, lourd de préjugés, les fait ainsi regarder avec mépris par les Romains à l'époque de Juba II. Les quelques mots écrits par Strabon suffisent à le montrer[6] :

> « De la Libye, toute la côte méditerranéenne est en leur pouvoir [Strabon évoque ici la domination exercée par les Romains], le reste étant inhabité ou bien habité par des populations misérables et nomades. »

Au reste, les Numides auraient été appelés ainsi parce qu'ils étaient par essence nomades, dit ailleurs Strabon[7]. L'interprétation étymologique ancienne dont le géographe se fait l'écho joue sur la proximité phonique entre le grec

---

1. Desanges, 2010.
2. Pour rappel, « Maghreb » est employé dans un sens générique, à valeur géographique.
3. Modéran, 2003.
4. À propos de l'image des Gétules dans l'historiographie gréco-romaine : Callegarin & Moreau, 2009.
5. Sartre, 2009.
6. Strabon, *Géographie*, 17, 3, 24.
7. Strabon, *Géographie*, 2, 5, 33 : « Il n'est pas dénué de vraisemblance que quelques-uns d'entre ces peuples [de l'Afrique du Nord] durent leur nom de Nomades au fait qu'ils ne pouvaient pas se livrer à l'agriculture dans les temps anciens, vu le grand nombre de bêtes sauvages » ; 17, 3, 15, à propos des Masaesyles.

Nomades et le nom d'origine libyque «Numides»; elle est en toute certitude erronée.

Au-delà du topique, il y a dans le nord de l'Afrique et plus particulièrement dans le royaume de Juba II une mosaïque de populations dont, à l'exemple de Strabon, les auteurs romains se font une idée très relative et négative. Les modernes les ont couramment désignées sous le nom de «tribus», mais qu'entend-on exactement par ce mot? Son usage, développé au cours du XIXe siècle en Europe, fut investi des stéréotypes culturels à l'œuvre dans la tradition gréco-romaine, qui avait imputé aux nomades une réputation dépréciative. La conquête européenne du Maghreb prétendait suivre les pas de Rome et pensait revivre la même confrontation à un «monde tribal» jugé immuable. Au mot «tribu» fut ainsi longtemps associée l'image du nomade perpétuellement hostile au pouvoir officiel dominant. C'est aussi chargé d'une lecture coloniale du passé qu'il reste encore parfois employé sans qu'on en ait toujours conscience, enfermant les populations qualifiées de la sorte dans un stéréotype à la fois culturel et social encore vivace dans les imaginaires[1]. En témoigne dans la littérature l'idée persistante qu'Auguste aurait donné un royaume à Juba afin de protéger les provinces romaines et leurs richesses contre les tribus nomades, incarnées par les Gétules à l'agressivité légendaire, qui s'élançaient telles des hordes de pillards[2]. L'allégation ne tient pas face à l'analyse historique[3], mais les préjugés sur l'Afrique, de l'Antiquité romaine comme au temps de la colonisation européenne, sont tenaces.

Au-delà des mots, qui invitent à réfléchir aux choix des Romains tout autant qu'aux nôtres, se dessine déjà au temps

1. Guédon, 2022b; Mattingly, 2024.
2. Draycott, 2022, p. 180-181.
3. Guédon, 2018.

de Juba II une réalité très nuancée en matière de géographie humaine et qui ne se réduit pas au nomadisme, même s'il n'est pas aisé d'en dire plus. Outre le regard subjectif des sources écrites dont il n'est pas toujours facile de se départir, la difficulté majeure tient encore au manque de données matérielles issues de l'archéologie afin de mieux connaître le monde rural de l'Afrique antique. Il est néanmoins certain que la pratique du nomadisme à laquelle les auteurs romains ont souvent réduit les populations africaines a amplement été surestimée sous l'influence de leurs témoignages[1]. Il y a d'évidence une vie urbaine préromaine bien présente et perceptible à l'intérieur du royaume de Juba, y compris dans les régions peuplées de Gétules pourtant réputés nomades dans les sources écrites[2]. Si l'archéologie, sous l'impulsion de la colonisation européenne au Maghreb, a longtemps focalisé son regard sur le passé romain des villes antiques en Afrique, les recherches en cours aujourd'hui sont à même de renouveler fondamentalement notre perception de leur histoire. Les fouilles menées sur le lieu de l'antique cité d'Althiburos (aujourd'hui Medeina, en Tunisie) offrent à ce titre un éclairage remarquable sur le pays numide[3]. Dès le ve siècle avant notre ère l'occupation du site prenait une allure urbaine aux murs solidement bâtis, agrémentée d'une muraille massive en fonction au ive siècle, en même temps qu'elle s'enrichissait des contacts déjà anciens avec Carthage. Althiburos est alors depuis longtemps florissante au moment où César s'empare de la région, à l'issue de la défaite de

1. Guédon, 2018, p. 11-12 et 73.

2. Le Pseudo-César évoque lui-même des « villes gétules » (*oppida Gaetulorum*) au moment de la guerre contre César : Pseudo-César, *Guerre d'Afrique*, 25. Voir Guédon, 2018, p. 35-36 ; Hamdoune, 2018, p. 182.

3. Le site et son territoire alentour sont explorés depuis 2006 par l'équipe tuniso-espagnole menée par Nabil Kallala et Joan Sanmartí, renouvelant de façon déterminante les données archéologiques jusqu'alors connues : voir Kallala *et al.*, 2014, pour une vue synthétique du projet et de ses résultats. Aperçu récent des recherches et de la bibliographie qui leur est liée dans Mattingly, 2023, p. 133 *sq*.

Juba Ier. Si le Maghreb préromain n'est pas, tant s'en faut, un monde de cités, d'autres ont cependant connu un développement similaire dans l'est comme dans l'ouest de l'Afrique, bien avant que Rome n'y imprime son empreinte.

Placé à la tête d'un vaste royaume, le jeune Juba II doit en somme vite faire l'apprentissage des subtilités d'une gouvernance qui met son pouvoir au contact d'une variété de communautés humaines. Une chose frappe toutefois, au seuil de son règne : sa solidité, qui donne la mesure de la maturité atteinte par le roi dans l'exercice de sa charge. Et c'est de façon positive que résonne encore son nom dans les mémoires collectives en Afrique et à Rome, peu après la disparition de son royaume. Lorsque le gouverneur des provinces de Maurétanie, Lucceius Albinus, profite de la crise politique à Rome en 68-69 pour s'emparer du pouvoir en Afrique et entrer en dissidence, il aurait ainsi invoqué le souvenir de Juba et revendiqué l'insigne de sa royauté[1]. Que Lucceius Albinus en ait réellement appelé au nom de Juba II, ou bien que le parti impérial lui en ait prêté l'intention, cela implique que le roi bénéficiait assurément d'une image favorable et assez largement partagée pour qu'il puisse en être tiré profit[2]. Derrière les traces laissées par le règne de Juba II, faut-il alors indéniablement voir le signe de la toute-puissance de Rome à laquelle auraient déjà été soumis l'Afrique et le roi lui-même ?

1. Tacite, *Histoires*, 2, 58.
2. Coltelloni-Trannoy, 2011b, p. 97.

5

Entre sujétion et indépendance

Quel roi fut Juba II ? Un souverain proche au quotidien des populations de son royaume, ou à l'inverse distant ? Nombreuses sont les incertitudes, et les indices qui permettent d'en juger, épars, ont donné lieu à des interprétations contrastées. Un fait est assuré toutefois : la durée de son règne et la stabilité de son royaume, qui en disent long sur leur solidité respective et la capacité du roi à se maintenir en place malgré les failles que le règne de son fils laissera mieux percevoir. C'est auprès de son père que Ptolémée apprend le métier de roi, associé au pouvoir de Juba en 19/20 avant de lui succéder définitivement lorsqu'il meurt en 24, après un demi-siècle de règne.

Quel libre arbitre fut-il alors laissé à Juba par Rome, à qui il devait son titre ? La réponse fournie par Strabon dans son tableau général du monde romain sous le règne d'Auguste est catégorique :

> « De l'ensemble du territoire soumis aux Romains, une partie est gouvernée par des rois, tandis qu'ils possèdent le reste sous le nom de "provinces"[1]. »

1. Strabon, *Géographie*, 17, 3, 24.

C'est donc au nom de Rome que Juba, comme d'autres rois alliés, exerce son pouvoir. Le témoignage de Strabon, qui paraît sans équivoque, ne cherche pas à masquer la réalité : telle qu'elle est perçue à Rome, la soumission même symbolique des rois amis de l'Empire nourrit un sentiment de puissance et de domination sans partage. Au-delà de la posture prise par le discours, qui s'inscrit pleinement dans le registre de la propagande politique, cette impression de supériorité est-elle aussi implacable dans les faits ? Au regard de celle-ci, quelle est la place même du pouvoir de Juba II au sein de son royaume, quels sont ses liens avec les populations en théorie soumises à son autorité royale ?

Des indices laissés par le roi lui-même permettent d'esquisser des réponses. À travers les motifs et les symboles dont il a choisi de faire frapper ses monnaies se dessine littéralement l'image qu'il souhaitait donner de lui et de son règne, en même temps que se laisse pressentir la capacité d'action qui fut la sienne dans son rôle de roi. Elle fut à ce point singulière que l'audace et l'indépendance dont Juba II a fait preuve le font comparer à « une sorte d'Auguste africain[1] ».

La main de Rome

Selon une opinion couramment répandue, Juba II aurait été bien plus « un fondé de pouvoir de Rome qu'un souverain véritablement indépendant[2] ». Ainsi peut-on encore aujourd'hui lire de lui qu'il fut un paisible et « sympathique monarque aux confins de l'Empire », dénué de velléités et fidèle à Rome, dont il aurait reçu pour mission principale d'établir dans son domaine les conditions, culturelles et politiques,

1. Suspène, 2015, p. 202.
2. Expression empruntée à Christol & Gascou, 1980, p. 340.

nécessaires pour asseoir définitivement la main mise romaine sur l'ensemble du nord de l'Afrique[1].

Au-delà même du titre de roi que Juba doit à Auguste et qu'il fait frapper en latin sur ses monnaies, l'influence romaine est indéniable dans son royaume. Le symbole le plus fort en est sans doute la ville nouvelle qu'il fonde à l'endroit de la cité de Iol, renommée Césarée en l'honneur d'Auguste et de sa dynastie : d'autres rois, « amis et alliés de Rome » comme les désigne Suétone, firent de même dans leurs royaumes, tel Hérode Ier en Judée à la même période[2]. L'exemple de ce souverain montre toutefois que l'adoption de la culture romaine n'entrait pas dans les exigences de Rome face à ces rois et que l'ascendant romain en la matière fut sans doute bien moins important qu'on le présume régulièrement[3].

Juba, pour sa part, a grandi avec comme repères ceux qu'il a acquis à Rome, aussi choisit-il expressément de les mettre en application dans son nouveau royaume. Il ne subsiste aujourd'hui aucune trace de texte officiel, pas même d'un fragment écrit sous son règne ou celui de son fils, mais on a coutume de penser que le latin devient avec Juba une langue majeure dans l'administration de son domaine et la rédaction des actes de la pratique[4].

Le temps de Rome est également celui qu'il choisit pour son royaume, dans sa symbolique officielle. Juba fixe au 1er janvier le point de départ à partir duquel doivent être comptées ses années de règne, dont il fait commencer le

---

1. Roller, 2003, p. ix-x.
2. Suétone, *Vie d'Auguste*, 60 ; également Eutrope, *Abrégé d'histoire romaine*, 7, 10 (voir p. 182). Pour une vue rapide de l'œuvre architecturale d'Hérode : Roddaz & Golvin, 2014.
3. Saddington, 2004.
4. Coltelloni-Trannoy, 2005a, p. 88-89.

calcul au 1er janvier 25 avant notre ère. Le calendrier civique de l'Empire en est l'inspiration : avec lui, Juba fait « vivre au rythme du temps romain » sa royauté[1]. Il y a sans doute là une intention perçue favorablement non seulement par Rome mais également par les communautés de citoyens romains établies dans le royaume[2].

Avant que Juba n'arrive sur le trône, la vie civique « à la romaine » y avait effectivement connu quelques progrès, perceptibles à Tingi (actuelle Tanger). Alors que Juba n'était semble-t-il pas encore roi, Auguste lui-même avait en outre présidé à la fondation d'une douzaine de colonies romaines sur le littoral méditerranéen ou dans l'arrière-pays proche, certaines impliquant jusqu'au déplacement de populations locales[3]. La création des colonies africaines permettait à l'empereur de donner des terres aux soldats vétérans de la guerre civile qui l'avait opposé à Antoine. La présence de citoyens romains se renforce par la suite dans les centres urbains, ainsi à Césarée et à Icosium, mais elle reste somme toute très clairsemée et cantonnée pour l'essentiel à la façade maritime du royaume de Juba.

L'ingérence d'Auguste dans la gestion des communautés de droit romain fut néanmoins bien réelle, même s'il n'est pas toujours aisé de l'évaluer tant les sources écrites manquent de clarté sur les faits rapportés. Elle peut se comprendre dans la mesure où les colonies romaines placées sous l'autorité de l'empereur continuaient d'en dépendre même après la formation du royaume. Tout ou partie des colonies, ainsi Zilil de façon assurée, fut de la sorte rattachée d'un point de vue

1. Coltelloni-Trannoy, 2011b, p. 102-103.
2. Coltelloni-Trannoy, 1997a, p. 123-134.
3. Sur ces colonies, mise au point récente dans Bernard, 2018 [en ligne] : https://books.openedition.org/cvz/4380#tocto2n1

administratif aux provinces d'Hispanie, et tel fut peut-être le cas également d'Icosium, qui n'était pas colonie romaine et aurait donc été soustraite au contrôle de Juba II. Le cas d'Icosium et les motivations qui auraient été celles d'Auguste restent toutefois énigmatiques, tout comme l'identification de la cité portant ce nom, mentionnée dans les sources : ne pourrait-il pas s'agir d'une communauté d'Hispanie et non d'Afrique ? Le débat reste entier[1].

Au-delà même des colonies le droit romain est bien présent, et Juba l'applique à des communautés locales de différentes natures. Un indice, le seul de cela à nous être parvenu, l'évoque, d'autant plus précieux qu'il ouvre une fenêtre sur le quotidien de son royaume. Découverte près de Tipasa, en Algérie, l'inscription qui s'y rapporte, remontant au début du IIIe siècle sous le règne de Septime Sévère, dit ceci[2] :

> « L'Empereur César L. Septimius Severus Pieux Pertinax Auguste, Arabique, Adiabénique, très grand Parthique, pontife suprême, père de la patrie et l'Empereur César M. Aurelius Antoninus Pieux Auguste, Arabique, Adiabénique, très grand Parthique, père de la patrie et P. Septimius Geta [---] ont restitué aux *castellani Thudenses* leurs limites et l'immunité concédées par le roi Juba, garanties par un serment au nom du divin Auguste, après de nombreux et très longs siècles, en des temps très heureux, par une divine sentence. Les *Thudenses*, se conformant aux fixations de limites, ont placé les bornes et les ont dédiées. Qu'il n'en résulte que du bien. »

La pierre marquait les limites territoriales des *castellani Thudenses*, malheureusement inconnus par ailleurs. Sans doute s'agissait-il d'une communauté locale dont le latin *castellum* évoque le caractère rural qui déjà devait être le sien au moment où régnait Juba II, sans qu'il soit possible toutefois

1. Coltelloni-Trannoy, 2012 ; *contra* : Bernard, 2014.
2. Hamdoune, 2018, p. 111-112.

d'en dire davantage. En effet, le sens du mot *castellum,* qui sert à qualifier un certain nombre de collectivités en Afrique, échappe encore. Utilisé pour rendre compte des nouvelles réalités communautaires avec lesquelles l'État romain entrait en contact, il semble avoir pris la signification imprécise de bourgade, sans signification administrative particulière[1].

Juba II avait pourvu en son temps à une délimitation du territoire des *castellani Thudenses*, leur accordant à cette même occasion le privilège d'une immunité fiscale : sous le règne de Septime Sévère, ces dispositions sont renouvelées. Les *Thudenses* en avaient certainement fait la demande et revendiqué leurs droits anciennement acquis, probablement remis en cause et convoités, peut-être par la proche cité de Tipasa. La mémoire qu'ils avaient conservée des mesures passées de Juba II laisse percevoir le champ d'action qui avait été celui du roi, mais aussi l'emprise très forte des normes romaines. À travers la réaffirmation de ses décisions des siècles plus tard, la politique de Rome suivait nonobstant les pas tracés par Juba II dans la gestion de ses territoires.

Ce rare témoignage éclaire, dans la pratique, la place tenue par le roi et celle d'Auguste dans son royaume. Un serment prononcé au nom du divin empereur, invoqué à la période sévérienne comme autorité morale au moment où fut gravée la pierre, garantissait les privilèges qui avaient été concédés aux *Thudenses* en son temps. Au-delà de cet aspect, Auguste ne fait pas figure de force politique agissante. Même si le droit romain a inspiré la procédure, il y a avec ce texte un indice concret du rôle et du pouvoir reconnus à Juba dans son royaume, une sorte d'instantané du mode de coexistence établi entre lui et l'Empire. Rome n'exerçait pas de contrôle direct

1. Guédon, 2018, p. 139-140.

sur le royaume, qui restait le domaine du roi. L'inscription, malheureusement, ne fait pas toute la lumière sur la souveraineté qui lui était reconnue[1].

Malgré l'hégémonie de Rome en Afrique et le rapport de forces qui tournait en sa faveur, la fonction royale gardait son prestige. Juba est à n'en pas douter un roi favorable à Rome, mais il est bien détenteur de la dignité royale, ce qui du point de vue romain n'en fait pas l'égal d'un simple magistrat, d'un gouverneur de province. Peut-on alors dire que son royaume était intégré à l'Empire ? La question se pose pour Juba comme pour les autres souverains établis à la même période dans le bassin oriental de la Méditerranée où se perçoit non pas la disparition de la royauté, mais bien plus une royauté en évolution, en même temps que se réorganise l'Empire avec l'arrivée au pouvoir d'Auguste[2].

À l'instar des rois d'Orient, Juba II n'a rien d'un pantin dans les mains de Rome. Comme eux, il est un acteur autonome, impliqué dans une stratégie complexe de relations diplomatiques au sein desquelles l'empereur personnifie à distance l'autorité suprême de Rome, tandis qu'au quotidien, pour les habitants de son royaume, le roi reste la figure essentielle de la souveraineté, tout aussi prestigieuse[3]. Cette situation tisse une sorte de zone grise dans laquelle la place des différents pouvoirs n'est pas toujours facile à saisir, car la subordination à l'Empire de Rome ne repose pas sur un partage des compétences strictement codifié, et peut être d'ordre plus symbolique que pratique, impliquant au premier chef le roi et non son royaume dans sa globalité. Les titres honorifiques décernés à Juba II par les cités romaines de Gadès et

1. Coltelloni-Trannoy, 1997b.
2. Suspène, 2010.
3. Suspène, 2010.

de Carthagène en Hispanie en sont exemplaires : avec eux, le roi, qui apparaît tout à la fois comme un allié évident de Rome et un puissant protecteur, participe à donner une cohérence politique et économique à une région, celle du détroit de Gibraltar, incluant indubitablement son royaume dans un espace d'interrelations et d'échanges placé dans le giron romain[1].

Les auteurs romains parlent de « rois alliés », de « rois amis » pour évoquer les souverains qui sont liés à Rome et, de façon implicite, leur soumission. L'emprunt au vocabulaire affectif, dont est issue la notion d'amitié, met dans l'embarras lorsqu'il s'agit d'en décrire de façon concrète les implications politiques pour ces royaumes. Il en est résulté une image souvent réductrice de ces rois, qualifiés de « rois clients » de Rome par les modernes qui, pour développer ce concept, ont largement pris appui sur l'observation du contexte africain[2] : Juba, dans la lignée de ses ancêtres royaux de Numidie, en aurait été l'un des exemples les plus éclatants. Cette vision rend toutefois imparfaitement compte de ce qui se joue entre Rome et le roi, et la manière dont Juba fait représenter son pouvoir est à ce titre tout à fait significative. La forte personnalisation de sa relation avec l'empereur Auguste, rendue singulière par sa propre histoire, marque sans doute les rapports entre le royaume et l'Empire d'un dialogue politique original. Ses monnaies, chargées de symboles, en dévoilent certains pans[3].

La référence à Rome y est bien présente, sans masquer toutefois la marge de manœuvre qui est celle de Juba dans son

1. Callegarin, 2008, p. 315 ; Bernard, 2018 [en ligne] : https://books.openedition.org/cvz/4380#tocto2n3.

2. Sur la notion de clientèle appliquée aux rois amis de Rome : Badian, 1958. Critique de ses travaux par Hurlet, 2015.

3. Suspène, 2015.

royaume et vis-à-vis de l'extérieur. Selon une tradition déjà bien présente chez les anciens rois de Numidie, Juba II fait systématiquement figurer son portrait au droit de ses monnaies en s'inspirant très nettement pour cela des caractéristiques du monnayage romain de la même période. La représentation du portrait, également répandue dans les monarchies hellénistiques et reprise à Rome au moment des guerres civiles du Iᵉʳ siècle avant notre ère par leurs principaux acteurs, est un marqueur évident de pouvoir politique. Le portrait de Juba est en outre parfois associé, voire remplacé sur certaines monnaies et en particulier sur des monnaies d'or qui avaient valeur de prestige, par celui de son épouse Cléopâtre Séléné sous l'apparence d'une princesse égyptienne : il est ici encore très clairement question de la puissance du roi, mise en valeur par le modèle de l'illustre royaume des Ptolémées.

C'est en vain que l'on chercherait en revanche une figuration directe du lien au souverain Empire. Nul portrait d'Auguste n'est donné à voir alors qu'il n'est pas rare sur d'autres monnayages royaux en Orient, sur lesquels il remplace même de façon régulière l'image des rois. Le parti pris de Juba, excluant toute évocation d'un lien de subordination, ne cesse d'étonner tant il révèle une certaine assurance de son pouvoir face à Rome. Faut-il en déduire que Juba fut plus indépendant, ou les autres rois plus soumis à Rome ? Il est difficile de le dire. Il n'existait pas de norme préétablie par Rome définissant le comportement d'un roi allié. D'autres paramètres, plus personnels ont pu jouer. Était-ce pour Juba une manière de l'emporter sur son passé, et de donner une nouvelle force à son attachement originel à l'Afrique et à la royauté héritée de ses ancêtres ? Certes, il ne s'agissait pas pour lui de la faire revivre à l'identique, mais les motivations liées à sa propre histoire furent sans doute influentes.

Le choix des motifs iconographiques renvoyant à Rome, présents mais de façon marginale, le confirme. La représentation de lieux – temple, autel, bois sacré – dédiés au culte impérial manifeste indéniablement la fidélité de Juba envers Auguste. L'alliance évoquée lie d'ailleurs le roi à Auguste et non à Rome, dans une personnalisation tout à fait caractéristique des rapports entretenus par les autres rois alliés à l'Empire à la même période. Bien plus, l'image des lieux consacrés au culte impérial sur ses monnaies valorise subtilement le royaume de Juba. La manière de figurer ces différents espaces et édifices évoque en effet Césarée la royale, où ils semblent avoir été localisés. Ils en symbolisent tout à la fois la monumentalité et la compétence en matière de religion, à même de rivaliser avec d'autres grands centres religieux de l'Empire. En les choisissant, Juba affirme son propre pouvoir en même temps qu'il fait une place à son royaume au sein d'un espace élargi au bassin méditerranéen.

Pour l'empereur, l'enjeu est ailleurs, et sans doute le domaine dans lequel il attend plus particulièrement le soutien de Juba est-il l'armée. La relation entre Juba et l'Empire entraîne effectivement une solidarité dans les affaires militaires. Elle n'est toutefois pas par principe à l'avantage de Rome : celle-ci fournit assistance à ses rois alliés parfois même davantage qu'il n'en est requis de leur part[1]. De même que Juba II ne semble pas avoir été contraint de payer un tribut régulier à Rome, ce n'est pas de manière impérative et systématique que l'empereur sollicite auprès de lui un renfort de troupes : il le fait au gré des événements, au nom de l'alliance entre le royaume et Rome.

1. Suspène, 2010.

L'empereur reconnaît aussi à Juba un rôle de chef militaire dans son royaume, placé à la tête de troupes dont l'importance stratégique est perçue du point de vue romain à l'identique des légions stationnant dans les provinces romaines alentour, et sur lesquelles Rome compte : c'est ce qu'évoque Tacite lorsque, passant en revue les forces militaires à disposition de l'Empire, il évoque Juba régnant à la tête des Maures, à comprendre dans un sens très large comme les habitants de son royaume, après avoir fait mention des légions d'Espagne et juste avant d'évoquer celles de la province d'Afrique[1]. Outre des Maures, ajoutons que des Gaulois sont peut-être également employés dans son armée par Juba[2].

La présence militaire de Juba auprès de Rome apparaît pour la première fois lors de la guerre menée en 6 par Cn. Cornelius Lentulus Cossus à la tête des légions romaines, contre les Gétules. Leur révolte semble avoir pris forme aux confins du royaume de Juba et de la province d'Afrique, avant de s'embraser jusqu'aux Syrtes[3]. La soumission des Gétules à l'autorité de Juba ne fut pas chose acquise facilement, et cette guerre en est le témoignage le plus explicite. Juba affronte alors peut-être les insurgés à l'ouest, tandis que Lentulus prend en charge le front oriental. L'engagement militaire du roi fut semble-t-il efficace. On a pensé que les motifs de la couronne et du trône avec sceptre et couronne dont Juba fait frapper ses monnaies à la même date évoquaient des ornements triomphaux décernés par Rome à la suite de la victoire, et dont on sait par ailleurs que Lentulus fut récompensé. Sans autres mots pour les expliquer, ces symboles sont toutefois d'une interprétation délicate : une hypothèse

---

1. Tacite, *Annales*, 4, 5. Voir les remarques de Saddington, 2004.

2. Leveau & Rémy, 2014.

3. Cassius Dion, *Histoire romaine*, 55, 28 ; Florus, *Epitomè*, 2, 31 ; Orose, *Histoires contre les païens*, 6, 21, 18. Voir Guédon, 2018, p. 66.

récente propose d'y voir, non pas les signes militaires de la reconnaissance romaine, mais une nouvelle expression de la royauté de Juba[1].

Le roi engage à nouveau ses forces armées lors de la révolte qui éclate une dizaine d'années plus tard dans la province romaine d'Afrique. Différents peuples coalisés sont impliqués, notamment gétules, menés par l'emblématique Tacfarinas[2]. Selon Tacite, ils sont rejoints sous le règne de Ptolémée par des Maures[3]. Il faut à Rome huit longues années de guerre, entre 17 et 24 avant d'en venir à bout et si Juba, mort en 23, n'est pas mentionné, son fils Ptolémée reçoit en 24 les honneurs de Rome pour son soutien militaire[4]. L'origine de cette révolte, qui est l'une des plus importantes que connaît Rome au début de l'Empire, reste mal élucidée. Son récit transmis par les auteurs romains est loin d'être partial. Sans doute doit-elle au lourd poids de l'autorité romaine qui cherche à s'imposer avec force dans son nouveau territoire provincial africain.

L'empreinte du souverain

À travers les oppositions qui semblent avoir été vives entre Juba II et certaines populations de son royaume, le roi se confronte plus directement à son propre pouvoir. À lire les auteurs romains, c'est avec les Gétules que les relations paraissent le plus conflictuelles sous son règne, comme elles le sont en même temps avec Rome ainsi que l'évoque le bref récit de leur révolte en 6 de notre ère[5] :

1. Alexandropoulos, 2014, p. 47.
2. Sur cette révolte, mise au point rapide de Guédon, 2018, p. 67-78.
3. Tacite, *Annales*, 4, 23.
4. Tacite, *Annales*, 4, 26, 2.
5. Cassius Dion, *Histoire romaine*, 55, 28, 3-4 : voir le témoignage cité par Coltelloni-Trannoy, 1997a, p. 222.

« Les Gétules aussi, qui ne supportaient pas leur roi Juba tout en refusant d'être commandés eux-mêmes par les Romains, se soulevèrent contre lui ; ils pillèrent également la province voisine et tuèrent en grand nombre les Romains envoyés contre eux. Les choses prirent une ampleur telle que Cornelius Cossus, qui vint à bout de leurs menées, reçut les ornements triomphaux et un surnom tiré de leur nom. »

Ce soulèvement, qui touche directement le territoire romain – sans doute est-ce pour cela d'ailleurs que les sources s'en font l'écho –, constitue l'épisode le plus clair de l'opposition des Gétules à Juba II. Or quelques indices suggèrent également des tensions entre les communautés gétules de son royaume, dont certaines ont accepté l'autorité du roi[1].

Les Gétules ne sont pas seuls impliqués dans les troubles auxquels Juba doit faire face en son domaine. Selon Tacite, au début de la révolte conduite par Tacfarinas, des Maures qui ont pour chef un certain Mazippa rejoignent l'insurrection[2]. Sans doute vivent-ils au sein du royaume de Juba, dans une région proche de la province romaine d'où part le soulèvement. On ignore cependant tout du personnage qui prend leur tête, de ses motivations et de celles des Maures gagnés à sa cause, ainsi que de leurs relations avec le roi. Tacite fait en revanche plus clairement état d'une hostilité envers le roi Ptolémée à propos d'un nouveau ralliement de Maures avant que le conflit ne touche à sa fin. Mais ce n'est pas un soulèvement général : Ptolémée peut aussi compter sur le soutien de l'armée maure afin de prêter main-forte aux Romains, qui permet de l'emporter définitivement dans la guerre contre Tacfarinas[3].

1. Desanges, 1997b.
2. Tacite, *Annales*, 2, 52.
3. Tacite, *Annales*, 4, 24.

Le motif qui conduit ceux des Maures à la sédition contre Ptolémée au moment du conflit tient en ses termes selon Tacite[1] :

> « Tacfarinas continuait de ravager l'Afrique, avec le renfort de troupes auxiliaires maures qui, devant l'inertie de Ptolémée, le fils de Juba, avaient préféré la guerre au gouvernement des affranchis royaux et à l'autorité d'esclaves. »

En soi, l'emploi d'affranchis royaux à la cour de Ptolémée n'est pas de nature à surprendre. Il s'agit d'une pratique instituée avec Juba, que Tacite déplore néanmoins comme un signe de décadence. Or ces individus remplissent les mêmes fonctions que ceux qui, auprès d'Auguste, forment un embryon d'administration, à laquelle l'empereur Claude donnera de façon efficace pleinement forme[2]. Mais cela vaudra à Claude, de la part du milieu politique traditionnel jaloux de cette confiance, l'accusation d'être soumis au gouvernement de ses affranchis[3].

Un tel modèle d'organisation dans la gestion d'un royaume, importé de Rome, est inédit en Afrique, et il est aussi possible qu'il ait heurté certaines populations jusqu'à en motiver le soulèvement. La présence nouvelle d'affranchis comme intermédiaires, éventuellement concurrents dans leur relation avec le pouvoir royal, portait en germe le risque de rompre le lien traditionnel d'allégeance personnelle que des communautés locales entretenaient avec le roi, dont elles se sentaient désormais peut-être écartées[4].

---

1. Tacite, *Annales*, 4, 23.
2. Longtemps, le règne de Claude et son action dans l'organisation administrative de l'Empire furent dévalorisés dans l'historiographie : cette dernière est aujourd'hui réévaluée, voir Michel, 2015.
3. Suétone, *Vie de Claude*, 29 ; Cassius Dion, *Histoire romaine*, 60, 2, 8.
4. Coltelloni-Trannoy, 2001, p. 151-157.

Exercer son pouvoir sur une mosaïque de peuples n'était pas une chose facile, et l'hostilité des Gétules souligne bien ce qu'il pouvait en être, déjà sous le règne de Juba Ier. Sans doute la situation était-elle encore moins familière à Rome et au jeune Juba II. L'opposition à laquelle il fit face fut ainsi mise au compte de la tension entre le modèle de royauté que Rome établit à travers lui en Afrique, et ce que l'on a appelé la « réalité tribale[1] ». Sa nature et son ampleur demeurent toutefois délicates à évaluer. On a coutume de considérer le motif de la victoire, emprunté au monnayage romain et frappé sur des monnaies de Juba II – pour certaines datées entre les années 15 et 23, pour d'autres non datées –, comme l'indice de victoires militaires remportées par le roi[2]. S'agissait-il alors d'opérations effectuées pour le compte de Rome, ou d'actions conduites de façon indépendantes à l'intérieur de son propre royaume ? Il est impossible de le dire, et leur interprétation même pose question. Certaines monnaies peuvent s'inscrire dans le contexte de la lutte contre la rébellion menée par Tacfarinas, mais, pour bien d'autres, le lien avec les guerres menées sous son règne est loin d'être éclairci ; l'utilisation même de l'imagerie militaire par le roi reste à élucider[3]. Or les obstacles sont importants. Le nombre des monnaies émises par Juba connu à ce jour est remarquable, malheureusement beaucoup sont difficilement datables, empêchant par là même d'apprécier sur la longue durée de son règne et dans le détail l'iconographie dont il fit usage[4].

Quoi qu'il en soit, l'inimitié, le conflit ne sont pas tout dans les relations entre Juba et les populations de son royaume.

1. Coltelloni-Trannoy, 2005b.
2. Suspène, 2015, p. 197.
3. Alexandropoulos, 2014.
4. Spoerri Butcher, 2017. Il faut mentionner l'entreprise récente de classement initiée par Spoerri Butcher, 2015.

Le roi sait aussi écouter, comme le rapporte une anecdote consignée par Pline l'Ancien. Une femme gétule qui était retenue chez des Gétules opposés aux siens serait venue se confier à lui après avoir réussi à échapper à sa captivité[1]. Pour avoir décidé de s'en remettre à Juba, il fallait qu'elle-même et sa communauté aient placé en lui leur confiance.

L'indice est ténu, faible il est vrai. On conçoit mal toutefois que le roi ait pu se maintenir longtemps s'il avait été isolé seul en son pouvoir, l'exerçant sans partage sur des populations dont il n'était issu ni par le sang ni par leur choix, alors que la réticence de certaines d'entre elles à obéir à un souverain parachuté à leur tête semble avoir été bien réelle. Chercher l'appui des populations de son royaume s'avérait crucial. Sans doute est-ce ce qui permit à Juba d'avoir raison des foyers d'opposition les plus vifs, même s'il ne parvint pas à les éteindre complètement. Par comparaison avec ce que l'on l'observe dans la province romaine voisine où Rome avait également à faire reconnaître son autorité sur l'ensemble du territoire, le pouvoir exercé par le roi et le rapport personnel qu'il induisait avec les communautés de son royaume semblent d'ailleurs avoir mieux fonctionné : autant qu'il est possible d'en juger, son règne n'a pas suscité de vague de mécontentement qui aurait embrasé l'ensemble de son domaine. Juba n'avait pas les mêmes moyens d'autorité et de coercition que Rome. Son armée reposait d'abord sur les hommes de son pays, dont il lui fallait s'assurer plus que toute autre chose la confiance. Aussi pouvait-il moins s'imposer par la force dans son royaume que Rome dans sa province africaine.

Pouvoir et prospérité, tels sont au final les mots dessinant l'image principale que Juba II a semble-t-il voulu donner de

1. Desanges, 1997b, sur l'interprétation de cet épisode.

son règne. Le témoignage de la numismatique est là encore saisissant, en même temps qu'il souligne l'importance du modèle romain. À son exemple, le roi puis son fils Ptolémée font frapper des monnaies dans les trois métaux, or, argent et bronze : c'est la première fois qu'une telle gamme monétaire voit le jour dans un royaume en Afrique, et le fait reste en soi exceptionnel dans le monde méditerranéen à cette période. À Rome, le monnayage d'or avait été institué de façon durable par César, et Auguste en affermit la production. Les monnaies d'or frappées par Juba sont peu abondantes et peut-être ont-elles d'abord une valeur de prestige afin d'imiter, d'égaler le précédent romain[1]. Dans ses pas, Juba pouvait souhaiter à son tour apparaître comme un Auguste dans son propre royaume.

Il a par ailleurs, pour la corne d'abondance associée au sceptre royal, une préférence significative afin d'illustrer ses deniers[2]. Très présente chez les Lagides, la corne d'abondance l'est également à Rome sous le règne d'Auguste. Le sceptre incarne quant à lui l'autorité royale par excellence, et, sur certaines de ses monnaies, Juba emprunte directement à une forme prestigieuse de la royauté, celle de l'Égypte ptolémaïque, pour le représenter. L'image qui s'en inspire montre un aigle aux ailes déployées, enserrant un foudre et arborant un sceptre : bien avant Juba II, ses aïeuls appréciaient déjà ce symbole du pouvoir et sa figuration égyptienne, présente dans le monnayage de Massinissa et plus tard de Juba Ier. C'est aussi du diadème traditionnel lagide que Juba II couronne sa tête sur les portraits qui ornent ses monnaies.

1. Suspène, 2015, p. 200.
2. Alexandropoulos, 2014, p. 50 ; Suspène, 2015. Voir en annexe.

S'il est un ultime geste prouvant la force du pouvoir royal qu'il exerce, sans doute est-ce la place qu'il fait à son fils Ptolémée à ses côtés. Juba II n'a pas laissé le hasard décider de sa succession. Conscient sans doute d'avancer en âge, dès 20 de notre ère il prend soin de faire figurer Ptolémée sur ses monnaies, parées de thèmes qui portent sans ambiguïté ses intentions dynastiques[1]. Les frappes romaines sur lesquelles sont associés les bustes d'Auguste et de Tibère en sont la claire inspiration. À Rome, l'empereur lui-même ne voit rien à redire au choix de Juba, et, peu avant que le roi meure, Ptolémée est officiellement conforté dans son rôle d'héritier du trône[2].

À travers les insignes du pouvoir qu'il avait choisis pour le représenter, Juba signifiait de la plus claire façon sa vision personnelle des choses, en définitive détachée d'une quelconque allusion à une soumission à Rome. Jamais Juba ne remettra en cause sa fidélité à Auguste ni ne s'affranchira de la relation de subordination qui les lie, mais la discrétion avec laquelle elle s'exprime par rapport à d'autres choix figuratifs plus fortement affirmés est frappante. Associés, la corne d'abondance et le sceptre royal symbolisent le pouvoir de commandement et la richesse du royaume de Juba, la prospérité garantie par son autorité. C'est ce qu'évoquent finalement l'émission et la circulation de ses monnaies, donnant le sentiment d'un royaume sur lequel son pouvoir semble avoir été fermement établi, loin de l'image d'un roi inactif et isolé dans son palais[3].

1. Coltelloni-Trannoy, 1997a, p. 166 *sq*.
2. Tacite, *Annales*, 4, 24-26.
3. Suspène, 2015, p. 202.

Non seulement Juba s'employait à gouverner mais il voulait connaître de façon tout aussi essentielle son royaume. Symboliquement, il renouait avec le continent de ses aïeux, qu'il n'avait approché pendant longtemps à Rome qu'à travers ses lectures. Désormais, Juba avait les moyens de mettre son érudition au service de l'Afrique, portée à la fois par sa curiosité scientifique et une motivation plus personnelle à laquelle son titre de roi donnait une dimension politique singulière. Par sa contribution à une meilleure connaissance de l'Afrique, Juba II s'affirmait comme un roi à nul autre pareil. Sans doute la longueur de son règne, suffisamment calme en apparence pour ne pas l'avoir mobilisé dans des opérations militaires répétées, lui offrit-elle les conditions propices à sa vaste entreprise dédiée aux savoirs.

6

Découvrir et décrire l'Afrique

Au-delà du destin immédiat des hommes et de la gestion du quotidien de son royaume, c'est l'Afrique, sa terre d'origine qui semble avoir constitué l'horizon de Juba, son inspiration la plus essentielle. Mieux la connaître afin d'en écrire l'histoire et lui donner sa place dans le destin du monde méditerranéen, voilà à quoi il s'emploie toute sa vie sans relâche. La mission, à laquelle il songe très certainement depuis longtemps, s'accorde en tout point avec son goût pour les lettres et l'érudition qui est le résultat de ses longues années studieuses à Rome. Ces dispositions, compagnes fidèles auxquelles le roi ne néglige pas de donner de son temps, sont sa grande vocation. Avec succès, car une génération plus tard à Rome Pline l'Ancien écrit de Juba que « sa réputation de savant [l']a rendu encore plus mémorable que son règne[1] ». Tout commence par son royaume, qu'il entreprend d'explorer.

Ses années romaines, et sa proximité avec Auguste, se prêtaient particulièrement à l'émergence d'un tel projet. Dans la capitale de l'Empire, le nouveau pouvoir s'appuyait sur

1. Pline l'Ancien, *Histoire naturelle*, 5, 16.

la « rencontre de la politique et de la géographie[1] ». Ainsi, Auguste, dans les pas de César avant lui, plaçait la géographie au cœur de ses visées politiques, initiant une sorte d'inventaire du monde sur lequel Rome renforçait sa domination. Inventorier pour mieux dominer était l'objectif d'Auguste, et dans l'air du temps à Rome dans la manière dont s'écrivait la géographie. Pour Juba, la finalité était autre, moins immédiate et brutale, mais servait aussi à sa manière un message politique.

Voyages exploratoires

Dans le souci qu'il a de découvrir son royaume, il y a chez Juba une envie profonde qui dépasse la simple curiosité. Ses contours, comme ceux de l'Afrique, restent encore mystérieux vus depuis Rome. Le continent africain passe dans les sources gréco-latines tantôt pour un triangle, tantôt pour un trapèze, dont les formes trahissent de façon commune la méconnaissance générale des Romains de l'époque de Juba sur la profondeur de ses terres[2]. C'est dire l'importance de l'entreprise à laquelle s'attelle le roi lorsqu'il lance ses missions d'exploration. Rome n'est pas en reste, et pour Auguste également l'heure est à la découverte des confins qui bornent la province d'Afrique[3].

Juba engage ses expéditions dans deux directions, vers l'Atlas et les confins méridionaux de son royaume, par ailleurs vers les « îles de Maurétanie[4] ». Tout cela, il le raconte dans ses écrits : son témoignage est malheureusement perdu, mais il a été lu par Pline l'Ancien qui en consigne le souvenir.

1. Nicolet, 1988, p. 17.
2. Vue rapide de la question et références dans Guédon, 2010, n. 33, p. 256.
3. Guédon, 2012.
4. Expression de Pline l'Ancien, *Histoire naturelle*, 6, 201 (voir ci-dessous p. 140).

L'orientation que Juba donne à ses voyages rappelle singulièrement le périple effectué plus d'un siècle avant lui par Polybe, célèbre otage grec de Rome dont le roi avait très certainement lu les *Histoires* et peut-être plus encore le récit de son expédition africaine, disparu aujourd'hui. Selon Pline, notre unique source, Polybe, accompagnant le Romain Scipion Émilien en 146 avant notre ère au moment où allait s'achever la troisième guerre contre Carthage, aurait reçu pour mission de faire la circumnavigation de l'Afrique afin d'en reconnaître le pourtour, aidé de plusieurs navires qui lui furent confiés pour l'occasion[1]. Comme Polybe s'en explique lui-même dans ses *Histoires*, cette expédition et les autres qu'il entreprit pour le compte des Romains participaient à démontrer la capacité de Rome, par la maîtrise géographique du monde habité, à exercer son hégémonie sur celui-ci[2]. Cette ambition prenait une ampleur inédite en Afrique où Rome venait de soumettre définitivement Carthage. Pour les Romains, qui avaient désormais les mains libres, il s'agissait de se lancer vers la mer extérieure, l'Atlantique et ses rivages africains que d'autres avaient parcourus avant eux. Polybe ne put toutefois réaliser qu'unc partic de son

1. Pline l'Ancien, *Histoire naturelle*, 5, 9-10 (passages commentés par Jehan Desanges, Paris, Les Belles Lettres, 1980, p. 106-121). Voir également Mederos Martín, 2013.

2. Polybe, *Histoires*, 3, 59, 3-8 : « Mais de nos jours, grâce à l'Empire qu'Alexandre a constitué en Asie et à la suprématie romaine qui s'est étendue ensuite sur le reste du monde, il est possible de voyager presque partout par terre et par mer, et comme, en outre, la politique et la guerre n'offrent plus de carrières à l'ambition de nos hommes d'action, ceux-ci ont toutes sortes de facilités pour effectuer des enquêtes dans ces contrées et satisfaire leur curiosité. Nous devons donc aujourd'hui disposer sur ces régions autrefois mal connues de notions plus précises et exactes. J'essaierai, pour ma part, d'apporter ma contribution dans ce domaine, lorsque la suite de mon récit m'offrira pour cela une occasion favorable. J'espère retenir alors toute l'attention des lecteurs curieux de ces choses-là, car, si j'ai affronté les dangers d'un voyage en Afrique, en Espagne et en Gaule, ainsi que dans la mer qui s'étend au-delà de ces contrées, c'est essentiellement pour pouvoir corriger les erreurs de ceux qui m'ont précédé et faire connaître aux Grecs ces parties-là du monde habité » (trad. Denis Roussel, Paris, Gallimard, 2003, p. 302).

voyage sur les côtes occidentales africaines. Mais le récit qu'il en fit suffit peut-être à piquer la curiosité de Juba et à orienter ses recherches.

À l'extrémité de la Maurétanie s'élevait l'Atlas selon Polybe, et c'est précisément là que Juba décide de mener une mission de reconnaissance. Il y était personnellement attaché, s'impliquant lui-même si l'on suit les mots de Pline[1] :

> « Du temps de nos pères aussi, le roi Juba a découvert la plante qu'il a appelée euphorbe du nom de son médecin. C'était le frère de Musa, qui, comme nous l'avons dit, sauva la vie au divin Auguste [...]. Mais on possède aussi un traité de Juba sur cette plante dont il fait grand éloge. Il la découvrit sur le mont Atlas. Elle a l'aspect d'un thyrse et les feuilles de l'acanthe. Elle a une telle force qu'on en recueille le suc à distance en l'incisant grâce à une perche ; on place dessous comme récipient un estomac de chevreau. »

Le témoignage de Juba pouvait d'autant plus impressionner le lecteur qu'il décrit une terre où les Romains ne s'aventurent pour la première fois qu'après la mort du roi Ptolémée, lorsque son royaume passe sous la coupe romaine[2] :

> « Le roi Ptolémée avait été mis à mort par Gaius César [Caligula] ; l'affranchi Aedemon entreprit de le venger ; et, en poursuivant les barbares, il est établi qu'on parvint au mont Atlas. Non seulement les personnages consulaires et les généraux pris dans le Sénat qui conduisirent alors des expéditions, mais encore des chevaliers romains qui, par la suite, gouvernèrent ce pays, ont tiré gloire d'avoir pénétré dans l'Atlas... Suétonius Paulinus, que nous avons vu consul [en 66 de notre ère], est le premier chef romain qui ait traversé tout l'Atlas, le dépassant même de quelques milles... Juba, père de Ptolémée [...], a rapporté sur l'Atlas des indications semblables, en ajoutant que vient là une plante appelée euphorbe, du nom de son médecin qui la découvrit. Il glorifie en des termes extraordinairement élogieux le

1. Pline l'Ancien, *Histoire naturelle*, 25, 38.
2. Pline l'Ancien, *Histoire naturelle*, 5, 11, 14 et 16.

suc de cette plante pour l'acuité visuelle qu'il confère et pour son action contre les serpents et tous les venins, en lui consacrant spécialement un traité. »

Les mots de Pline sont un peu confus sur la découverte de l'euphorbe, par Juba ou par son médecin à qui elle doit son nom[1]. Ils confirment néanmoins l'intérêt du roi pour l'Atlas et ses ressources, dont il fut probablement l'observateur direct. Il n'y a guère de récit qui avait jusque-là permis d'appréhender cette terre : les Romains la regardaient comme un espace aux limites du monde habité, voyant comme une chose extraordinaire mais aussi un signe de leur puissance, l'euphorbe aux multiples vertus parvenir depuis cette extrémité jusqu'à eux[2]. « Montagne d'Afrique fabuleuse entre toutes », l'Atlas se dressait « à l'endroit même où s'arrête la nature[3] ». Pour les contemporains de Pline qui situaient encore de façon imprécise cette montagne entourée de mystère et dont le sommet semblait toucher la voûte céleste, l'Atlas suscitait tout en même temps un sentiment d'effroi et une crainte religieuse[4].

Mais pour Juba il était un symbole bien plus précieux encore. C'était là, pensait-on, que le Nil prenait sa source. Une théorie très ancienne, déjà présente chez Hérodote, prêtait effectivement à ce fleuve une origine occidentale[5]. Cette idée connaît un regain d'intérêt au début du règne d'Auguste : Vitruve lui donne un nouvel écho et affirme que c'est en Maurétanie, dans la partie septentrionale de l'Atlas, que

1. À propos de cette découverte et du traité de Juba sur l'euphorbe : Pietrobelli, 2014.
2. Pline l'Ancien, *Histoire naturelle*, 27, 1.
3. Pline l'Ancien, *Histoire naturelle*, 5, 5, et 27, 1. Voir Desanges, 1989a.
4. Pline l'Ancien, *Histoire naturelle*, 5, 7 : « Aucun habitant n'est visible pendant la journée ; le silence universel exprime un autre effroi que celui des solitudes : une crainte religieuse muette envahit l'âme lors de l'approche, à quoi s'ajoute l'effroi que donne ce sommet dressé au-dessus des nuages et voisin de l'orbite lunaire. »
5. Bianchetti, 2008 ; Callegarin, 2012.

naît le Nil, prenant différents noms en Afrique avant d'être ainsi appelé dans sa partie s'écoulant en Égypte[1]. Fasciné par l'histoire du fleuve, Juba tente d'en découvrir la source, semble-t-il influencé par sa lecture des « livres puniques » dans lesquels il aurait été instruit d'une origine occidentale du Nil, jaillissant d'une montagne africaine voisine de l'Océan[2].

L'expédition commanditée par le roi remplit pleinement ses espérances, comme le raconte Pline[3] :

> « Le Nil, sorti de sources mal connues, promène ses eaux à travers des lieux déserts et brûlants, dans un espace d'une immense longueur ; sa connaissance est due à des récits pacifiques, et non aux guerres qui ont procuré la découverte de tous les autres pays. Il a sa source – pour autant qu'ont pu s'étendre les recherches du roi Juba – dans une montagne de la Maurétanie inférieure, non loin de l'Océan, et forme aussitôt un lac qu'on appelle Nilidès. On trouve là, en fait de poissons, des abalètes, des coracins et des silures ; un crocodile en a été rapporté et consacré par Juba même, preuve que c'était bien le Nil, dans le temple d'Isis à Césarée, où on le voit encore aujourd'hui. »

On imagine l'effet que produit l'exhibition du spécimen ramené par les soins de Juba à Césarée. La présence de l'animal en Afrique n'était toutefois pas une surprise pour lui. Polybe, à l'issue de son expédition menée en 146 avant notre ère, avait mentionné leur existence dans certains cours d'eau africains et, à l'époque de Juba, Vitruve affirme que

---

1. Vitruve, *De l'architecture*, 8, 2, 6-7.

2. Ammien Marcellin, *Histoire de Rome*, 22, 15, 8 : « Se fondant sur le contenu des livres puniques, le roi Juba explique que le Nil prend sa source dans une montagne sise en Mauritanie, qui domine l'Océan, et il en veut pour preuve manifeste que, dans le Nil et dans les marécages de ce pays, naissent les mêmes poissons, les mêmes herbes et les mêmes gros animaux. »

3. Pline l'Ancien, *Histoire naturelle*, 5, 51, éd. Hubert Zehnacker, Gallimard, Paris, 1999, p. 72-73.

des crocodiles peuplent, à l'exemple du Nil, les fleuves issus de l'Atlas[1].

Le crocodile était un animal emblématique du Nil, et tel est bien le sens de sa consécration à Césarée, sous l'égide de Juba, à la déesse Isis qui préside traditionnellement, dans la religion égyptienne, aux crues du fleuve. Mais il y a peut-être davantage pour le roi dans la symbolique de son geste et le choix de l'animal exposé, qui en venait par son image à incarner l'Égypte[2]. Le saurien pourrait bien avoir été choisi par Cléopâtre et Antoine comme symbole de leur fille Séléné, à laquelle il ferait allusion sur certaines de leurs monnaies[3]. Auguste, qui y voit sans ambiguïté une personnification de l'Égypte, reprend la figure animalière sur le monnayage émis au début de son règne. L'accompagne notamment la légende *AEGYPTO CAPTA* évoquant la conquête du royaume lagide par Rome.

C'est à elle que paraît répondre une image très similaire du « crocodile d'Auguste », présente sur le monnayage de Cléopâtre Séléné à Césarée. Deux mots enserrent à l'identique l'animal, pour évoquer cette fois la titulature de la reine d'origine égyptienne (*ΚΛΕΟΠΑΤΡΑ ΒΑCΙΛΙCCΑ*) à la place de la soumission de l'Égypte[4]. N'était-ce pas une manière on ne peut plus explicite de remplacer le message initial d'Auguste par l'idée que la jeune femme était désormais souveraine, et non plus captive de Rome ? Quant à Juba, fort de son union avec Séléné, consacrer publiquement à la déesse égyptienne Isis un crocodile découvert sur ses terres et l'exposer aux yeux de tous faisait de lui, symboliquement,

1. Vitruve, *De l'architecture*, 8, 2, 7 ; Pline l'Ancien, *Histoire naturelle*, 5, 9-10.
2. Grenier, 2001, p. 109-111.
3. Draycott, 2012.
4. Grenier, 2001. Voir en annexe.

le nouveau protecteur de l'héritage lagide. De ce point de vue il venait de démontrer, preuve à l'appui, sa légitimité dans ce rôle.

La confirmation que Juba pensait avoir apportée de l'origine occidentale du Nil, qui serait issu de l'Atlas, avait pour lui une résonance plus forte encore[1]. Elle était un moyen d'affirmer les liens étroits de son royaume avec l'Égypte, cautionnés par l'évidence inaliénable de la géographie[2]. La leçon prenait un écho politique évident, unissant de façon primordiale la Maurétanie à l'Orient. Il retentissait jusqu'au cœur de l'Empire. La liaison dessinée par le Nil, soutenue par les découvertes de Juba, imprégnera durablement à Rome la façon de se représenter les confins africains, partageant, pensait-on alors, une faune et une flore communes avec l'Égypte[3]. Telle est encore, au ve siècle de notre ère, l'idée qu'en ont les auteurs romains[4].

Une autre extrémité de son royaume intéresse Juba. Les confins méridionaux de la Maurétanie touchant à l'océan et les îles qui leur font face demeurent un horizon mal connu, que le roi entreprend semble-t-il de faire également explorer. Le résultat de ses recherches au large du Maroc actuel est brièvement mentionné par Pline[5] :

> « Et il n'y a pas plus de certitude dans la tradition qui s'attache aux îles de Maurétanie. On est seulement assuré qu'il en existe un petit nombre en face des Autololes, découvertes par Juba, qui avait entrepris d'y produire de la teinture de pourpre gétulique. »

---

1. Sur le tracé du Nil tel qu'il se serait écoulé depuis sa source africaine jusqu'au delta égyptien selon la représentation de Juba II : Santana Santana & Arcos Pereira, 2008a.
2. Coltelloni-Trannoy, 1997a, p. 185-186.
3. Guédon, 2018, p. 30-32.
4. Ammien Marcellin, *Histoire de Rome*, 22, 15, 8 (voir ci-dessus p. 138) ; Orose, *Histoires contre les païens*, 1, 2, 27-33, sur le tracé du Nil.
5. Pline l'Ancien, *Histoire naturelle*, 6, 201.

Ces îles visitées par l'équipage royal ont longtemps été identifiées à celle de Mogador et à ses proches écueils, formant l'archipel des îles Purpuraires au large d'Essaouira[1]. Des investigations récentes menées à Los Lobos, petite île des Canaries, ont toutefois permis la découverte d'un atelier spécialisé dans l'exploitation de la pourpre, daté du règne de Juba II. C'est la première trace d'occupation antique repérée sur cette île, et peut-être est-ce là qu'il faudrait alors reconnaître l'emplacement originel des fabriques de pourpre fondées par le roi[2]. Qualifiée de gétulique, celle-ci devient l'une des qualités de pourpre les plus réputées dans le monde romain[3].

L'expédition maritime commanditée par Juba atteint un autre archipel auquel Pline donne le nom d'îles Fortunées, identifiées avec plus de certitude aux Canaries[4]. Juba en lance l'exploration[5]. La côte atlantique de l'Afrique était déjà connue des Phéniciens et des Carthaginois[6]. Bien avant Polybe, qui agissait pour le compte de Rome, un général carthaginois du nom d'Hannon s'était vu confier la mission d'explorer le pourtour de l'Afrique[7]. Le texte connu sous le nom de *Périple d'Hannon*, rédigé en grec à une date encore discutée (peut-être entre les années 200 et la fin du Ier siècle avant notre ère, ou a-t-on encore supposé, à la fin du Ve siècle avant notre ère), fait le récit de ce voyage le long de la côte occidentale de l'Afrique[8]. Juba en fut semble-t-il

1. Jodin, 1967.
2. Del Arco Aguilar *et al.*, 2016.
3. Horace, *Épîtres*, 2, 2, 181 ; Ovide, *Fastes*, 2, 319 ; Pline l'Ancien, *Histoire naturelle*, 9, 60, et 6, 201.
4. Pline l'Ancien, *Histoire naturelle*, 6, 202-205. Voir Desanges, 2001 ; Mederos Martín & Escribano Cobo, 2002.
5. Medas, 2008.
6. Peyras, 2014 ; Jacob, 2017, p. 103-119.
7. Pline l'Ancien, *Histoire naturelle*, 5, 8.
8. Desanges, 1978, p. 39-85 ; Jacob, 2017, p. 103-119.

un lecteur appliqué, consacrant au voyage d'Hannon un opuscule[1].

Si l'existence des îles Fortunées, appelées alors îles des Bienheureux, était chose acquise depuis longtemps dans les représentations géographiques des Anciens, l'archipel figure encore pour les Romains comme une terre lointaine, imprégnée de légendes[2]. Il n'y a aucune certitude sur la route suivie par Juba pour les atteindre mais, par la direction prise, son voyage s'apparente à celui que Polybe avait anciennement réalisé et qu'il enrichit d'informations inédites[3].

L'exploration des îles Fortunées conduite par le roi répondait peut-être à un objectif plus vaste. Auguste, s'engageant dans les pas de César, avait repris à son compte un projet semble-t-il initié par le dictateur et destiné à mesurer le monde habité. C'est dans cette perspective que l'empereur pourrait avoir dépêché des missions militaires aux confins de la province de Proconsulaire, permettant au final une nouvelle évaluation des dimensions de l'Afrique en même temps qu'une maîtrise affermie des frontières de l'Empire dans la région[4]. Le résultat de l'entreprise menée de longue haleine aux quatre points cardinaux est peut-être à trouver dans l'œuvre géographique réalisée par Agrippa, fidèle lieutenant et ami d'Auguste : il serait à l'origine d'une carte donnant à voir au public de Rome l'ensemble du monde habité tel qu'il était alors connu et qui intégrait des données récentes, récoltées grâce aux expéditions menées sous Auguste. Or Agrippa, au moment de rassembler minutieusement sa documentation, paraît avoir été un lecteur attentif de Juba[5].

---

1. Voir plus loin p. 148.
2. Amiotti, 1988.
3. Mederos Martín, 2013.
4. Guédon, 2012 ; Guédon, 2018.
5. Mederos Martín, 2013, p. 242.

L'expédition du roi aux îles Fortunées, décrite avec une somme exceptionnelle de détails par Pline, pourrait aussi avoir pris pour cadre le projet inspiré par César et poursuivi par Auguste. Elle aurait permis d'utiliser la position de cet archipel comme méridien principal de l'*Orbis Terrarum*, en remplacement de celui de Rhodes dans la cartographie gréco-latine. Telle est l'hypothèse émise récemment que le nouveau méridien, traditionnellement placé dans les îles Fortunées à partir des travaux du géographe Marin de Tyr, au début du IIe siècle, ait été déterminé grâce au périple mené par Juba quelque deux siècles auparavant[1].

Arabica et *Libyca*

Si Juba écrit sur l'ensemble du monde habité, il accorde à l'Afrique une place de choix[2]. Ainsi est-il une génération plus tard la référence majeure en termes de connaissances pour qui s'intéresse au continent africain. C'est à lui que Pline l'Ancien emprunte le plus abondamment, jugeant le roi comme la source la mieux qualifiée, régulièrement invoquée dans sa description de l'Afrique y compris dans ses régions touchant à la mer Rouge[3]. Et il se fie exclusivement à lui lorsqu'il évoque la navigation dans l'Atlantique et plus largement la circumnavigation de l'Afrique[4].

Juba, comme d'autres de ses contemporains, imagine l'Afrique comme un triangle rectangle : l'hypoténuse en serait la côte atlantique tandis que le rivage méditerranéen d'une

1. Santana Santana & Arcos Pereira, 2008b.
2. Aperçu de son apport pour la connaissance de l'Afrique : Sirago, 1996.
3. Santana Santana & Arcos Pereira, 2008a, p. 349-350.
4. Pline l'Ancien, *Histoire naturelle*, 6, 175, 6.

part, le littoral de la mer Rouge et de l'océan Indien d'autre part, donneraient les deux côtés suivants[1]. Selon le roi, l'Atlantique commence alors au promontoire Mossylique, c'est-à-dire au golfe d'Aden, et il assure qu'il est possible de naviguer de Gadès (Cadix aujourd'hui), borne occidentale de l'océan, jusqu'à son extrémité orientale, poussé par le même vent[2].

Sa parole compte et porte jusqu'auprès d'Auguste et de son entourage à Rome, où ses écrits sont consultés et ses positions suivies. Fort de leur lecture, Caius César, petit-fils de l'empereur qui en a également fait son fils adoptif, est ainsi persuadé d'avoir reconnu des débris de vaisseaux venus d'Hispanie dans la mer Rouge, lors de la grande expédition qu'il mène pour le compte d'Auguste en Orient à l'extrême fin du Ier siècle avant notre ère[3]. L'entreprise impliqua d'ailleurs personnellement Juba : il rédige à cette occasion son ouvrage sur l'Arabie destiné à Caius César, peut-être à la demande d'Auguste lui-même[4]. De ce traité qui a très largement inspiré Pline dans la description de l'« Asie africaine », il ne reste aujourd'hui que des fragments[5]. Même s'il oppose parfois aux affirmations de Juba le point de vue d'autres auteurs, sans forcément d'ailleurs leur donner raison, pour Pline c'est bien le roi qui a livré sur ces régions l'enquête la plus consciencieuse[6].

1. Desanges, 1978, p. 60.

2. Pline l'Ancien, *Histoire naturelle*, 6, 175, 6-7. Pline a vraisemblablement commis une erreur en transmettant le témoignage de Juba, inversant la direction du voyage initialement indiquée par Juba afin de se conformer au sens des aiguilles d'une montre qu'il suivait pour décrire les côtes de l'Afrique et de l'Asie dans son *Histoire naturelle* : or, dans cette direction, le vent devenait défavorable à la navigation décrite par Juba, cf. Desanges, 1978, p. 14, n. 41, et 60, n. 133.

3. Pline l'Ancien, *Histoire naturelle*, 2, 168. Voir Desanges, 1978, p. 75, n. 220.

4. Pline l'Ancien, *Histoire naturelle*, 6, 141 ; 12, 56 ; 32, 10.

5. Sur l'ample usage des *Arabica* de Juba par Pline : Desanges Jehan, éd. trad. et commentaire de Pline l'Ancien, *Histoire naturelle. Livre VI, 4e partie. L'Asie africaine sauf l'Égypte, les dimensions et les climats du monde habité*, Paris, Les Belles Lettres, 2008, p. XII-XV.

6. Pline l'Ancien, *Histoire naturelle*, 6, 170.

Pour autant, Juba participa-t-il dans les faits au long périple de Caius César? Rien ne l'indique, mais on a supposé qu'il fut du voyage et qu'il aurait rencontré à cette occasion sa seconde épouse, Glaphyra, fille du roi de Cappadoce[1]. Nul ne sait toutefois à quelle date il épouse celle-ci, et si le mariage est célébré en Asie ou à Césarée. On est aussi loin de pouvoir affirmer que Juba écrit son recueil sur l'Arabie à la cour même du roi de Cappadoce Archélaos, sur le chemin du retour de l'expédition de Caius César en Orient[2]. Le contenu de son livre était plus vraisemblablement destiné à instruire le jeune Caius César dans la préparation de son voyage. L'Arabie n'est d'ailleurs pas son principal objectif, qui est d'abord l'Arménie où il s'agit de renforcer l'influence romaine face à son puissant voisin, l'État parthe[3]. C'est aussi la raison pour laquelle est sollicité un géographe originaire de la région, Isidore de Charax, réputé pour être l'auteur de la plus récente description de la Terre: Auguste le fait envoyer en Orient, écrit Pline, afin de recueillir tous les renseignements pendant que Caius César se prépare à cette expédition[4].

La démarche de Juba était autre et, pour la mener à bien, il tira de ses lectures la plus grande partie de ses informations. Les fragments de son ouvrage ont conservé les noms d'historiens d'Alexandre, mais il paraît également avoir puisé sa matière chez des auteurs alexandrins[5]. Il avait peut-être aussi en tête les navigations du «marchand-aventurier» Eudoxe

1. Gsell, 1928, p. 222-223; Roller, 2003, p. 212-226; Marcotte, 2011.
2. C'est l'hypothèse soutenue par Roller, 2003, p. 227-243.
3. Mise au point récente sur cette expédition: Christol *et al.*, 2021, p. 130-139.
4. Pline l'Ancien, *Histoire naturelle*, 6, 141, qui évoque un certain Dionysos, inconnu par ailleurs, et qu'il faut probablement corriger par Isidore de Charax. Sur Isidore de Charax: Schmitt, 2007.
5. Données synthétisées par Camacho Rojo & Fuentes González, 2000, p. 948-949.

de Cyzique qui, un siècle auparavant, avait atteint l'Inde et tenté, en vain, une circumnavigation de l'Afrique[1].

Juba avait semble-t-il intégré dans son ouvrage sur l'Arabie une grande variété d'informations, touchant à l'histoire, la géographie, l'ethnographie et la zoologie de la région[2]. Bien plus, il ne s'était pas arrêté au cadre proprement dit de l'Arabie : allant au-delà, il avait joint des descriptions portant sur les rivages qui s'étendaient de l'Inde au golfe Persique, et plus à l'ouest bordaient la mer Rouge. Juba évoquait l'Inde, l'Éthiopie et le cours du Nil, entre Méroé et Syène, et même, semble-t-il, les îles Fortunées, qui, en deçà de la limite dessinée par le Nil, pouvaient passer pour « un far-west asiatique[3] ». Le tout donne aussi l'impression d'être un prolongement, conçu dans le même esprit, de ses travaux sur l'Afrique, ses *Libyca* – du nom « Libye » par lequel les Grecs désignaient l'Afrique[4].

Les deux œuvres réunies, *Arabica* et *Libyca*, dessinent véritablement un vaste ensemble de l'extrémité occidentale de la Maurétanie à l'Inde : à lire le témoignage de Solin au IVe siècle, qui reconnaît à Juba une autorité intellectuelle[5], son unité géographique, telle que voulait la faire percevoir le roi, apparaissait clairement pour ses lecteurs. Résumant ce qu'il tenait par l'intermédiaire du témoignage de Pline l'Ancien, Solin rapporte ainsi que, d'après Juba, toute l'étendue maritime

1. Roller, 2003, p. 228-230.
2. Desanges, 1987, p. 279.
3. Desanges Jehan, éd. trad. et commentaire de Pline l'Ancien, *Histoire naturelle. Livre VI, 4e partie. L'Asie africaine sauf l'Égypte, les dimensions et les climats du monde habité*, Paris, Les Belles Lettres, 2008, p. XXVI.
4. Roller, 2003, p. 227-243. Les titres donnés par Juba à ses œuvres ne sont pas connus avec précision, mais formulés à partir des allusions à ses travaux chez les auteurs postérieurs.
5. Bedon, 2019, p. 130.

de l'Inde à Gadès était navigable[1]. Si l'affirmation frappe par son audace, l'essentiel est la valeur symbolique et la portée géographique qui fait valoir le royaume de Juba, dans une extension idéale jusqu'aux limites de l'Inde[2].

Sans doute est-ce avec ses *Libyca*, écrites semble-t-il avant ses *Arabica*, que Juba offre la contribution la plus emblématique de ses recherches et de sa grande érudition. Trois livres au moins constituaient le fruit de son travail. Il se résume aujourd'hui à quelques fragments qui ne rendent pas compte de son épaisseur, pas plus que de l'esprit dans lequel Juba avait choisi d'ordonner la masse de connaissances accumulées et d'orienter leur lecture. On perçoit cependant, à travers l'usage qui a été fait de ses écrits, son appétit encyclopédique embrassant l'histoire, la géographie, l'histoire naturelle et la mythologie. Pline l'Ancien trouva ainsi dans cette œuvre de Juba, comme dans celle sur l'Arabie, une matière abondante pour nourrir son *Histoire naturelle*[3]. Sa dette est ici indéniable.

Certains thèmes ont plus particulièrement piqué à vif l'intérêt du roi, qui décidait alors de leur consacrer des études exclusives mais dont on ne peut dire si elles étaient indépendantes ou bien incluses dans les *Libyca.* La botanique africaine en bénéficie avec le traité que Juba fait porter sur l'euphorbe, découverte au cours de son expédition dans l'Atlas. Impressionné par ses multiples vertus, il prenait soin d'y décrire les différents usages médicinaux de la plante, déjà bien connus des populations locales gétules[4].

1. Solin, *Recueil des choses mémorables*, 57 (voir ci-dessus pour l'édition).

2. Desanges, 1978, p. 60.

3. Pour le détail des emprunts de Pline aux *Libyca* et *Arabica* de Juba, voir Shipley, 2024.

4. Pline l'Ancien, *Histoire naturelle*, 5, 16 ; 25, 77-79 et 143 ; 26, 54 et 118. Voir Desanges Jehan, commentaire de Pline l'Ancien, *Histoire naturelle*, V, Paris, Les Belles Lettres, 1980, p. 142-143.

Sa popularité était telle qu'il en circulait, mettait en garde Juba, des contrefaçons – certains ajoutaient du lait au suc de la plante, ce qui permettait d'en accroître le volume. Le roi ne s'y était pas trompé : les qualités éprouvées de l'euphorbe ont traversé le temps, jusqu'à son emploi dans la pharmacopée traditionnelle pratiquée encore il y a peu, au Maroc et au Sahara[1].

Tous les champs de découverte inspiraient la curiosité de Juba et son envie de la partager. Captivé par les navigations du Punique Hannon, il contribua à la popularité de son énigmatique *Périple* auquel il semble avoir dédié un livre dont il est fait mention sous le titre d'*Errances d'Hannon.* Le *Périple* d'Hannon faisait partie des livres puniques mis à profit par Juba pour écrire ses *Libyca*[2]. Le choix du mot « errances », qui lui est attribué, suggérerait qu'il proposait une lecture romanesque de l'aventure d'Hannon, dans la tradition littéraire hellénistique des *Errances d'Ulysse* imaginées au IIe siècle avant notre ère par l'auteur grec Cratès de Pergame[3].

Ses travaux sur la Libye avaient sans doute aux yeux de Juba une importance primordiale. Là devait s'exprimer pleinement son projet politique et idéologique. La théorie qui donnait au Nil une source issue de l'Atlas prenait certainement une place centrale dans ses *Libyca.* À travers elle Juba livre une conception originale de l'espace libyque avec ce fleuve pour limite, qui rapproche dans un même ensemble territorial les confins occidentaux de son royaume et l'Égypte. Sa vision exerça une forte impression sur ses lecteurs, à commencer par Pline l'Ancien, qui la reprend. Ce ne fut pas sans difficulté

1. Quézel & Gast, 1997.
2. Ammien Marcellin, 22, 15, 8 (voir p. 138.) ; Solin, 33 (voir ci-dessus pour l'édition).
3. C'est le titre que semble donner Athénée, auteur grec qui vécut au IIe siècle, à un travail attribué dans une courte allusion à Juba : voir Desanges, 1978, p. 60-62.

car cette perception divisait l'espace géographique égyptien : elle plonge aussi l'auteur romain dans l'embarras, l'obligeant à exclure l'Égypte de sa description de l'« Asie africaine », à l'est du Nil, et à l'intégrer entièrement dans son exposé sur la Libye proprement dite[1]. Mais l'impression d'unité politique, de son royaume à l'Égypte, qui était chère à Juba, en était renforcée. Quelle meilleure preuve, finalement, que l'objectif assigné à l'écriture de ses *Libyca* était atteint ?

Certes, pour écrire, Juba s'appuya d'abord sur un travail de compilation. La démarche, loin d'être inhabituelle chez les auteurs antiques, n'enlevait rien à l'originalité de son entreprise. L'immense succès de son œuvre, Juba le devait à la multitude des connaissances relatives à l'Afrique qu'il était parvenu à réunir et à rendre accessibles, en même temps qu'il les dotait d'une « nouvelle légitimité scientifique[2] ». À lire l'usage qu'en fit Pline l'Ancien et peut-être d'autres auteurs postérieurs, les écrits de Juba sur l'Afrique faisaient figure d'autorité incontestable[3].

Les modernes ont, quant à eux, très diversement apprécié la somme de savoirs hétérogènes rassemblée et transmise par Juba sur l'Afrique. Parmi les plus curieuses anecdotes rapportées par le roi et reprises par Pline l'Ancien, il y a celles qui traitent de la religion des éléphants[4] : la matière a souvent été donnée pour exemple de la crédulité du roi dont il s'agissait en substance de faire ressortir l'absence

1. Desanges Jehan, éd. trad. et commentaire de Pline l'Ancien, *Histoire naturelle. Livre VI, 4e partie. L'Asie africaine sauf l'Égypte, les dimensions et les climats du monde habité*, Paris, Les Belles Lettres, 2008, p. VII-X.

2. Coltelloni-Trannoy, 2007.

3. Roller, 2003, p. 261-263.

4. Pline l'Ancien, *Histoire naturelle*, 8, 2.

de sens critique et la médiocrité intellectuelle. Tel est le jugement sévère et condescendant qui ressort des passages que Stéphane Gsell consacrait dans les années 1920 au roi[1]. Que faut-il alors penser de ceux des auteurs romains qui, tel Pline l'Ancien, ont reproduit ses histoires sans les remettre en cause, et portaient crédit à bien d'autres légendes à l'instar du passage de l'*Histoire naturelle* (livre VII) sur les monstres humains ou encore celui sur les « populations paradoxales » aux confins de l'Afrique (*Histoire naturelle*, 5, 44-46)[2] ? Juba était un érudit de son temps, marqué par un penchant pour le merveilleux, les curiosités naturelles et humaines, commun à bien d'autres écrivains grecs et romains. Pour lui, il s'agissait alors de faire des réalités africaines de véritables « objets de connaissance[3] ». Tel est l'heureux changement de perspective qui reconnaît aujourd'hui la richesse et la singularité de son œuvre, et fait désormais apprécier sous un autre angle la qualité exceptionnelle de son érudition qui avait fait sa réputation dans l'Antiquité.

1. Gsell, 1928, p. 270-272 : « Par malheur, son érudition était très supérieure à son jugement. Il semble avoir été incapable de distinguer les choses vraiment importantes des futilités et vétilles : c'étaient celles-ci qu'il collectionnait avec le plus de plaisir… Il était d'une extraordinaire crédulité. On ne sait si l'on doit s'affliger ou sourire en lisant les absurdités dont il avait émaillé ses écrits et que d'autres ont pieusement recueillies pour les nous les transmettre… »

2. Bénabou, 1988, p. 211.

3. Coltelloni-Trannoy, 2005a, p. 82.

7

L’hellénisme pour patrie

Par l’éducation qu’il a reçue à Rome depuis son enfance, Juba II ressemble sans doute aux hommes de l’aristocratie romaine de sa génération. Si la langue latine et la culture qui l’accompagne sont devenues siennes, c’est toutefois pour une autre influence culturelle qu’il semble avoir très vite éprouvé une prédilection. Fait Romain par les circonstances, il devient philhellène par choix. L’enjeu tient à la fois de son histoire personnelle et de son destin politique. Embrasser la culture grecque, c’était une façon de se construire une identité qui pouvait le rapprocher de ses ancêtres et lui donner une autre voie, somme toute plus prestigieuse, que celle tracée par Rome. Une préférence affirmée qui lui permettait de se démarquer pour mieux exister, mais aussi pour mieux régner.

Le goût pour la culture grecque développé par Juba pendant sa jeunesse à Rome prend sa pleine expression lorsqu’il devient roi. Il sait mettre à profit son long règne pour nourrir sa curiosité intellectuelle et faire œuvre d’homme de lettres dont le nom résonne, quelques siècles plus tard, en tête des auteurs de langue grecque. Pour les générations suivantes, hommes politiques et érudits, la renommée de l'« écrivain fécond en grec[1] » l'emporte très vite sur le souvenir du souverain africain.

Une passion en forme de revendication

La faveur accordée à l'hellénisme est ancienne dans le royaume de Numidie où Juba voit le jour, et l'on a pensé que la langue grecque avait fait partie de son apprentissage au sein du cercle familial quand il était enfant[2]. Bien avant lui certains de ses aïeux s'étaient en effet distingués par leur maîtrise du grec : Tite-Live qualifie ainsi Mastanabal, fils de Massinissa, d'expert en lettres grecques, celui-là même qui s'illustra brillamment aux prestigieuses Grandes Panathénées à Athènes – on ne sait s'il s'agit des jeux de 170-169 ou de 166-165[3]. Les princes numides étaient éduqués dans la culture hellénistique, et il est possible que le roi Hiempsal II, petit-fils de Mastanabal, ait commandité des traductions en grec de livres puniques[4] : tels seraient les « livres de Hiempsal », bien connus à Rome du temps de Juba. Lui-même petit-fils de Hiempsal II, il s'est peut-être nourri de l'attrait de son aïeul pour l'écriture en langue grecque, avec le désir de s'inscrire dans les pas de la famille royale numide et d'en faire vivre l'héritage culturel.

Il n'y a néanmoins aucune certitude que Juba ait appris le grec en Numidie. On ignore à quel âge il quitte l'Afrique, mais il le fait selon toute vraisemblance avant d'être en mesure d'avoir reçu les principaux rudiments de cette langue si l'on

1. Expression empruntée à Desanges, 2007, p. 173.
2. Desanges, 1989b, p. 54.
3. Tite-Live, *Abrégés*, 50. Pour sa victoire aux Panathénées : *IG*, II^2, 2316, l. 41-44 ; voir ci-dessus p. 41.
4. Coltelloni-Trannoy, 2005a.

considère qu'il a moins de 5 ans lorsqu'il est capturé par César et emmené en Italie. Sans doute est-ce alors à Rome qu'il est pleinement initié à la langue et à la littérature grecques.

Sa préférence, sans doute manifestée très tôt pour le grec, est sans ambiguïté. Il connaît la langue et les auteurs classiques, et c'est en grec que Juba choisit aussi d'écrire l'ensemble de ses ouvrages qui nous sont connus. Son habilité dans la langue grecque n'a rien à envier à d'autres grands auteurs latins. Il semble même en avoir été bien meilleur expert si l'on en juge par exemple à l'aune de ce qu'en savait Pline l'Ancien. Le naturaliste considère d'ailleurs Juba comme un «auteur étranger» et le range dans la même catégorie que tous les écrivains majeurs qu'il a consultés, qui étaient de langue grecque[1].

Mais il y a chez Juba bien plus qu'une simple attirance pour la culture hellénistique. Son traité sur les *Similitudes* traduit pour le mieux sa motivation profonde. L'œuvre de Varron fut probablement sa source d'inspiration par l'intérêt qu'il porte à l'origine des choses. À travers son recueil de comparaisons, qui comptaient au moins une quinzaine de livres, Juba s'est fixé pour mission de confronter notamment un certain nombre de coutumes grecques et romaines similaires en matière d'institutions, d'usages dans la vie publique et dans la vie privée, et d'aspects linguistiques : c'est ce qu'il fait en général à l'avantage des premières, en argumentant une origine hellénique des pratiques romaines. Il cherche ainsi à convaincre de la supériorité du grec sur la langue latine et défend, pour un grand nombre de termes latins, une étymologie

1. Pline l'Ancien, *Histoire naturelle*, 5, «*Ex auctoribus externis*». Voir Camacho Rojo & Fuentes González, 2000, p. 946.

grecque qui se révèle toutefois fautive. Mais l'ambition de Juba est bien là : montrer qu'au fond la langue latine n'était que « du grec corrompu[1] ». Cette envie, sans doute portée à l'excès, est aussi révélatrice du climat intellectuel dans lequel il a grandi et qui, à Rome même, continue à reconnaître à la culture et à la langue grecque un prestige et une universalité que la culture latine n'avait pas atteints[2].

Au-delà de la langue grecque, Juba cultive une véritable passion pour la philologie et les langues étrangères, autres que le latin[3] : ainsi lui doit-on semble-t-il d'avoir pris soin de consigner des mots réputés appartenir à des parlers d'Inde, d'Arabie, d'Asie Mineure, d'Éthiopie et d'Afrique. Son inclination intellectuelle se mêlait ici sans doute à un intérêt plus personnel. Pline l'Ancien est ainsi redevable à Juba d'un certain nombre de mots de nature variée, liés à la faune et à la flore, qui étaient en usage chez les habitants du nord de l'Afrique[4].

Le philhellénisme qui l'emporte chez Juba va au-delà des simples aspects linguistiques. C'est en grec qu'il fait frapper son nom sur les premières monnaies de son règne : se penser et se présenter comme roi sous une image romanisée n'apparaît pas pour lui comme une évidence[5]. Le grec est aussi la langue qu'il utilise au cœur de son royaume, à Césarée : alors qu'il n'y a aucune trace de punique ou de libyque dans les inscriptions officielles découvertes dans la ville nouvelle qu'il a fait bâtir, le grec y prend une place privilégiée à côté du latin, peut-être l'indice d'un bilinguisme officiel pratiqué

1. Desanges, 1989b, p. 54.
2. Coltelloni-Trannoy, 2005a.
3. Gsell, 1928, p. 252-253.
4. Pline l'Ancien, *Histoire naturelle*, 8, 174 ; 11, 124 ; 12, 133 ; 13, 104 ; 24, 115.
5. Alexandropoulos, 2002.

par Juba dans sa capitale[1]. Ailleurs dans son royaume, le latin a sans doute une importance primordiale. Depuis longtemps langue de la diplomatie pour les rois numides, le grec ne fut pas « une langue de pouvoir en Afrique même[2] ». Pour cela, Juba privilégie le latin. Sous son règne, l'influence romaine fait largement son œuvre dans cette région du nord de l'Afrique. Loin d'être le signe d'une disparition programmée de son royaume, il s'agit bien plus d'un indice de sa prospérité.

Les portraits parvenus jusqu'à nous dont Juba fut le commanditaire sont sans doute la plus vive émanation de son penchant pour l'hellénisme[3]. Sous sa conduite, il n'adopte pas la forme de barbe qui avait jusque-là caractérisé l'image de ses ancêtres sur leurs monnaies. La couronne de boucles courtes qui donnent vie et mouvement à la chevelure de Juba, le diadème royal sur lequel se déploient quelques pointes de cheveux, sont aussi d'inspiration grecque.

Cette vogue s'était déjà largement répandue à Rome, et Octavien lui-même en fait usage avant Juba dans ses portraits ; mais sa manière est plus discrète, et la mode grecque à laquelle Octavien emprunte se résume à la boucle du front. La différence, qui se niche dans le détail, est loin d'être dénuée d'importance. À Rome, Octavien n'innove pas véritablement : il s'inscrit dans un courant qui voit depuis le IIe siècle avant notre ère les généraux et aristocrates adopter pour leurs portraits des éléments figuratifs propres aux effigies des souverains de culture grecque[4]. Le message idéologique qui ressort des images de Juba ne soulève quant à lui aucune équivoque. Ainsi en est-il du diadème emprunté aux rois

1. Coltelloni-Trannoy, 2022, p. 250.
2. Citation empruntée à Coltelloni-Trannoy Michèle, 2005a, p. 88.
3. Landwehr, 2007.
4. Balty, 1975, p. 395.

hellénistiques, auquel ses ancêtres avaient déjà eu recours pour se représenter.

L'apparence de souverain grec donnée à ses portraits se renforce au fil du temps : l'expression de son visage, son attitude solennelle semblent charger d'une gravité nouvelle le visage sculpté de Juba, tel qu'il apparaît sur des bustes datés du tournant des années 5 avant notre ère - 5 de notre ère[1]. Cette évolution fut mise au compte d'un voyage en Orient qu'aurait entrepris Juba après la mort de Cléopâtre Séléné, accompagné de leur fils Ptolémée, qui serait né dans les années 15-14 avant notre ère ; leur périple les aurait notamment conduits à Athènes[2]. On a supposé que Ptolémée effectua à cette occasion un séjour d'études dans la cité grecque. L'hypothèse reste ouverte, bien qu'aucune source n'évoque un voyage de Juba en Orient ou en Grèce[3].

Quel qu'ait été le lien de Juba avec le monde hellénistique, le renvoi à la mode grecque dans la figuration du son pouvoir royal marque infailliblement, sans changement d'importance, l'ensemble de ses portraits sur près d'une cinquante d'années jusqu'à sa mort[4]. Il fait le même choix pour représenter son fils Ptolémée. Enfant, le diadème le couronne déjà, et très vite sa chevelure est arrangée à la façon hellénistique qu'arborent les bustes de son père. Aucun signe extérieur ne vient en revanche rappeler une tradition numide. La seule marque qui pouvait finalement les lier à la royauté numide de leurs ancêtres réside dans les lignes dessinant le visage de Juba et la ressemblance physionomique que son fils partage avec

1. Landwehr, 2007, p. 93 *sq*.
2. L'hypothèse de ce voyage est défendue notamment par Roller, 2003, p. 212-226 et p. 253.
3. Desanges, 1989b, p. 57. Sur ce voyage en Grèce, voir p. 200 *sq*.
4. Landwehr, 2007.

lui sur ses propres effigies, s'accentuant au fur et à mesure que Ptolémée passe de l'enfance à l'âge adulte. Peut-être était-ce là l'essentiel, à la fois marque d'une dynastie et portraits d'une famille dont on prenait soin de représenter les traits singuliers.

Il y a alors une différence fondamentale dans l'usage que Juba fait de l'art du portrait au regard de ce qui se pratique au même moment avec Auguste, dans l'Empire romain. Les bustes de Juba II, mais aussi de Ptolémée, semblent avoir connu une diffusion relativement restreinte. C'est dans leur royaume qu'ils furent principalement découverts, à Césarée pour la plupart, quelques-uns à Volubilis et Sala, ainsi qu'à Rome. À l'inverse d'Auguste, dont l'effigie était connue à travers tout l'Empire, Juba et Ptolémée n'avaient pas pour objectif de faire connaître leurs visages dans l'ensemble de leur territoire. Aussi pour sculpter leur image, il ne semble pas qu'il y ait eu l'utilisation d'un modèle unique, diffusé à la demande des rois. L'application avec laquelle les mains des sculpteurs semblent s'être employées à rendre, derrière des traits idéalisés, la physionomie personnelle de Juba, est en revanche frappante, plus peut-être que ne le laissent transparaître les portraits de la maison impériale d'Auguste.

Avec Ptolémée, l'image du roi telle que l'avait conçue son père change toutefois. Autant qu'il soit possible de s'en rendre compte, on ne perçoit pas chez lui un penchant aussi vivace pour la culture grecque[1]. Le parti pris figuratif sur ses portraits n'est plus exclusivement celui que Juba avait emprunté au monde grec : il est, désormais, plus résolument tourné vers Rome. Si le souverain porte toujours le diadème, sa coiffure

1. Coltelloni-Trannoy, 2005a, p. 87.

rendue par de courtes mèches est bien d'inspiration romaine. C'est peut-être parce qu'il fut d'abord intimement lié à l'histoire personnelle de Juba et à la façon dont il s'est construit en tant qu'individu face à Rome, que son fils Ptolémée ne paraît pas témoigner d'un attrait égal pour l'hellénisme. Lui qui a grandi en Afrique n'a semble-t-il pas les mêmes réticences que son père, capturé par les Romains et élevé auprès d'eux, à assumer un lien avec Rome jusque dans la manière de se donner à voir en tant que roi.

Son histoire n'est effectivement pas celle de son père. Ptolémée est né prince dans un royaume qui existe déjà, et cet état de fait rend sans doute moins impératif pour lui de se démarquer face à Rome afin d'affirmer son autorité royale. Délesté d'un poids qui avait pesé sur son père, Ptolémée paraît endosser plus aisément ce qui, à la fois dans l'exercice du pouvoir et dans la culture qui est la sienne, peut le lier à Rome. À commencer par le sang qui coule dans ses veines et le rattache par sa mère à Marc Antoine, dont certaines monnaies qu'il fait frapper semblent bien rappeler le souvenir : avec lui s'impose l'image d'une royauté sûre d'elle-même face à Rome[1].

Une plus grande assurance émane au total des portraits de Ptolémée[2]. En était-il ainsi de sa posture politique vis-à-vis de Rome ? La réponse réside peut-être dans ce que Suétone rapporte sur les circonstances de sa mort : la splendeur de son allure, que lui donnait le manteau de pourpre arboré lors de son dernier séjour auprès de l'empereur, concentra sur lui tous les regards à tel point que Caligula, jaloux de l'admiration suscitée par l'apparition de Ptolémée lors de

1. Alexandropoulos, 2007, p. 213-233.
2. Landwehr, 2007.

jeux donnés dans l'amphithéâtre, aurait fait mettre à mort le roi peu après[1]. La fin tragique de Ptolémée et son assassinat par Caligula ne tiennent sans doute pas à ce simple incident, fût-il réel. L'essentiel n'est pas là mais dans la charge symbolique émanant des mots de Suétone, qui elle est tout à fait sensible. L'attitude de Ptolémée, sûr de son pouvoir – peut-être plus que n'avait pu l'être son père vis-à-vis de Rome –, a très certainement provoqué l'animosité de l'empereur romain. Ptolémée et Caligula étaient loin d'être des inconnus l'un pour l'autre, et semblaient même s'apprécier[2]. Tous deux descendaient de Marc Antoine, grand-père de Ptolémée et arrière-grand-père de Caligula. Mais, pour des motifs qui continuent à nous échapper[3], Caligula a senti son autorité menacée par l'ombre du roi. Le destin de Ptolémée ne lui promettait pas la même postérité que Juba II.

« Un des plus savants historiens grecs[4] »

Les mots de Plutarque, écrits un peu moins d'un siècle après la disparition de Juba, sont sans équivoque sur les qualités exceptionnelles reconnues au souverain, qu'ils parent du manteau de l'historien[5]. Le mot a déjà valeur de compliment, et Plutarque lui-même n'y prétend pas, même s'il en a la vocation[6]. Il se présente d'abord comme un biographe,

1. Suétone, *Vie de Caligula*, 35, 2 : « Quant à Ptolémée, dont j'ai parlé plus haut, après l'avoir fait venir de son royaume, puis accueilli avec honneur, il le fit tout à coup mettre à mort, simplement parce qu'il s'aperçut qu'en entrant dans l'amphithéâtre où lui-même donnait un spectacle, il avait attiré tous les regards par l'éclat de son manteau de pourpre. » Voir Coltelloni-Trannoy, 1997a, p. 55-59. L'affaire eut peut-être lieu à Lyon au moment du voyage de Caligula en Gaule, où Ptolémée l'aurait rejoint.

2. Suétone, *Vie de Caligula*, 55, 3.

3. Voir infra p. 97-98.

4. Plutarque, *Vie de César*, 55, 2-3 (voir p. 70).

5. Plutarque (*Vie de Sertorius*, 9, 10), dit ailleurs que Juba fut « le plus grand historien qu'il y eut parmi les rois ».

6. Gazzano & Traina, 2021.

espérant que ses lecteurs lui pardonneront de ne pas avoir le goût de la précision et du détail qu'il prête en revanche à l'historien[1]. En tout état de cause, au-delà même de l'éloge à la mémoire de Juba, il apparaît clairement que Plutarque a tiré profit de ses écrits[2].

À peine vient-il de mourir que Juba est d'ailleurs déjà plus célèbre à Rome pour son œuvre littéraire que pour son titre de roi. Au lendemain de sa disparition, sa « réputation de savant » surpasse très vite sa notoriété de chef d'État et bénéficie d'une large reconnaissance jusque dans le monde grec[3]. À Athènes, les habitants de la cité lui font l'honneur d'élever sa statue dans le gymnase de l'agora, qui abrite également une grande bibliothèque. Au IIe siècle, elle s'y dresse encore aux côtés d'un portrait en bronze de Ptolémée – peut-être Ptolémée III, au IIIe siècle avant notre ère –, fondateur du gymnase (d'où le nom de *Ptolemaion* donné à l'édifice), d'une statue du philosophe Chrysippe de Soles et d'Hermès en marbre[4]. Le lieu est prestigieux : à l'époque de Juba, les élites venues des différentes régions du monde méditerranéen fréquentent la

---

1. Plutarque, *Vie d'Alexandre*, 1 : « Écrivant dans ce livre la vie du roi Alexandre et celle de César, qui abattit Pompée, nous ne ferons d'autre préambule, en raison du grand nombre de faits que comporte le sujet, que d'adresser une prière à nos lecteurs : nous leur demandons de ne pas nous chercher chicane si, loin de rapporter en détail et minutieusement toutes les actions célèbres de ces deux hommes, nous abrégeons le récit de la plupart d'entre elles. En effet, nous n'écrivons pas des Histoires mais des biographies… »

2. Gazzano & Traina, 2021.

3. Pline l'Ancien, *Histoire naturelle*, 5, 16 : « Juba, père de Ptolémée, qui le premier exerça le pouvoir sur l'une et l'autre Maurétanie et que sa réputation de savant a rendu encore plus mémorable que son règne… ». Voir aussi Ampelius, *Liber memorialis*, 38, 2, au IIe siècle ; Aviénus, *Les Rivages maritimes*, 280, au IVe siècle. Sur la reconnaissance dont il jouit dans le monde grec : Athénée, *Deipnosophistes*, 3, 25, 83 b.

4. Pausanias, *Périégèse*, 1, 17, 2 : « Dans le gymnase qui n'est pas loin de l'agora et que l'on appelle gymnase de Ptolémée, du nom de celui qui l'a fait construire, il y a des Hermès en marbre qui sont à voir, ainsi qu'un portrait en bronze de Ptolémée. Se trouvent là aussi la statue de Juba de Libye et celle de Chrysippe de Soles. » À propos du *Ptolemaion* : Di Cesare, 2015.

bibliothèque du *Ptolemaion* afin de s'y former à la philosophie et de recevoir plus largement une éducation culturelle[1].

Cette statue de Juba évoque immanquablement son philhellénisme et sa renommée d'homme sage et érudit. Peut-être pourrait-on y voir aussi une forme de reconnaissance pour des bienfaits que le roi aurait procurés à la cité d'Athènes[2]. Du temps d'Auguste, écrit Suétone, les « rois amis et alliés » de Rome décident tous ensemble de faire achever à leurs frais le temple de Jupiter Olympien, qui avait anciennement commencé à être construit à Athènes, afin de le consacrer au Génie d'Auguste[3]. Si Juba fut l'un de ces généreux bienfaiteurs, il est tout à fait possible que les Athéniens aient décidé de lui témoigner leur gratitude. Mais ça ne saurait suffire à expliquer qu'il ait été le seul, semble-t-il, à avoir été honoré par l'érection d'une statue en un lieu culturel emblématique de la cité d'Athènes. Sans doute ce geste est-il avant tout la reconnaissance de ses qualités d'homme de lettres grecques.

Comme d'autres érudits de cette période dont la curiosité n'a pas de limite, tout intéresse Juba. Tel Varron qu'il connaît au moins de nom depuis ses années de jeunesse à Rome et qui écrivait sur toute sorte de sujets, collectant les moindres détails, Juba est un polygraphe remarquable[4]. Il consacre sans doute beaucoup de son temps à ses recherches, passant de longues heures à l'ombre des murs de son palais où il a probablement conçu un espace dédié à ses livres, entouré de secrétaires l'assistant dans sa quête de savoirs et l'accompagnant

---

1. À propos de la bibliothèque du *Ptolemaion* : Coqueugniot, 2017.
2. Camacho Rojo & González, 2000, p. 945.
3. Suétone, *Vie d'Auguste*, 60.
4. Souda, s. v. « Iobas » ('Suda on line' : https://www.cs.uky.edu/~raphael/sol/sol-html/). Sur Varron : voir *supra*, p. 85-86.

dans son travail d'écriture[1]. Amoureux des lettres, Juba se plaît particulièrement à acquérir les textes originaux les plus fameux : c'est ainsi que, cherchant à réunir des écrits de Pythagore, il se fait duper par des faussaires qui parviennent à lui vendre de faux manuscrits auxquels ils ont donné l'apparence recherchée[2]. La valeur, tout à la fois symbolique et mercantile des œuvres d'auteurs les plus renommés, est alors déjà telle à cette période que l'appât du gain nourrit une circulation conséquente de copies falsifiées.

Le travail de bibliothèque occupant l'esprit averti de Juba n'est pas dénué de lien avec les réalités politiques du royaume. S'appuyant sur ses recherches, le roi prépare les expéditions aux extrémités de son territoire. La mission de reconnaissance menée dans l'archipel des Canaries ou encore l'exploration des sources du Nil sont guidées par l'érudition du souverain, qui en retour partage leurs résultats dans ses écrits. S'enquérir d'histoire, de géographie, mieux connaître en somme le monde qui l'entoure, c'est une façon pour Juba d'exercer son métier de roi à la tête d'un territoire qu'il se plaît à découvrir et à décrire.

La centaine de fragments qu'il reste de ses écrits, par malchance souvent très courts, et les emprunts que l'on peut déceler çà et là chez les auteurs antiques à commencer par Pline l'Ancien, rendent imparfaitement compte de l'ampleur et de la variété de son œuvre[3]. À travers ces témoignages épars,

1. C'est comme cela que se plaît à l'imaginer Marcel Bénabou (Bénabou, 1988, p. 210), et tel qu'il est aisé de se figurer Juba.

2. Sources : Camacho Rojo & Fuentes, 2000, p. 947.

3. La liste des titres connus de Juba, avec leurs références chez les auteurs antiques, est donnée par Roller, 2003, p. 261-263, dans laquelle on peut retenir les titres numérotés de 1 à 9 qui renvoient à de véritables traités (le n° 10 cite une épigramme de Juba, rapportée par l'auteur Athénée). Dans le prolongement de ce travail, Shipley, 2024, p. 631-652, a rassemblé les extraits évoquant l'œuvre géographique de Juba II, essentiellement tirés de Pline l'Ancien, dont il donne la traduction anglaise.

on perçoit néanmoins, chez Juba, un véritable intérêt ethnographique[1]. Au-delà des terres de son royaume, son terrain de recherches s'étend à une grande partie du monde habité tel qu'il est alors connu des Romains. L'Europe, l'Afrique, l'Asie sont ses sujets d'études, à teneur à la fois géographique et historique, riches pour la plupart de développements ethnographiques et d'excursus traitant d'histoire naturelle. L'illustrent particulièrement ses ouvrages majeurs sur l'Arabie et sur la Libye[2].

Juba semble également s'être soucié d'histoire romaine : il y consacre un ouvrage dont seul le souvenir est aujourd'hui conservé, transmis sous les titres d'*Histoire romaine* ou *Archéologie romaine*. Plutarque et Appien au IIe siècle, Cassius Dion au début du IIIe siècle, l'ont peut-être consulté ; il fait partie encore, au VIe siècle, des lectures d'Étienne de Byzance[3]. Rien ne permet de dire s'il s'agissait d'une étude chronologique rigoureuse des épisodes majeurs de l'histoire romaine, ou bien si Juba avait abordé et rassemblé, selon un ordre de rangement qui s'affranchissait de la chronologie, un certain de nombre de questions ayant trait à l'histoire romaine[4]. Les rares fragments qui s'y rattachent de façon assurée évoquent çà et là les premiers habitants de l'Italie, la cité de Lavinium, le roi Latinus, Énée, ou encore la cité de Numance – l'allusion à cette dernière s'insérait sans doute dans un passage plus large consacré aux guerres menées par Rome dans la péninsule Ibérique. La fascination de Juba pour le destin de la puissante cité dans laquelle il a grandi, qui a tenu entre ses mains son avenir et sa propre fortune, se comprend aisément. Au moment même où il travaille à son traité, un autre auteur grec installé à Rome, Denys d'Halicarnasse,

1. Camacho Rojo & Fuentes González, 2000, p. 948.
2. Sur ces deux ouvrages, voir p. 143 *sq*.
3. Camacho Rojo & Fuentes González, 2000, p. 951.
4. Gsell, 1928, p. 264-265.

achève également son *Archéologie romaine*. Peut-être Juba s'en est-il inspiré ou bien tous deux ont-ils utilisé une source commune : il y a, pour le suggérer, d'étroites coïncidences entre les fragments du roi et l'œuvre de Denys.

Avec son traité *Sur l'Assyrie*, Juba entraîne ses lecteurs du monde romain vers des contrées moins familières. Il y mentionne semble-t-il fréquemment l'auteur Bérose, qu'il contribue alors, par ce traité, à faire connaître. L'Orient est devenu dans les derniers siècles avant notre ère un nouveau terrain de conquête pour Rome, et dans son sillage une poignée d'auteurs grecs s'applique à retracer l'histoire babylonienne, tel Alexandre de Milet dans la première moitié du Ier siècle avant notre ère, surnommé « Polyhistor » – « celui qui sait beaucoup »[1]. Juba n'ignore pas ses travaux, et peut-être a-t-il eu l'opportunité de suivre certains des enseignements dispensés par Polyhistor vers la fin de sa vie, à Rome[2]. Comme auteurs, les deux hommes ont beaucoup en commun, à commencer par une exceptionnelle érudition mise au service de projets littéraires auxquels on s'accorde aujourd'hui à reconnaître une véritable ambition ethnographique.

Malheureusement, de l'ouvrage de Juba *Sur l'Assyrie* nous ne savons rien, sinon les mots de Tatien le Syrien écrits au IIe siècle[3] :

> « Bérose est un historien de très grande autorité, en voici la preuve : c'est de Bérose que Juba dans son écrit sur les Assyriens dit avoir appris l'histoire : cet écrit sur les Assyriens comprend deux livres. »

Né à Babylone, Bérose fut l'auteur, vers 280 avant notre ère, d'une histoire de l'Assyrie, connue aujourd'hui seulement

1. Campos Daroca, 1994, p. 104.
2. Voir ci-dessus p. 82.
3. Tatien, *Discours aux Grecs*, 36.

à travers les citations qu'en ont faites les auteurs antiques[1]. Alexandre Polyhistor et Juba ont contribué de façon fondamentale à la transmission de son œuvre. C'est effectivement grâce à leurs écrits que les écrivains postérieurs semblent essentiellement avoir lu Bérose. Le titre du traité de Juba sur les Assyriens est encore mentionné au IIIe siècle et, pour qui veut connaître le passé de ce très ancien peuple, il reste une référence majeure[2].

À côté de ces grands tours d'horizon historiques proposés par Juba, d'autres aspects liés à la culture et à l'histoire de l'art lui donnent matière à écriture. S'y expriment la place centrale de la culture romaine en même temps que son intérêt pour l'hellénisme avec son traité sur les *Similitudes* qui croise les deux univers culturels, à l'avantage de l'influence grecque. La comparaison n'est toutefois pas une fin en soi pour Juba, dont l'attrait pour les lettres et les arts porte au-delà. Dans un traité sur la grammaire qui comprend au moins deux livres, Juba entreprend ainsi, semble-t-il, un travail lexicographique consistant à consigner les changements de signification qui affectent certains mots[3].

La curiosité de Juba s'étend par-delà au domaine artistique, avec une prédilection pour la peinture et le théâtre. Bien peu de choses toutefois sont connues de son ouvrage sur la peinture, long d'au moins huit livres[4]. Les quelques fragments l'évoquant montrent qu'il y est notamment question de Polygnote et de Parrhasios. Ceux-ci comptaient parmi les plus fameux peintres grecs de l'Antiquité, dont les œuvres sont regrettablement perdues. Polygnote exerça son art dans

1. Clément d'Alexandrie *Les Stromates*, 1, 21, 120. Voir Joannès, 2001.
2. Tertullien, *Apologétique*, 19, 6.
3. Camacho Rojo & Fuentes González, 2000, p. 952.
4. Camacho Rojo & Fuentes González, 2000, p. 952.

la première moitié du ve siècle avant notre ère. L'auteur grec Théophraste le considérait, au IVe siècle avant notre ère, comme le premier grand peintre classique. Polygnote fut l'un des initiateurs de la peinture monumentale, et resta particulièrement fameux, aux dires de Pline l'Ancien, pour l'expressivité qu'il sut donner à ses personnages[1]. Quant à Parrhasios, sa célébrité tient notamment à la rivalité qui l'opposa à un artiste de renom, Zeuxis, lors d'un concours à la fin du ve siècle avant notre ère : il l'emporta par l'illusion parfaite de la réalité rendue par son œuvre, unanimement saluée[2].

Le traité sur le théâtre attribué à Juba comptait, quant à lui, pas moins de dix-sept livres, si ce n'est même davantage. On sait seulement, grâce à quelques fragments, que Juba y évoquait des instruments de musique de diverses origines géographiques, mentionnait des danses grecques et d'autres provenances, et s'intéressait également à la façon dont devaient être distribués les rôles entre les acteurs[3]. Pour cela, Juba avait lu notamment un certain Aristoclès, peut-être Aristoclès de Messine à qui l'on devait un traité *Sur la musique* et un autre portant *Sur les chœurs*[4].

L'aperçu des domaines sur lesquels Juba a écrit est finalement bien mince au regard de l'impression d'une abondance d'ouvrages attribués au roi par les sources antiques[5]. Même s'il est malaisé d'en estimer la postérité, ses écrits ont à l'évidence fait référence. La diversité des auteurs qu'il mentionne et la reconnaissance dont ses œuvres ont bénéficié montrent

1. Rouveret, 2006 ; Rouveret, 2007.
2. Rouveret, 2003.
3. Gsell, 1928, p. 268-269.
4. Camacho Rojo & Fuentes González, 2000, p. 952.
5. Souda, s. v. « Iobas » ('Suda on line': https://www.cs.uky.edu/~raphael/sol/sol-html/).

tout l'inverse du dilettantisme dans son travail d'écriture. Ce fut là une des vertus de Juba d'avoir semble-t-il régulièrement cité ses sources : cette attention aussi, qui était loin d'être répandue chez les auteurs antiques, lui valut d'être apprécié[1].

La curiosité manifestée par Juba n'eut, en substance, rien d'un simple passe-temps destiné à des fins personnelles. L'écriture fut à n'en pas douter l'activité qu'il apprécia le plus parmi celles qui l'accaparaient dans son palais, mais il n'est pas dit qu'il l'exerça au détriment de ses charges politiques. Alliée à son érudition, sa position avantageuse lui fournissait tous les moyens d'entreprendre ses recherches et d'en tirer le meilleur parti. Cela n'est pas toujours allé de soi même pour les plus fameux auteurs antiques, comme le rappelle Plutarque[2] :

> « Cependant, quand on a entrepris de composer un ouvrage historique d'après des textes que l'on n'a pas à sa portée chez soi, mais dont la plupart se trouvent à l'extérieur et dispersés en divers endroits, il serait alors réellement nécessaire, d'abord et avant tout, d'habiter "une ville célèbre", amie du beau et très peuplée, afin d'avoir en abondance des livres de toute sorte et aussi de recueillir en écoutant et en questionnant tous les détails qui ont échappé aux écrivains et qui, conservés dans la mémoire des hommes, ont une autorité plus manifeste ; on pourrait ainsi publier une œuvre où rien d'essentiel ne manquerait. Pour moi, j'habite une petite ville et je me plais à y demeurer pour qu'elle ne devienne pas encore plus petite, mais, étant à Rome et lors de mes séjours en Italie, je n'ai pas eu le loisir de m'appliquer à apprendre le latin, à cause de mes occupations d'ordre

1. Clément d'Alexandrie *Les Stromates*, 1, 21, 120 : « Et Juba dans son histoire des Assyriens avoue avoir pris ses données dans Bérose, en portant témoignage de sa véracité. »

2. Plutarque, *Vie de Démosthène*, 2, 1-2.

politique et des auditeurs qui suivaient mes leçons de philosophie ; ce n'est donc que tardivement, et déjà avancé en âge, que j'ai commencé à lire des ouvrages rédigés en latin. »

Les mots de Plutarque qui évoquent les avantages d'une situation opposée à la sienne aident à se faire une idée plus nette des facilités qui furent celles de Juba, dont il fut d'ailleurs l'un des plus admiratifs lecteurs. Si Plutarque a pu apprécier l'ampleur de vue de ses œuvres c'est que le roi, éduqué très jeune aux lettres latines et grecques dans les meilleurs cercles cultivés de Rome, avait pu aussi réunir auprès de lui une riche collection d'ouvrages, et sans doute un personnel qui l'accompagnait dans ses travaux d'écriture à Césarée.

En cela et pour bien d'autres aspects, un événement accompagnant son accession au trône et son arrivée sur le sol africain fut déterminant : son mariage avec la princesse égyptienne Cléopâtre Séléné, qui allait donner à son horizon culturel une formidable ouverture sur toutes les ressources de l'hellénisme. Loin de Rome, la perspective d'une nouvelle vie, d'une nouvelle identité en quelque sorte, s'offrait à lui.

8

Le legs de Rome et de l'Égypte

Autant que Juba, Cléopâtre Séléné pouvait se réjouir de ce nouveau départ, et peut-être éprouva-t-elle un soulagement en quittant le sol de l'Italie. La traversée, qui l'emmenait aux côtés de Juba vers l'autre rive de la Méditerranée, la rapprochait d'une certaine façon de l'Égypte. Mais une lourde charge l'attendait, qu'elle partagerait désormais auprès de Juba devenu roi. C'était là un destin auquel la jeune femme avait peut-être déjà, enfant, été préparée, élevée dans l'idée qu'un jour elle porterait le titre de reine. Quant à Juba, diriger un royaume était une tâche à laquelle sans doute il avait été formé au mieux à Rome, mais la situation s'annonçait pleine d'incertitudes et de nouveautés pour lui. À la différence de Cléopâtre, qui avait une dizaine d'années lorsqu'elle avait quitté Alexandrie, il n'avait sans doute guère de souvenir personnel de ce qu'avait représenté la fonction pour son père à la tête de la Numidie. L'Égypte se révélait aussi une source d'inspiration puissante pour le jeune souverain. Son union avec Séléné offrait un visage inédit à la royauté en Afrique, en même temps qu'elle faisait souffler un vent nouveau dans l'existence de Juba.

Mariage avec Cléopâtre Séléné

« Grandes régions d'un monde, voisines que sépare le Nil dont les eaux se sont enflées chez les noirs Éthiopiens, vous avez réuni vos deux souverains par l'hymen, faisant un seul peuple de l'Égypte et de la Libye. Puissent après leurs parents ces enfants de rois maintenir à leur tour sous leur sceptre l'un et l'autre continent[1]. »

Crinagoras de Mytilène, avec ses mots, chante l'union entre deux souverains d'Égypte et de Libye. Le poète d'origine grecque a connu César, et il a peut-être été un membre de la cour d'Antoine et de Cléopâtre. L'issue de la guerre civile le contraint toutefois au soutien désormais accordé au vainqueur : devenu un proche de la famille d'Auguste, Crinagoras en célèbre à plusieurs reprises les moments d'importance. Son attachement à la reine d'Égypte semble pour autant être resté intact, fidèle envers sa descendance, comme en témoigne ce poème dont on est tenté de penser qu'il loue l'union entre Juba et Séléné[2]. L'objectif assigné à leur mariage est alors clairement signifié par l'homme de lettres, donnant voix aux intentions sans doute officiellement exprimées dans l'entourage d'Auguste : perpétuer l'histoire des royaumes dont Juba et Séléné sont les légataires, grâce à leur hymen espéré fécond.

Tout se joue dans la maison d'Octavie, où Cléopâtre Séléné et Juba ont semble-t-il grandi. Juba est déjà un jeune homme d'une vingtaine d'années lorsque les enfants d'Antoine et Cléopâtre sont ramenés captifs à Rome, en 30 avant notre ère. Quelques années passent, puis la sœur de l'empereur marie la jeune Cléopâtre à Juba[3]. Si la réalisation de cette alliance

1. Crinagoras de Mytilène, *Anthologie palatine*, 9, 235.
2. Cogitore, 2010.
3. Plutarque, *Vie d'Antoine*, 87.

est attribuée dans les sources à Octavie, sans doute accomplit-elle un dessein voulu par Auguste[1]. Quand l'union est-elle scellée, nous l'ignorons. L'effigie de la reine apparaît pour la première fois sur une monnaie de Juba datée de 19 avant notre ère : lui-même est arrivé au trône quelques années plus tôt, en 25[2]. En supposant que le projet de leur mariage ait mûri depuis un certain temps déjà dans l'esprit de l'empereur, il a fort probablement été célébré au moment où Auguste accordait le titre de roi à Juba et formait son nouveau royaume. Nommer le couple royal qui aurait la charge de le diriger en était l'acte fondateur par excellence. Cléopâtre Séléné allait avoir 15 ans à l'automne 25 avant notre ère. Au regard de la loi romaine elle avait déjà atteint l'âge autorisant qu'elle soit mariée, fixé à 12 ans, et comme Séléné la plupart des jeunes filles de l'aristocratie romaine étaient confiées à un premier époux vers leur quinzième année[3]. Sans doute est-ce alors ensemble que Juba et Séléné, sitôt légitimement unis, prennent la mer pour la première fois en direction du nouveau royaume qu'Auguste vient de leur remettre.

Les quelques portraits de Séléné gravés sur des monnaies sont les rares indices parvenus d'elle[4]. Il n'y a plus aucune mention de son existence, dans la littérature antique, au-delà de son mariage avec Juba : le reste cède la place à l'imagination. Juba n'est pas un inconnu à ses yeux, mais le couple royal formé avec lui et la découverte d'un nouveau territoire font très tôt porter sur ses jeunes épaules des engagements lourds. Les circonstances de la perte précoce de ses parents

1. Voir ci-dessus p. 75-76 et 79.
2. Coltelloni-Trannoy, 1997a, p. 36-38.
3. Thomas, 1986 ; Raepset-Charlier, 1994.
4. D'autres portraits qui lui sont attribués sont moins assurés : tel est le cas d'un buste découvert à Césarée, voir Gsell, 1928, p. 220. Par ailleurs, on hésite encore à identifier Cléopâtre ou sa fille Séléné sur la fameuse coupe de Boscoreale, conservée au musée du Louvre : https://collections.louvre.fr/en/ark:/53355/cl010256210

et son arrivée en captive à Rome l'ont très certainement déjà poussée à trouver bien des ressources pour y faire face.

Le titre de reine n'est pas en soi, pour Séléné, un motif de surprise. Elle l'avait déjà reçu par le passé. À l'été 34 avant notre ère, Antoine fait effectivement célébrer à Alexandrie une cérémonie au faste légendaire[1]. Il y paraît vêtu tel Dionysos/Osiris, tandis que Cléopâtre évoque Aphrodite/Isis. La mise en scène s'emploie à donner à la souveraine le rôle principal de « reine des rois » au sein d'un Orient sur lequel Rome a confié à Antoine pleine autorité d'action, en même temps que les territoires étendus autour de l'Égypte sont attribués aux enfants qu'Antoine et Cléopâtre ont eus ensemble. À la petite Séléné, à peine âgée de 6 ans, revient la Cyrénaïque, en direction de l'Afrique. Tout est symbole car rien n'est réellement donné en dehors de ce qui a déjà été conquis, pas plus d'ailleurs qu'Antoine ne prive Rome de territoire. Au final, il dote ses enfants d'une place d'honneur à la tête d'un monde dans lequel il fait de l'Égypte un centre de rayonnement, mais dont l'organisation reste inchangée dans les faits[2].

La fonction qu'Antoine et Cléopâtre envisageaient pour leurs enfants suggère qu'une éducation soignée, digne de leur rang, leur a sans doute été prodiguée, à l'exemple de celle qu'avait reçue Cléopâtre. La maîtrise des langues était l'un des points forts de la reine, et Plutarque ne cache pas son admiration à cet égard lorsqu'il évoque ses qualités intellectuelles qui surpassaient de loin celles de certains de ses royaux aïeuls[3] :

1. Velleius Paterculus, *Histoire romaine*, 2, 82, 4 ; Plutarque, *Vie d'Antoine*, 50, 7 ; Cassius Dion, *Histoire romaine*, 49, 40, 3-4, et 41, 1-4.
2. Sartre, 2018, p. 201-211.
3. Plutarque, *Vie d'Antoine*, 27.

« Et de fait on dit que sa beauté en elle-même n'était pas incomparable ni propre à émerveiller ceux qui la voyaient, mais son commerce familier avait un attrait irrésistible, et l'aspect de sa personne, joint à sa conversation séduisante et à la grâce naturelle répandue dans ses paroles, portait en soi une sorte d'aiguillon. Quand elle parlait, le son même de sa voix donnait du plaisir. Sa langue était comme un instrument à plusieurs cordes dont elle jouait aisément dans le dialecte qu'elle voulait, car il y avait très peu de barbares avec qui elle eût besoin d'interprète : elle répondait sans aide à la plupart d'entre eux, par exemple aux Éthiopiens, aux Troglodytes, aux Hébreux, aux Arabes, aux Syriens, aux Mèdes et aux Parthes. On dit qu'elle savait encore plusieurs autres langues, tandis que les rois ses prédécesseurs n'avaient pas même pris la peine d'apprendre l'égyptien et que même quelques-uns avaient oublié le macédonien. »

Les détails de l'éducation que Cléopâtre destinait à ses propres enfants nous échappent, à l'exception du nom de ceux qu'elle avait employés afin de la dispenser[1]. Le plus fameux est l'historien Nicolas de Damas, dont la renommée était déjà grande lorsqu'il fut semble-t-il engagé par Antoine et Cléopâtre pour être le précepteur de leurs jumeaux[2]. Qu'en est-il resté de son enseignement dans la formation intellectuelle de Séléné ? Qu'a-t-elle retenu de ses jeunes années passées à Alexandrie, puis à Rome, où sans doute son éducation ne fut pas négligée dans la maison d'Octavie ? On ne peut le dire. Mais loin d'être une reine passive et complètement indifférente à sa fonction, Séléné se dévoile, à travers les rares témoignages qui permettent d'en juger, comme une jeune femme douée d'un sens politique et une souveraine impliquée dans sa charge. Le souvenir qu'elle avait de sa mère lui fut sinon une source d'inspiration, à tout le moins un facteur de motivation afin de jouer pleinement le rôle de reine. Il y avait, pour s'en rappeler, les images de Cléopâtre qui avaient échappé à la

1. Plutarque, *Vie d'Antoine*, 72 et 81.
2. Parmentier & Barone, 2011, p. XIII-XIV : Nicolas de Damas devient par la suite un familier d'Auguste.

destruction ordonnée à la suite de la conquête d'Alexandrie : selon Plutarque, les statues de la reine égyptienne furent sauvées grâce à un riche Alexandrin qui paya à Octavien une forte somme afin qu'elles soient épargnées et ne subissent pas le même sort que celles d'Antoine[1].

Une ambition semble bien animer la jeune Séléné devenue reine, qui puise dans les symboles que lui a légués l'Égypte pour lui donner forme. Avec une limite toutefois : si Séléné est mariée à Juba, c'est à lui qu'Auguste a octroyé la royauté et le territoire qui en dépend, et il n'y a vraisemblablement pas de partage du pouvoir entre les deux époux. Ainsi pourrait s'expliquer que Séléné n'ait pas encore sa place dans l'imagerie que Juba esquisse sur les monnaies émises au début de son règne. Dans sa nouvelle vie qui commence, il faut au couple royal prendre sa place et définir le rôle officiel que chacun s'apprête à jouer. Si la chose est évidente pour Juba, à qui est dévolu le pouvoir, elle l'est moins pour la jeune reine. Peut-être fallut-il du temps pour que se fixe le choix des symboles et des messages officiels qu'ils étaient destinés à diffuser, avant que Séléné n'apparaisse pour la première fois sur le monnayage de Juba.

Aux côtés du roi, la présence de Séléné est cependant fondamentale. Ce ne sont pas les auteurs antiques qui le disent, silencieux sur leur couple au-delà de la simple allusion à leur mariage, mais une fois de plus le témoignage des monnaies. Avec elles, le titre grec *ΚΛΕΟΠΑΤΡΑ ΒΑCΙΛΙCCΑ* accompagne le portrait de la reine ou encore un motif d'inspiration égyptienne, alors même que la titulature de Juba – *REX IVBA* – figure en latin[2]. C'est donner à Séléné une légitimité

1. Plutarque, *Vie d'Antoine*, 86, 9.
2. Voir en annexe.

politique, assortie des droits dont elle peut bénéficier : ainsi confortée dans la dignité de reine, elle est associée officiellement à Juba, et certaines pièces sont même exclusivement émises à son nom[1]. L'initiative de ce privilège exceptionnel ne revient pas au pouvoir romain mais bien à Juba, qui a donné son assentiment, ce à quoi l'empereur n'a rien trouvé à redire[2]. Les choix qui marquent plus largement la représentation de Séléné, et orientent d'une certaine façon sa position face à Auguste, relèvent immanquablement de la volonté de Juba. Séléné a en sa faveur d'indiscutables arguments pour en convaincre. Sa mère, Cléopâtre VII, avait été reconnue par Rome comme souveraine d'Égypte, et elle fut d'ailleurs la seule reine lagide à frapper monnaies personnellement, indépendamment de toute autorité masculine exercée par un époux.

Le rattachement aux reines d'Égypte est d'ailleurs clairement revendiqué par Séléné. C'est avec l'apparence d'une princesse lagide qu'elle se fait représenter. Le diadème qui recouvre sa tête était celui qu'avaient porté Bérénice II et Cléopâtre VII, les deux souveraines de la dynastie ptolémaïque à avoir pleinement exercé le pouvoir politique. Il n'y a pour autant, de la part de Séléné, aucune forme de revendication du trône d'Égypte : il s'agit d'abord pour elle d'affirmer sa prestigieuse filiation.

L'évocation ne s'arrête pas là : la titulature *ΚΛΕΟΠΑΤΡΑ ΒΑCΙΛΙCCΑ* reprise par Séléné ornait initialement des monnaies célébrant en 36 avant notre ère le mariage de Cléopâtre et d'Antoine. La consécration de cette union portait à son apogée Cléopâtre, à la fois comme reine et comme

1. Gsell, 1928, p. 219.
2. Coltelloni-Trannoy, 1997a, p. 183-185.

épouse, en même temps qu'elle officialisait l'existence des enfants qu'elle avait eus avec Antoine, qui, par là même, les reconnaissait comme siens[1]. À cette occasion, la jeune Cléopâtre reçut le surnom de Séléné, rappelant l'astre lunaire, et son frère Alexandre celui d'Hélios, évocateur du soleil.

Séléné, trop jeune pour avoir gardé un souvenir précis de l'événement, grandit sans doute néanmoins avec l'idée qu'il fut fondateur, notamment dans sa relation de princesse égyptienne face à Rome. La couronne arborée par Séléné sur certaines monnaies de Juba II est tout aussi révélatrice : sa ressemblance est très forte avec celle que sa mère Cléopâtre avait choisie à partir de 34 avant notre ère pour attribut, lui donnant l'apparence d'une nouvelle Isis. C'était au moment le plus glorieux de son règne, celui où l'union qu'elle formait avec Antoine affirmait plus que jamais son pouvoir politique face à Octavien, et donnait à leur couple royal, destiné à durer grâce à sa descendance, sa plus forte expression.

D'autres thèmes de l'iconographie égyptienne célèbrent les origines de Séléné avec une influence majeure sur le monnayage de Juba jusqu'à la mort de la reine[2]. En créditant leur mariage d'une importance notoire, Juba s'associe pleinement à l'héritage lagide revendiqué par sa royale épouse. Son intérêt n'est pas simplement de circonstance. L'opiniâtreté avec laquelle il s'emploie à démontrer, par la géographie et l'histoire, les liens indéfectibles qui unissent l'Afrique et l'Égypte, dit la force de ses convictions en même temps que son engagement dans la dimension politique du couple qu'il forme avec Séléné. Tous les symboles isiaques,

1. Grenier, 2001, p. 103-107.
2. Alexandropoulos, 2002.

évocation aussi de Cléopâtre Séléné, ne disparaissent d'ailleurs pas complètement du monnayage de Juba après le décès de la reine, dont le roi continue à honorer la mémoire[1].

C'est aussi de concert que Juba et Cléopâtre Séléné font de l'Égypte leur référence culturelle commune. Le nom donné à leur fils le manifeste pleinement. Ptolémée est leur unique descendant connu avec certitude. Il a vu le jour entre 19 et 10 avant notre ère, peut-être autour des années 15-14 selon l'analyse la plus récente de ses portraits[2]. La distance qui sépare sa naissance et le mariage de ses parents a laissé libre cours à l'idée que Séléné aurait mis au monde d'autres enfants, morts jeunes, avant la venue de Ptolémée. Il n'y a cependant rien de sûr à ce sujet[3].

Un fragment d'inscription découvert à Athènes évoque plus concrètement une fille du roi Juba, sans que les quelques mots encore lisibles sur la pierre n'en donnent toutefois le nom[4]. Dans sa peinture de la vie politique romaine sous le règne de Claude, Tacite mentionne une certaine Drusilla, selon lui «petite-fille de Cléopâtre et d'Antoine» qui aurait épousé le gouverneur de la province de Judée[5]. La mère de cette descendante du trône d'Égypte ne pouvait qu'être Séléné, seule enfant d'Antoine et Cléopâtre dont il reste la trace dans les sources. Son identité est toutefois énigmatique, car le témoignage de Tacite, croisé avec d'autres sources littéraires, jette la confusion[6]. La chronologie des faits inviterait davantage à voir en Drusilla la fille de Ptolémée, petite-fille de Juba

1. Gomez, 2022.
2. Landwehr, 2007.
3. Chausson, 2019, a récemment fait l'hypothèse d'un frère cadet ou d'un fils de Juba II à propos d'un certain Masgaba évoqué par Suétone (*Vie d'Auguste*, 98, 6).
4. *IG*, II/III², 3439.
5. Tacite, *Histoires*, 5, 9.
6. Coltelloni-Trannoy, 1997a, p. 39, n. 44.

et Séléné et arrière-petite-fille d'Antoine et Cléopâtre[1]. Le mystère reste donc entier sur la fille de Juba dont l'inscription d'Athènes est l'unique indice qui en mentionne l'existence. Il est tentant, sans aucune certitude toutefois, de reconnaître son visage sur un portrait découvert à Césarée, suggérant une présence féminine plus jeune que Séléné dans la maison royale[2].

En tout état de cause, Ptolémée, successeur désigné de Juba au pouvoir, a seul le privilège de figurer sur les monnaies frappées par son père. Il fait ainsi son apparition sur des pièces émises à partir de 5 de notre ère, alors que Séléné n'est déjà plus ou vient à peine de disparaître. Les circonstances de son décès sont énigmatiques, tout comme les vers de Crinagoras qui pourraient célébrer une dernière fois le nom et la mémoire de la reine, emportée par la mort le jour d'une éclipse de lune[3] :

> « D'elle-même, la lune s'est obscurcie à la pointe du soir, en se levant, et elle a voilé son propre deuil des ombres de la nuit lorsqu'elle a vu sa gracieuse homonyme Sélénê descendre privée du souffle dans le sombre Hadès. Elle lui avait en effet communiqué la beauté de sa lumière, et à la mort de cette femme elle a mêlé sa propre obscurité. »

À supposer qu'il s'agisse bien de Cléopâtre Séléné, le ton personnel que l'on perçoit derrière la formulation de l'épigramme témoignerait de l'affection que le poète portait à la reine[4]. On discute encore sur la date de son décès, dont on pense qu'il survient soit en 5 avant notre ère, soit en 5 de notre ère selon les calculs établissant la date du phénomène astrologique décrit par Crinagoras[5]. Pour Juba, ce n'est pas

1. Bennett, 2003.
2. Landwehr, 2007, p. 68, n. 11.
3. Crinagoras de Mytilène, *Anthologie palatine*, 7, 633.
4. Cogitore, 2010, p. 268.
5. En faveur de l'année 5 avant notre ère : Roller, 2003, p. 249-251. Pour l'année 5 de notre ère : Coltelloni-Trannoy, 2003.

seulement une épouse qui disparaît, mais aussi sans doute son plus sincère soutien et allié politique, peut-être au fond celle qui, mieux que ne l'aurait fait une autre compagne, avait su le comprendre. Avec elle il avait partagé un attachement profond à la culture grecque et plus encore à l'hellénisme alexandrin dont Séléné lui avait permis d'accéder à tous les bénéfices, et qui désormais constituait l'un des visages de leur royauté.

Césarée à la croisée d'influences multiples

C'est dans leur nouvelle résidence, établie à Césarée, que le couple royal a donné à sa préférence culturelle sa forme d'expression la plus vive. De leur vie commune et de leur existence à Césarée nul auteur ne parle. Les pierres en sont l'unique et vif témoignage. La splendeur passée de la cité imaginée par Juba ne se laisse toutefois pas facilement percevoir. À l'endroit où elle fut bâtie s'élève aujourd'hui la ville de Cherchell, à une centaine de kilomètres à l'ouest d'Alger. La vue des vestiges de Césarée suffisait encore aux voyageurs avertis du XIXe siècle à ressentir l'éclat de la cité dans l'Antiquité[1] :

> « Quand on arrive dans cette ville, en venant d'Alger, on est frappé de la quantité de débris antiques, chapiteaux, fragments d'inscriptions, de statues ou de bas-reliefs que l'on rencontre à chaque pas. D'immenses colonnes en brèche d'Afrique servent de bancs aux promeneurs le long de la route ; les bestiaux viennent s'abreuver dans ses sarcophages antiques, et au coin de toutes les rues les bornes sont faites avec les fragments de piliers qui supportaient jadis les architraves. »

De la somme impressionnante des restes de l'ancienne Césarée décrite par l'historien français Héron de Villefosse,

1. Héron de Villefosse, 1875, p. 15-16.

tous ne remontaient pas au moment de sa fondation par Juba et Séléné, et à sa période la plus faste alors, quand la ville était tête de pont d'un vaste royaume. À la mort de Ptolémée, exécuté sur ordre de l'empereur Caligula, Césarée devient cité romaine, et les monuments emblématiques du pouvoir royal changent de destination, modifiant définitivement la physionomie de la ville : pas même le mobilier royal n'y échappe, pour partie vendu et dispersé telles de précieuses tables de thuya qui avaient appartenu à Juba et à Ptolémée[1]. Peu à peu s'estompait le souvenir de la résidence royale, transformée en capitale de province romaine.

Si l'exploration archéologique du site de Césarée fut activement menée durant la période de la colonisation française, nombreuses sont les découvertes réalisées alors qui n'ont jamais été publiées[2]. Par surcroît, à l'exemple de ce qui se pratiquait sur bien d'autres sites en Algérie, certaines des pièces les plus remarquables retrouvées à ce moment-là quittaient Cherchell pour enrichir les collections publiques mais également privées en France et en Europe, et d'abord le Louvre[3]. Entre les mains de particuliers, leur existence est parfois révélée furtivement, à l'exemple de ce qui semble être l'un des plus beaux bustes de Juba II connu à ce jour, vendu aux enchères en 2015 à un prix tel qu'aucun musée, malheureusement, n'a pu en faire l'acquisition[4].

---

1. Pline l'Ancien, *Histoire naturelle*, 13, 91-93. Je remercie vivement Philippe Leveau de m'avoir communiqué le texte de sa synthèse sur Césarée, à paraître au moment où s'achève la rédaction ce manuscrit (Coltelloni-Trannoy *et al.*, à paraître). Le travail de référence sur la cité, devenue romaine, reste son étude parue en 1984 (Leveau, 1984b).

2. Ferroukhi, 2020, p. 142.

3. Benseddik, 2019.

4. Laporte, 2021, p. 234-235. On peut aussi mentionner un portrait de Ptolémée de belle facture, de provenance inconnue et dont l'existence fut dévoilée, pour de rares instants, lors d'une vente réalisée en 1999 à New York, à l'issue de laquelle on ignore ce qu'il est devenu : Landwehr, 2007, p. 70.

Aujourd'hui, malgré l'ensemble des investigations menées par les archéologues à Césarée depuis près de deux siècles, le manque de données reste prégnant et la ville est encore largement à découvrir[1]. Un voile épais continue à recouvrir l'histoire royale de Césarée, dont le site cristallise des tensions très fortes en Algérie, confrontée là comme ailleurs à la préservation d'un patrimoine abondant menacé par l'expansion urbaine[2]. Les efforts déployés pour « Sauver Cherchell », nom donné à une opération archéologique menée sur le site en 2003, disent toute l'importance et l'urgence de cette mission[3]. C'est aussi un travail de longue haleine tant les inscriptions et les vestiges matériels livrés par le site sont riches, obligeant à bien des études afin de raconter le passé de la brillante cité[4].

L'emplacement choisi pour implanter la résidence royale où devaient s'établir Juba et Cléopâtre Séléné ne le doit pas au hasard. C'est l'antique port de Iol, probablement d'origine phénicienne, qui accueillit Césarée. Il avait déjà une longue histoire que les plus anciens témoignages archéologiques font remonter aux VIIe-VIe siècles avant notre ère, laissant percevoir une occupation continue du site à partir du Ve siècle, d'essence libyco-punique[5]. L'endroit était propice, ouvert

1. Synthèse des recherches archéologiques à Césarée dans Ferroukhi, 2020.

2. Leveau, 2003. Il faut plus largement faire mention des travaux et interventions de Nacéra Benseddik, qui s'est notamment impliquée dans les fouilles archéologiques menées à Césarée, pour alerter sur la dégradation de sites majeurs de l'histoire antique en Algérie.

3. Cette mission et ses résultats sont évoqués par Ferroukhi, 2020.

4. L'étude des inscriptions de Césarée est au cœur du projet EpiCherchell, présenté en ligne : http://ccj-epicherchel.huma-num.fr/fr/le-projet-epicherchel/. Ses résultats seront l'objet d'une publication très prochaine : Coltelloni-Trannoy *et al.*, à paraître.

5. Sur l'histoire de Iol : Leveau, 1984b, p. 10-13 ; Manfredi & Mezzolani Andreose, 2013 ; Coltelloni-Trannoy *et al.*, à paraître. Le site en ligne du projet EpiCherchell fournit une très bonne entrée en matière sur l'histoire de Césarée : http://ccj-epicherchel.huma-num.fr/fr/site-de-cherchel/

sur la Méditerranée et aux échanges avec Carthage ainsi qu'avec les comptoirs phéniciens fondés dans le sud-est de la péninsule Ibérique, dessinant un espace de circulation que les historiens ont désigné sous le nom de « Cercle du Détroit[1] ». Iol tira très tôt grand profit de sa situation privilégiée, qui fit d'elle la première cité antique du nord de l'Afrique à frapper monnaie de façon autonome. Son importance ne cessa de se renforcer, et, au IIe siècle avant notre ère, elle était pour les souverains numides une place politique de premier plan. Un siècle plus tard, le Maure Bocchus II, qui avait saisi une partie du territoire numide après la défaite de Juba Ier face à César, la choisit comme résidence royale[2].

Il n'y a rien de commun toutefois entre Iol et Césarée. Le nom même de Césarée vient de ce que, écrit Eutrope, Auguste « fut même si aimé des barbares que des rois, amis du peuple romain, fondèrent en son honneur des cités qu'ils nommèrent Césarée, comme en Maurétanie celle que créa le roi Juba et, en Palestine, celle qui est maintenant une très illustre ville[3] ». Juba ne se contente pas de changer le nom de Iol. Il donne corps à une véritable ville nouvelle. Les mots de Strabon, quoique brefs, sont éloquents[4] : « Sur cette même côte se trouvait une ville du nom de Iol, refondée par Juba, le père de Ptolémée, qui changea son nom en Césarée ; elle possède un port et un îlot en avant du port. »

La différence entre les deux cités est de taille : si Iol recouvrait une surface à peu près équivalente à celle de la ville moderne de Cherchell au XIXe siècle, soit environ 8 hectares,

1. Callegarin, 2022. Sur l'expression de « Cercle du Détroit » : Coltelloni-Trannoy *et al.*, 2016.
2. Solin, *Recueil des choses mémorables*, 25 (voir ci-dessus pour l'édition). Voir Bridoux, 2020, p. 104 et 138-141.
3. Eutrope, *Abrégé d'histoire romaine*, 7, 10.
4. Strabon, *Géographie*, 17, 3, 12.

l'enceinte que Juba fait élever pour délimiter la nouvelle Césarée s'étend à peu près à l'égal de celles de Rome[1]. La superficie qu'elle borne alors est impressionnante, atteignant les 370 hectares. Elle ne vise pas, de façon primordiale, à défendre un territoire : l'aspect monumental dont la muraille dote la nouvelle ville semble bien l'avoir emporté sur un objectif qui aurait été exclusivement militaire. L'ensemble de l'espace que l'enceinte enserre ne se couvre pas de constructions, loin de là : moins de la moitié, estime-t-on fut l'objet d'une occupation continue. Ce n'est pas l'indice d'un échec du projet urbain de Juba : il y a des précédents dans le monde hellénistique, et de très vastes enceintes ont aussi existé en Gaule[2]. L'ampleur qu'il a choisi de donner à celle de Césarée évoque bien l'ambition réfléchie du roi, et les limites qu'il a conçues pour sa ville en font dès lors la plus vaste d'Afrique.

Le dessein de Juba était d'édifier une ville à l'image de son pouvoir. Sa liberté surpasse en la matière celle même de l'empereur. À Rome, Auguste qui, somme toute, prétend officiellement restaurer la *Res publica*, doit prendre garde à ne pas renvoyer ostensiblement, sans d'habiles adaptations, au modèle royal : il sait ce que le soupçon de royauté a coûté à César, assassiné en pleine séance du Sénat[3]. Juba et Séléné ne sont pas tenus à la même mesure : ainsi peuvent-ils aspirer à faire de Césarée, dans des proportions plus modestes, une évocation de la royale Alexandrie[4]. Ce choix donne pleinement sa place à Cléopâtre Séléné. De concert sans doute, elle et Juba décident de la forme que prendra leur résidence royale. Pour mener à bien le vaste chantier qui s'annonce, ils font

1. Leveau, 2012.
2. Leveau, 1983.
3. Leveau, 2012 : l'idéologie du pouvoir mis en place par Auguste sut toutefois tirer parti, ailleurs dans l'Empire, des « grandes scénographies hellénistiques » (Janon, 1991).
4. Leveau, 2016.

ainsi appel à des architectes, sculpteurs, peintres et ingénieurs accompagnés de leur main-d'œuvre venus de Rome, mais également dépêchés d'Alexandrie : parmi eux, de l'ancienne capitale lagide proviennent probablement les hydrauliciens en charge de concevoir l'alimentation en eau de la nouvelle ville de Césarée[1].

Pour les voyageurs qui abordaient la ville par la mer, le panorama offrait d'ailleurs une ressemblance frappante avec Alexandrie[2]. Tout s'y prête dans le regard porté sur le phare que Juba fait élever sur un îlot qu'une digue ancienne amarre à la côte et que jouxte le port, tandis que les résidences, palais et jardins donnent au visiteur étranger son impression première sur la ville royale. Aucun n'en a malheureusement laissé le récit. Il n'y a alors peut-être pas mieux pour se figurer Césarée que les mots de Strabon décrivant l'arrivée à Alexandrie, telle qu'elle se révèle à lui lors d'un voyage effectué au moment même où, à l'extrême occident, Juba est appelé à régner[3] : dans son tableau de la cité égyptienne, les lignes qui organiseront la façade maritime de Césarée se dessinent, à commencer par celles du célèbre phare alexandrin construit en avant du port artificiel dominant le paysage, qui s'étirent vers l'intérieur par la perspective d'une succession de luxueuses demeures royales aux espaces verdoyants.

Un *Iseum*, temple d'Isis, ajoute à Césarée cette évocation d'Alexandrie : Pline l'Ancien fait état de sa présence à l'époque de Juba, en un endroit qui reste toutefois encore aujourd'hui à déterminer[4]. Le culte de la déesse égyptienne prend place

1. Leveau, 2012.
2. Leveau, à paraître, en évoque le remarquable parallèle.
3. Strabon, *Géographie*, 17, 1, 6-9.
4. Pline l'Ancien, *Histoire naturelle*, 5, 51. Sur l'*Iseum* de Césarée : Laporte, 2004, p. 263-264.

dans la ville africaine à l'initiative de Cléopâtre Séléné. À l'imitation de sa mère, la jeune reine souhaite apparaître telle une nouvelle Isis[1]. La présence isiaque n'est toutefois pas inédite à l'emplacement de Césarée. L'ancienne cité de Iol connaissait déjà Isis, à l'effigie de laquelle elle avait fait frapper monnaies ; mais s'agissait-il d'une émanation de la déesse libyco-punique Tanit, ou de la représentation de la déesse égyptienne ? Rien ne permet de trancher[2].

En tout état de cause, Cléopâtre recrée à Césarée un environnement qui rappelle Alexandrie[3]. Elle y pourvoit aussi à travers le décor et la statuaire : il y a pour s'en figurer l'énigmatique statue égyptienne représentant un grand prêtre du dieu Ptah de Memphis, qui, sous l'Égypte lagide, était le pontife suprême du royaume et un personnage d'importance dans l'entourage des souverains. L'identité exacte du personnage dont Cléopâtre Séléné a souhaité conserver auprès d'elle les traits n'est pas complètement établie, mais sa statue prouve l'attachement de la reine au souvenir de sa cité d'origine[4].

Alexandrie, et naturellement Rome donnent son allure à Césarée. Parce qu'elle ne se laisse pas facilement saisir, son architecture a du reste souvent été comprise de façon univoque à l'aune des schémas canoniques de la ville romaine, qu'elle devint plus tard[5]. C'est toutefois juger de Césarée par anticipation de son destin et de celui du royaume de Juba après la conquête romaine. Comment alors en prendre la mesure ? Dans la façon d'être de Juba comme dans le visage donné

1. Plutarque, *Vie d'Antoine*, 54. Voir Coltelloni-Trannoy, 1997a, p. 185-186.
2. Alexandropoulos, 2007, p. 213-233.
3. Coltelloni-Trannoy, 1997a, p. 156.
4. Grenier, 2001, p. 112-115.
5. Comme le rappelle Leveau, 2014b. Leveau, 1984b, 84, invitait déjà à réviser cette perspective.

à sa ville, l'inspiration romaine est indéniable. Cette réalité caractérise aussi la population de Césarée, dont une frange est connue grâce aux monuments funéraires : le témoignage des tombeaux et des inscriptions rappelant la mémoire des défunts rend tout à fait sensible leur appartenance à la culture de Rome.

L'environnement urbain de Césarée en est lui-même imprégné. Juba et Cléopâtre Séléné ont veillé à parer leur ville des édifices de spectacle caractéristiques de la panoplie romaine, dont certains font d'ailleurs à cette occasion leur apparition en Afrique. C'est dans un quotidien scandé par la tenue de spectacles de plus en plus nombreux que Juba et Séléné ont grandi à Rome, et ils veillent à le reproduire dans leur capitale, lieu d'expression par excellence de leur pouvoir. Théâtre mais aussi amphithéâtre agrémentent Césarée à l'époque royale. En revanche, le doute demeure pour le cirque, attesté par l'archéologie mais dont la datation n'est pas certaine ; rien n'est sûr également concernant la présence d'un stade[1].

Le théâtre dont Juba dote sa ville est à ce jour le plus ancien monument de ce type connu par l'archéologie au Maghreb. Bâti selon les normes romaines, il introduit à Césarée un art de la scène pareillement inspiré d'ailleurs[2]. Avec le théâtre romain s'épanouit le jeu du mime et de la pantomime, en plein essor dans la Rome d'Auguste : libéré de la barrière linguistique du latin, ce spectacle populaire jouant sur divers ressorts chorégraphiques et musicaux s'assure un grand succès auprès de publics variés. À Césarée, dont une partie de la

1. Leveau, 1992.

2. Gros, 1996, p. 290-291. Dans l'est de l'Afrique, un théâtre existait semble-t-il à Utique, mentionné par le Pseudo-César, mais sa trace archéologique n'a pas été retrouvée : Picard, 1975, p. 395.

population est d'origine libyque, ce genre théâtral connaît peut-être la même réussite que dans la capitale de l'Empire. Juba, dont on sait qu'il avait une prédilection pour le théâtre au point de lui consacrer un traité, fut-il friand de cette nouvelle technique de scène s'affranchissant de textes ? Peut-être, mais sans doute n'eut-elle pas l'exclusivité des murs du théâtre de Césarée, car en spectateur averti et hommes de lettres, il profita vraisemblablement de l'opportunité offerte par le monument qu'il venait de faire construire pour y faire jouer les répertoires classiques. Athénée, qui prête à Juba le goût de l'épigramme, place dans sa bouche des mots railleurs qu'il aurait eu contre l'acteur grec Leonteus, peu en forme à cause d'un repas trop chargé, à la suite de sa piètre représentation de la tragédie grecque *Hypsipyle*[1]. L'anecdote, sujette à caution, trouvait du moins matière dans les divertissements appréciés du roi.

L'amphithéâtre que Juba fait édifier rythme également la vie culturelle à Césarée. Le monument est exceptionnel : Rome n'en est pas encore pourvue, et peu de villes en disposent[2]. D'une superficie remarquable, l'amphithéâtre de Césarée l'emporte même sur le Colisée élevé un peu moins d'un siècle plus tard à Rome. Mais il y a bien plus dans son originalité, au regard des monuments de ce type qui existent déjà en Italie[3]. La forme singulière de son arène est le résultat pratique, et la seule expérimentation connue à ce jour, de la définition géométrique de l'amphithéâtre proposée par le mathématicien et ingénieur Héron d'Alexandrie, au Ier siècle de notre ère[4]. Ce schéma théorique fut diffusé par des géomètres grecs dont Héron avait pu s'inspirer à Alexandrie : dans la

1. Athénée, *Deipnosophistes*, 8, 31, 343 e-f ; voir Roller, 2003, p. 180-181.
2. Coltelloni-Trannoy, 1997a, p. 153.
3. Gros, 1996, p. 127-128.
4. Sur Héron d'Alexandrie : mise au point de Giardina, 2003.

chaîne de transmission des connaissances qui se dessine alors, il pourrait être l'indice que les architectes à qui fut confiée la construction de l'amphithéâtre à Césarée venaient de cette cité[1]. Mais l'usage de l'édifice est bien romain et, en matière de représentation, y sont sans doute donnés les mêmes spectacles que ceux que Juba et Cléopâtre Séléné ont pu voir dans leur jeunesse à Rome. À cela que l'amphithéâtre de Césarée était toutefois, semble-t-il, plus adapté à accueillir des chasses que des combats de gladiateurs[2].

Témoin privilégié de l'ascension d'Auguste, le couple royal sait aussi combien les spectacles sont « une nouvelle arène politique[3] ». À Rome, l'empereur en est devenu le personnage principal. Donnés en sa faveur, ils permettent d'en magnifier le pouvoir tandis que lui-même finance fréquemment les édifices et les spectacles qui s'y jouent[4]. Par ce geste qu'il étend à d'autres domaines artistiques, Auguste fait naître un « véritable art aulique », révélant à la fois « l'inspiration et le contrôle personnels » de l'empereur[5]. Juba, dont la nature du pouvoir royal est officiellement reconnue et peut s'exprimer sans retenue, sait incontestablement tirer le même parti de l'urbanisme et des réalisations artistiques à Césarée[6]. Et, sans doute à l'occasion de somptueuses fêtes dont il est l'ordonnateur, le couple qu'il forme avec Cléopâtre fait-il célébrer leur royauté.

Il y avait longtemps déjà que les monarchies hellénistiques employaient les lieux de spectacle afin de servir leurs

1. Leveau, 2012, p. 171.
2. Coltelloni-Trannoy, 1997a, p. 153.
3. Tarpin, 2001, p. 63.
4. Benoist, 1999.
5. De Chaisemartin, 2003, p. 134.
6. L'art aulique à Césarée : cf. les commentaires récents de Coltelloni-Trannoy, 2022, p. 249.

intérêts politiques. La proximité de ces monuments avec les résidences royales y était fréquente. Pour la ville qu'il fonde à la même période que Juba et à laquelle il donne également le nom de Césarée, le roi Hérode s'en inspire. Un cirque vient avantageusement border son palais[1]. C'est dans un contexte palatial approchant que Cléopâtre Séléné a passé son enfance à Alexandrie, et, quoique très jeune, elle a pu en ressentir l'atmosphère si particulière[2].

Dans la Césarée qu'ils conçoivent à leur image, Juba et Séléné font à leur tour bâtir plusieurs palais, comme autant de lieux de pouvoir d'où rayonne leur présence souveraine dans la ville. L'un est construit au centre de la ville, où logent peut-être les quartiers de l'administration du royaume, un deuxième à l'ouest, tandis qu'un troisième, d'une configuration idéale pour accueillir les réceptions royales, s'élève sur les hauteurs de Césarée, au lieu-dit Ennabod : tous prennent place au milieu d'un paysage de jardins, à l'exemple des résidences royales hellénistiques qu'entourait un écrin de verdure[3]. Le lien à l'Empire romain n'est toutefois pas absent. L'ombre d'Auguste et la loyauté du couple royal à l'autorité politique romaine portent leur empreinte sur la topographie de Césarée. En sont évocateurs les lieux du culte impérial, temple et bois sacré dont Juba illustre ses monnaies et qui sans doute s'inscrivent dans le panorama de Césarée : ils en soulignent par là même le caractère monumental, à l'égal de Rome et des grands centres religieux de l'Empire[4]. À travers eux, c'est alors à Auguste et non à Rome que Juba rend hommage. Le choix du roi est stratégique, attachant son alliance à la personne du premier empereur, et non au destin de l'Empire.

1. Sur les palais d'Hérode Ier : vue synthétique dans Arnould-Béhar, 2018.
2. Lauter, 1985.
3. Leveau, 2014b ; Leveau, 2020, p. 201.
4. Suspène, 2015, p. 195-197.

Au fond, si nombre de partis pris architecturaux à Césarée sont plus généralement d'essence romaine, leur usage par Juba et Cléopâtre Séléné suggère également bien autre chose, au service de leurs ambitions royales. La raison d'être de la ville est d'accueillir la résidence d'un roi, d'où il gère les affaires de son royaume. Le palais d'Ennabod constitue peut-être alors la plus symbolique expression monumentale du pouvoir de Juba. Tel un balcon surplombant de sa position avantageuse la ville, il offre depuis une grande salle un point de vue exceptionnel sur Césarée et, au-delà, sur la Méditerranée : sa ressemblance est frappante avec le pavillon de réception que le roi Hérode édifie à la même période dans sa résidence de Jéricho[1]. Doté d'une semblable salle d'apparat, le palais d'Ennabod sert peut-être à Juba et Cléopâtre Séléné de lieu de réception pour les ambassades venues de Rome et d'ailleurs, accueillies dans le cadre de banquets inspirés des modes hellénistiques.

Il règne à n'en pas douter une atmosphère royale à Césarée, baignée d'influences multiples. Juba s'entoure d'une garde personnelle et instaure une cohorte urbaine, comme dans la Rome impériale[2]. Mais, plus qu'une imitation des pratiques romaines, avec elles il donne forme à un projet politique original, confortant son pouvoir au sein du royaume et ajoutant à la majesté de Césarée.

La foule de serviteurs qui se presse autour du couple royal est l'actif artisan de sa grandeur. De leurs vies passées dans la dépendance du roi à la longévité remarquable, il reste pour s'en figurer le témoignage des inscriptions funéraires découvertes à Césarée. Le souvenir est bien partiel, consignant

1. Leveau, 2014b.
2. Leveau, 2020.

l'existence d'un peu moins d'une trentaine de ces hommes et de ces femmes de la *familia* de Juba et Séléné, en grande partie des affranchis, attachés essentiellement au personnel domestique du palais[1]. Qu'ils soient affranchis ou esclaves, leur origine géographique continue pour la plupart à nous échapper. Il était en outre de coutume dans l'Empire de donner des noms grecs aux esclaves, quelle que soit leur provenance[2].

Certains de ses serviteurs royaux sont à l'évidence très cultivés. Leur présence auprès des deux souverains rappelle étroitement la domesticité des aristocrates romains, et surtout celle de l'empereur à la même période[3]. Des esclaves circulent d'ailleurs entre les cours de Rome et de Césarée sous le règne de Juba, et quelques-uns paraissent même avoir appartenu à Marc Antoine avant d'être attachés au service du couple royal : l'exemple le plus fameux est celui du médecin du roi, Euphorbe, dont le nom est donné à la plante découverte lors de l'une des expéditions dirigées par Juba aux confins de l'Afrique[4]. Il est lui-même frère du médecin d'Auguste. Tous deux furent propriété de Marc Antoine avant d'être affranchis, puis de suivre des chemins différents[5].

À l'exemple de ceux qui sont auprès d'Auguste, les esclaves et les affranchis qui servent Juba sont chargés de tâches liées à la gestion du royaume comme de la maison royale, dont ils assurent l'intendance, l'approvisionnement et le quotidien fastueux jusque dans l'art culinaire : en témoigne l'épitaphe du

1. Coltelloni-Trannoy, 1997a, répertoire p. 215-217 ; Hamdoune, 2017. La référence est aujourd'hui la base de données en ligne du projet EpiCherchell : https://ccj-epicherchel.huma-num.fr/fr/le-projet-epicherchel/

2. Leveau, 1984b, p. 163.

3. Leveau, 1984a, p. 313-321.

4. Hamdoune, 2013, p. 5-17 ; Tran, 2013 ; Pietrobelli, 2014.

5. Pline l'Ancien, *Histoire naturelle*, 25, 38.

cuisinier de Juba, préservée dans les restes de la ville antique[1]. Fort de ces bras dévolus à son service, Juba crée un environnement palatial similaire à celui qu'Auguste institue à Rome[2]. Inspiré de ce qui se pratiquait dans le monde hellénistique, le faste du banquet qui avait déjà marqué par le passé les monarchies numides brille désormais avec Juba d'un nouveau lustre en Afrique.

Artistes, sculpteurs, architectes mais aussi auteurs de théâtre que Juba fait venir à lui donnent pareillement vie à sa résidence royale, à la manière grecque[3]. Lui et Cléopâtre aiment à s'entourer d'œuvres d'art, dont l'inspiration puise à différentes écoles. Dans ce domaine également, ils font preuve d'un goût prononcé pour la tradition hellénistique, largement appréciée à Rome et dans le monde romain qui, à leur tour, en offrent une production originale. Nombreuses sont les sculptures d'une qualité exceptionnelle, à la croisée de ces influences, qui en portent le témoignage à Césarée, sans qu'il soit toujours possible cependant de les dater avec précision[4]. L'éclat qu'elles donnent au pouvoir de Juba n'en est pas moins vif[5]. L'art et l'image qu'il renvoie du roi servent alors un dessein politique dûment affirmé, que Juba s'attache plus profondément à ancrer dans l'histoire et le mythe.

1. Coltelloni-Trannoy, 1997a, p. 203-210 ; Tran, 2013 ; Hamdoune, 2017, p. 83-96.
2. Tran, 2013.
3. Coltelloni-Trannoy, 2005a, p. 90-92.
4. Landwehr, 2002.
5. Coltelloni-Trannoy, 1997a, p. 155-159 ; Amedick & Froning, 2012. Christa Landwehr a entrepris de publier l'ensemble de la statuaire découverte à Césarée : Landwehr, 1993-2008.

9

Une Afrique méditerranéenne

« Roi intégrateur » : c'est ainsi que Juba peut apparaître, « imposé par Rome et dévoué à la Grèce, mais non moins descendant de Massinissa[1] ». Son nom est apprécié par des communautés civiques très éloignées, dispersées autour du bassin méditerranéen de la péninsule Ibérique à l'Asie Mineure. Elles dessinent autant de liens politiques que Juba a su tisser au sein du territoire romain et au-delà. Mais, pour le roi, la diplomatie n'est pas tout dans la communauté d'échanges au sein de laquelle il souhaite trouver sa place. À celle-ci il s'emploie aussi à donner une signification symbolique qui dépasse les impératifs politiques immédiats de l'État dont il a la charge. Il s'agit en somme pour Juba de donner un sens à son histoire et à celle de son royaume. Pour cela, le mythe d'Héraclès lui sert de guide. Comme en d'autres lieux autour de la Méditerranée dans l'Antiquité, la raison politique s'infuse de religion. Au plus près de Juba, Auguste lui-même est chanté par le poète de cour Virgile comme le descendant tant attendu d'Énée, et le second fondateur, après Romulus, de Rome[2]. À Juba, désormais, de choisir sa voix et le chemin à suivre.

1. Camacho Rojo & Fuentes González, 2000, p. 945.
2. Coltelloni-Trannoy, 1997, p. 176 ; Nelis, 2001.

Une diplomatie étendue de Carthagène à Athènes

Sans doute est-ce avec Rome et l'Italie que Juba fut le plus impliqué en matière de diplomatie. Bien qu'il ne subsiste aucune trace de son éventuel retour à Rome une fois installé à Césarée, les échanges entre le roi et l'empereur n'en furent certainement pas moins réguliers. La proximité de l'Empire, de ses territoires avoisinant le royaume et de son auguste dirigeant, à qui Juba devait le titre de roi et une fidélité intangible, le fait immanquablement penser, même si les indices sont rares et les preuves indirectes.

Les mots de Suétone en sont peut-être évocateurs. Décrivant une pratique en cours sous le règne du premier empereur, il explique que « souvent ils [les rois amis et alliés] quittèrent leurs royaumes pour venir chaque jour lui rendre leurs hommages, non seulement à Rome, mais durant ses voyages dans les provinces, et cela en toge, sans leurs insignes royaux, comme de simples clients[1] ».

Le voyage auprès de l'empereur est donc vivement encouragé pour ces monarques qui gravitent dans la sphère d'influence romaine. L'intention de Rome est, sans faux-semblant, d'affirmer sur eux son ascendant. Les réceptions données à cette occasion y participent pleinement, avec plus ou moins de subtilité selon la personnalité de l'empereur : Caligula se plaît ainsi notoirement à y faire montre de supériorité[2]. C'est d'ailleurs à son invitation que Ptolémée le rejoint, en 39, semble-t-il en Gaule où l'empereur est alors en voyage : il y retrouve deux autres rois appréciés de Caligula, Agrippa de

1. Suétone, *Vie d'Auguste*, 60.
2. Suétone, *Vie de Caligula*, 22, 2.

Judée et Antiochos de Commagène[1]. L'appartenance familiale qui rapproche Ptolémée et Caligula, et la proximité qui semble même avoir existé entre les deux cousins donnent sans doute un relief unique au dialogue entre les deux hommes.

De ses années de jeunesse, Juba a aussi gardé des liens personnels avec l'Italie. Il y a, pour le suggérer, les quelques bustes le représentant ainsi que Ptolémée, découverts à Rome et dans ses environs, et qui pourraient avoir été destinés à un contexte privé[2]. Un fragment d'inscription honorant Ptolémée, fils de Juba, retrouvé dans la ville italienne de Terracine, s'en fait plus directement l'écho[3]. Elle est attribuée à la famille du futur empereur Galba – il le sera en 68-69 – qui a là une résidence secondaire, et avec laquelle Juba semble être lié : selon Plutarque, le roi puise pour ses propres écrits dans la lecture de l'*Histoire romaine* rédigée par le grand-père de Galba, et peut-être le connaît-il personnellement[4]. Les attaches qui existent possiblement de longue date entre Juba et cette famille pourraient expliquer le geste de Galba lui-même lorsqu'il devient proconsul d'Afrique en 44-46 : une plaque de marbre découverte à Césarée conserve le souvenir de deux statues, l'une de Juba et l'autre de Ptolémée, offertes à Vénus par un dédicant dont l'identité n'est malheureusement pas établie avec certitude, mais qui pourrait correspondre à Galba[5]. Tel est l'hommage qu'il aurait rendu à Juba et à Ptolémée dont le royaume venait d'être conquis par Rome.

1. Suétone, *Vie de Caligula*, 35, 2 ; Cassius Dion, *Histoire romaine*, 49, 24, 1 et 25, 1. Voir Coltelloni-Trannoy, 1997a, p. 55-59.

2. Landwehr, 2007.

3. *AE*, 1986, n°124.

4. Plutarque, *Vie de Romulus*, 17. Sur la connexion entre cette grande famille de l'aristocratie romaine et Juba : Coltelloni-Trannoy, 1997b, p. 68.

5. *AE*, 1980, n° 961 ; Coltelloni-Trannoy, 1997a, p. 199, n. 67 ; Hamdoune, 2021, avec la traduction suivante : « Consacré à Vénus Auguste avec deux statues de Juba et Ptolémée, des supports ornés de quatre insignes, Sergius Sulpicius---- ».

Au-delà de Rome et de l'Italie, Juba tisse un réseau de relations que révèlent des témoignages épars. À l'ouest de la Méditerranée, il bénéficie de liens privilégiés avec les grandes cités d'Hispanie méridionale d'origine phénico-punique Gadès et Carthagène, ports les plus importants de la zone du détroit de Gibraltar[1]. Le roi y est distingué des titres de *duumvir quinquenalis* – la plus haute fonction municipale, exercée par Juba à titre honorifique – et de patron. De tels honneurs sont l'indice d'échanges favorisés entre Juba et ces communautés politiques qui font du roi leur protecteur. Elles lui reconnaissent une position prestigieuse, dans le sillage d'Auguste et de ses proches désignés pareillement comme *duumviri quinquenales* par la cité de Carthagène. Davantage même, il y a à n'en pas douter des intérêts communs entre le royaume de Juba et ces grands ports du Détroit.

Ce qui se joue alors implique très certainement des considérations tant politiques qu'économiques. La liaison maritime entre Césarée et Carthagène est déjà bien connue et régulièrement fréquentée : Pline l'Ancien précise d'ailleurs qu'une distance de 197 000 pas les sépare[2]. L'époque de Juba lui donne son plein essor, et, pour qui voyage entre le nord de l'Afrique et la péninsule Ibérique il s'agit désormais d'un axe majeur[3]. Entre les ports de Césarée et de Carthagène circulent des métaux, des salaisons et du sparte acheminés d'Hispanie en Afrique, d'où sont rapportés du blé, de la pourpre, du bois précieux[4].

Les liens entre les deux cités ne s'arrêtent pas là. Pour frapper monnaie, les ateliers de Carthagène s'inspirent notamment de

1. Callegarin, 2022, p. 71-73.
2. Pline l'Ancien, *Histoire naturelle*, 3, 19.
3. Guédon, 2022a.
4. Mise au point récente sur ces échanges : Callegarin, 2022, p. 72.

l'imagerie utilisée par Juba pour ses deniers : ils reproduisent, de façon simplifiée, les symboles isiaques dont le roi fait usage[1]. Le développement du culte d'Isis à Carthagène, où il semble bien implanté à cette période, a sans doute participé au rapprochement entre la Césarée de Juba et de Cléopâtre Séléné, assimilée à Isis, et la cité hispanique qui célèbre le nom du roi sur son monnayage[2]. Les choix faits par Carthagène sont révélateurs à plusieurs égards : ils disent tout à la fois la valeur des symboles de prédilection, soigneusement sélectionnés par Juba et Cléopâtre Séléné pour donner à voir leur royauté, et leur réception à l'extérieur du royaume.

À Carthagène, une autre dimension ajoute à la reconnaissance du pouvoir royal de Juba. Elle s'affiche en toutes lettres sur l'inscription gravée en l'honneur du roi et conservée sur un piédestal du forum qui devait porter sa statue : témoignant publiquement des fonctions honorifiques qui lui sont accordées – *duumvir quinquenalis* et patron –, le texte prend soin de mentionner la généalogie de Juba jusqu'à la quatrième génération, remontant à Massinissa[3]. Juba tire sa légitimité de son ascendance numide par laquelle il exerce pleinement le pouvoir royal, et c'est ainsi que le reconnaissent les dirigeants de Carthagène. Leur attachement à la maison de Juba s'étend également à sa descendance royale : Ptolémée, alors jeune prince, reçoit les mêmes honneurs que son père lorsqu'il est nommé à son tour, en 12 de notre ère, *duumvir* de la cité hispanique[4].

Se pourrait-il, comme on l'a supposé, que les hommages rendus à Juba et aux siens à Carthagène ainsi qu'à Gadès aient

1. Callegarin, 2022, p. 72.
2. Gomez, 2022.
3. Voir ci-dessus p. 21.
4. Callegarin, 2022, p. 71.

été accordés à la suite de libéralités, de largesses consenties par le roi à ces cités[1] ? La chose n'est pas impossible, même si elle n'est pas dite expressément. Les fonctions données à Juba à titre honorifique, particulièrement celle de *duumvir quinquenalis*, s'accorderaient pour le moins à l'idée d'une reconnaissance manifestée envers le roi, pour sa bienveillance rendue manifeste par des gestes en faveur des deux villes. Juba a su peut-être, à d'autres occasions, se montrer généreux : la preuve pourrait en être la statue que lui consacrent les Athéniens, dont le temple de Jupiter Olympien est achevé du temps d'Auguste grâce à l'aide étrangère venue des rois placés dans l'amitié de Rome[2].

Au-delà même de faveurs matérielles de circonstance dont elles lui auraient été redevables, Carthagène et Gadès voient fondamentalement en Juba, qu'elles prennent comme patron, un personnage capable de défendre au plus niveau leurs intérêts. Pour qui le porte, le titre n'est pas seulement honorifique. Ses implications politiques sont bien réelles : à cet égard, l'enjeu est essentiel de choisir avec diligence celui à qui les cités le décernent[3]. L'accord de Rome reste nécessaire, dont l'appui est aussi recherché. Les mots de l'auteur africain Fronton à ses concitoyens de la cité de Cirta (aujourd'hui Constantine), au IIe siècle, le disent bien : selon son conseil, il faut veiller à nommer comme patrons « ceux qui actuellement tiennent la première place au forum[4] ». La relation qu'implique le titre de patron n'est pas dénuée d'une certaine réciprocité, et, si Juba en assume la charge, c'est qu'en retour lui-même peut espérer tirer avantage des liens entretenus avec Gadès et Carthagène.

---

1. Sur cette hypothèse : Domínguez Monedero, 2017.
2. Voir ci-dessus p. 161.
3. Sur le patronage des cités à l'époque d'Auguste : Duthoy, 1984 ; Nicols, 2013.
4. Fronton, *Lettres aux amis*, 2, 11, 3-4 : témoignage cité par Lefebvre, 2011, p. 182.

De l'avis des cités romaines de Carthagène et de Gadès qui en sollicitent le soutien, Juba fait alors figure de personnage influent, à la fois interlocuteur privilégié auprès de l'empereur et soutien actif à sa politique dans la région. La fonction de patron dont elles le distinguent n'est pas nouvelle, elle existe déjà sous la République romaine. Mais, à l'heure de l'Empire, les intérêts qu'elle sert prennent un tour inédit : Auguste a bien compris tout le profit que peut apporter le patronat des communautés provinciales, exercé par lui et des proches, à la reconnaissance de son pouvoir et à l'affermissement de leur fidélité à l'Empire.

Il fut présumé, en ce sens, qu'une responsabilité assurée par Juba dans les affaires militaires de la zone du Détroit lui aurait valu en récompense les honneurs de Gadès et de Carthagène[1]. Le roi aurait joué, dans cette idée, un rôle équivalent à celui qu'avait endossé anciennement Agrippa, gratifié bien des années avant lui des mêmes titres dans les deux cités hispaniques. Juba, à supposer qu'il ait assumé un contrôle militaire sur les ports de Gadès et de Carthagène, aurait pu coordonner les mouvements de la flotte impériale entre les deux rives du détroit de Gibraltar au moment des conflits qui secouaient l'Afrique sous son règne et impliquaient des renforts venus d'Hispanie. À leur issue, le roi, par sa fonction de *duumvir quinquenalis*, se serait aussi chargé de la démobilisation des vétérans accueillis comme nouveaux citoyens à Carthagène. L'hypothèse est séduisante et, à défaut de connaître les véritables raisons qui ont motivé les choix de ces grandes cités portuaires d'Hispanie dans leurs relations avec le roi, elle invite à envisager de façon élargie la communauté d'intérêts qui unit le royaume

1. López Sánchez, 2012.

de Juba aux proches provinces romaines, de part et d'autre de la Méditerranée.

Le champ d'action de sa diplomatie se déploie au-delà même des limites de l'Empire. Dans les pas de ses aïeuls qui avaient fait rayonner la Numidie jusqu'en Grèce, Juba, attiré à son tour par le monde hellénistique, prend place dans un échiquier politique étendu à l'est de la Méditerranée[1]. Il y tisse des liens durables avec Athènes, où plusieurs inscriptions honorifiques semblent lui avoir été dédiées, ainsi qu'à sa famille[2]. À l'instar de Juba, Ptolémée y est également honoré : la cité grecque, obligée par sa générosité – sans plus de précision sur la nature de celle-ci –, lui élève semble-t-il une statue en marbre, à proximité du portique d'Attale[3]. Chose tout à fait frappante, la généalogie du jeune prince Ptolémée est rappelée sur l'inscription qui le désigne alors comme le « fils de Juba, descendant de Ptolémée » : telles n'étaient pas les habitudes grecque et romaine, qui ordinairement font seulement état de la filiation paternelle[4]. Il y a toutefois une erreur sur le nom de son grand-père, auquel le texte donne le nom de Ptolémée : la volonté des Athéniens était probablement de valoriser ses origines égyptiennes par la lignée ptolémaïque dont descendait sa mère Cléopâtre Séléné, qui eut néanmoins pour père Marc Antoine. Erreur fortuite ou choix délibéré ? La défaveur qui affectait alors la mémoire du Romain, rival déchu d'Auguste, pourrait expliquer la préférence accordée au nom plus égyptien de Ptolémée, afin de l'occulter.

1. Coltelloni-Trannoy, 1997a, p. 139.
2. *IG*, II², 3436-3439 : Coltelloni-Trannoy, 1997a, p. 218-219.
3. *IG*, II/III², 3445.
4. À propos de cette inscription, voir les commentaires de Coltelloni-Trannoy, 2005a.

Un autre aspect retient l'attention. La généalogie de Ptolémée établie sur plusieurs générations par la dédicace d'Athènes rappelle singulièrement l'inscription anciennement dédiée par les Rhodiens à Hiempsal II, grand-père de Juba II, et la pierre célébrant Juba II lui-même à Carthagène. Sur chacun des textes, la mention de l'ascendance des souverains d'origine numide relève d'une même tradition, qui ramène à l'Afrique : son origine est punique, et la coutume par laquelle sont remémorés les noms du père et du grand-père, plus exceptionnellement ceux d'aïeuls plus anciens, est encore bien présente dans le nord de l'Afrique à l'époque de Juba II. Les Athéniens, dans la façon dont ils honorent son fils Ptolémée, commémorent publiquement son double héritage, numide et lagide. Le royaume de Numidie avait laissé un souvenir glorieux dans la cité, où, il y avait bien longtemps, l'un des fils de Massinissa avait brillé lors des prestigieuses fêtes des Grandes Panathénées[1]. Un tel succès ne s'oubliait pas : Athènes conservait dans la pierre le nom gravé des vainqueurs[2].

Par-delà l'Attique, le jeune prince Ptolémée reçoit d'autres hommages dans le monde grec. À Xanthos, en Turquie actuelle, la confédération lycienne lui consacre une statue[3]. Dans la même région de Lycie, son nom est révéré à Soura où il vient consulter l'oracle[4]. L'inscription, découverte sur un mur à l'intérieur du sanctuaire, fut gravée par ses compagnons en l'honneur de leur roi, Ptolémée. L'identité exacte du souverain a longtemps nourri les discussions : on proposa d'y voir l'un des derniers Ptolémées d'Égypte, avant qu'une meilleure lecture du texte convienne d'assigner la dédicace

1. Voir ci-dessus, p. 41 et 152.
2. *IG*, II^2, 2316, l. 41-44.
3. *IGR*, III, 612.
4. *Bulletin épigraphique*, 1963, 253.

au fils de Juba II[1]. Ces témoignages semblent alors dessiner les étapes d'un voyage effectué par Ptolémée : peut-être s'agissait-il pour le prince tout à la fois d'accomplir une mission diplomatique au service de son père, et de parfaire sa connaissance des meilleurs foyers de l'hellénisme comme le faisait la fine fleur de la jeunesse romaine lors de tournées dans le monde grec[2]. Lui-même contribuait, dans les pas de Juba, au rayonnement de leur royaume jusqu'à l'est de la Méditerranée, où le souvenir des rois numides était sans doute encore vivace[3].

Le dernier voyage assuré des rois numides dans la région remontait à Hiempsal II, grand-père de Juba II, à qui les Rhodiens firent élever une statue[4]. La raison de cet hommage tenait peut-être à des motivations d'ordre économique et financier. L'île de Rhodes et le royaume de Numidie entretenaient des liens actifs depuis l'époque de Massinissa, le nord de l'Afrique recevant en nombre les produits d'exportation rhodienne. Pour les Rhodiens, la Numidie représentait sans doute encore, à l'époque de Hiempsal, un partenaire commercial qu'il s'agissait de ménager, et le roi numide lui-même accorda peut-être quelques avantages en la matière, qui lui valurent l'honneur d'une statue.

Dérouler le fil de ces échanges, leur évolution jusqu'à Juba II est malheureusement impossible. Nous n'avons pas la trace que le roi ait poursuivi la même politique que ses aïeuls dans le monde grec. Bien plus, il n'y a aucun témoignage prouvant de manière indubitable qu'il ait voyagé en Grèce et

1. Coarelli & Thébert, 1988, p. 813-814.
2. Coltelloni-Trannoy, 1997a, p. 139.
3. Sur les relations tissées anciennement entre le royaume de Numidie et le monde grec, voir ci-dessus p. 40 *sq*.
4. Kontorini, 1975.

en Orient[1]. Un lien entre Juba et cette région demeure aussi particulièrement énigmatique. Il s'agit du second mariage qu'il aurait contracté avec la princesse Glaphyra, fille du roi de Cappadoce Archélaos, allié de Rome : souverain réputé pour son érudition, il aurait d'ailleurs discuté dans ses œuvres de sujets tenus en commun avec Juba[2]. Seuls quelques mots de Flavius Josèphe évoquent l'union de sa fille avec le roi d'origine numide[3]. Glaphyra, mariée en premières noces à Alexandre, fils d'Hérode Ier, était veuve lorsqu'elle épousa Juba. Dans quelles circonstances se rencontrèrent-ils, quand eut lieu cette union ? C'est là tout le mystère, et Césarée n'a livré aucun indice de la présence de Glaphyra[4]. On a pensé toutefois lire le nom des deux époux sur une dédicace faite par la cité d'Athènes, mais l'inscription est trop abîmée pour que le fait soit assuré.

Le témoignage même de Flavius Josèphe ne manque pas d'une certaine confusion. Selon lui, la mort de Juba mit un terme à leur mariage, et Glaphyra, de nouveau veuve, épousa Archélaos, un autre fils d'Hérode. Or ce troisième mariage aurait eu lieu en 6 de notre ère, à un moment où Juba était bel et bien en vie. L'une des hypothèses serait alors qu'il ait mis fin à son union avec Glaphyra en la répudiant. Flavius Josèphe, qui ne fut pas contemporain des faits – il meurt vers 100 – aurait méconnu ce détail et conclut tout simplement à la mort de Juba lorsqu'il fit le récit des mariages de Glaphyra. Leur union, si elle eut lieu, fut peut-être toutefois de courte durée car entre la mort de Séléné possiblement en 5 de notre ère, laissant Juba disponible pour une nouvelle alliance, et les

1. Desanges, 1989b, p. 57.

2. Pline l'Ancien, *Histoire naturelle*, 37, 46 et 107-108 ; Diogène Laërce, *Vies, doctrines et sentences des philosophes illustres*, 2, 17. Sur cet allié de Rome : Ferrary, 2001.

3. Flavius Josèphe, *Antiquités judaïques*, 17, 349 ; *Guerre des Juifs*, 2, 114. À propos de Glaphyra et du royaume de Cappadoce : Roller, 2018, p. 49-58.

4. Sur la question de leur mariage, voir Coltelloni-Trannoy, 1997a, p. 35-36.

troisièmes noces de Glaphyra avec Archélaos, il ne se serait pas écoulé plus d'une année ! La main d'Auguste n'était peut-être pas loin : craignant qu'une connexion politique trop puissante se dessine entre les deux royaumes à chacune des extrémités de la Méditerranée, et du monde romain, il aurait pu convaincre Juba de renoncer au projet de ce mariage[1].

Dans les pas d'Alexandre le Grand

Le désir de Juba d'unir son nom et le destin de son royaume au monde hellénistique ne s'arrête pas là. Il s'incarne dans la prétention du roi à s'attacher des origines divines. Héraclès en est la clé. Juba entreprend de lier son histoire à la légende du demi-dieu grec, héros civilisateur par excellence qui fait triompher la culture sur la barbarie et établit l'ordre politique jusqu'aux confins du monde habité[2]. Telle est la façon dont il est perçu à l'époque où règne Juba, paré des qualités du dieu de Tyr, Melqart. Depuis le IVe siècle avant notre ère, Héraclès est régulièrement identifié à cette figure tutélaire de la royauté dans le monde phénicien, qui bénéficie de lieux de culte importants jusque dans la région du détroit de Gibraltar[3]. Hannibal en son temps, dans l'épopée qui l'avait conduit à travers les Alpes pour se porter contre Rome, avait lui aussi invoqué le modèle du héros guerrier et civilisateur Héraclès[4].

Voici comment, selon le récit de Plutarque, Juba s'inscrit dans la filiation d'Héraclès[5] :

> « Les gens de Tingis [aujourd'hui Tanger] racontent qu'après la mort d'Antée sa femme Tingé s'unit à Héraclès, que Sophax, leur fils, devint

1. C'est l'hypothèse émise par Roller, 2018, p. 56.
2. Bernard, 2012.
3. Coltelloni, 2002.
4. Briquel, 2003.
5. Plutarque, *Vie de Sertorius*, 8-10.

roi du pays et donna à la ville le nom de sa mère; ils ajoutent que le fils de Sophax fut Diodore, qui soumit de nombreux peuples libyens à l'aide d'une armée grecque d'Olbiens et de Mycéniens établis dans cette région d'Héraclès. Que ces lignes soient dédiées à la mémoire de Juba, le plus grand historien qu'il y ait eu parmi les rois, et dont les ancêtres descendaient, à ce qu'on dit, de Diodore et de Sophax.»

Avant même que Juba accède au pouvoir, l'épisode du mythe d'Héraclès en Afrique est raconté à l'époque de sa jeunesse à Rome, par Salluste: en Afrique, l'histoire était connue depuis longtemps[1]. L'enjeu n'était pas d'y croire, et Strabon voit d'ailleurs dans le passage d'Héraclès dans cette région de l'œkoumène une pure fable. Mais celle-ci fait partie d'une tradition bien ancrée dans les descriptions de l'extrême occident africain[2]. La topographie y est marquée du nom du héros, à commencer par les fameuses colonnes d'Hercule qui désignent dans l'imaginaire grec le détroit de Gibraltar[3]. Plus au sud, la cité de Lixus, au Maroc actuel, était réputée pour avoir abrité le merveilleux Jardin des Hespérides lors du onzième des travaux d'Héraclès[4].

Durant le Ier siècle avant notre ère, le mythe connaît un regain d'intérêt à Rome et, dans cette période d'effervescence politique et militaire qui confine à la course au pouvoir personnel, il accompagne les généraux romains dans leurs conquêtes[5]. Sertorius, dont la lutte qui l'oppose à Sylla le conduit chez les Maures en 79 avant notre ère, se serait fait guider dans les environs de Tingis auprès du tombeau d'Antée, le sinistre géant tué par Héraclès: il aurait entrepris de fouiller l'endroit et découvert les restes d'un corps d'une taille

1. Salluste, *Guerre de Jugurtha*, 17.
2. Strabon, *Géographie*, 17, 3, 3, et 3, 7. Voir Coltelloni-Trannoy, 2002.
3. Albaladejo Vivero, 2019.
4. Ribichini, 1992.
5. Bernard, 2012.

colossale[1]. La preuve était apportée de la geste d'Héraclès, et Sertorius pouvait prétendre inscrire ses pas dans ceux du héros. La présence d'Héraclès aurait semblablement inspiré César en Hispanie, et lui-même est comparé, à travers ses exploits militaires, au héros[2].

À son tour, Juba fait un usage du mythe qui a nourri, depuis plusieurs générations déjà, les ambitions d'hommes politiques romains. À leur différence toutefois, fort de ses origines, il donne à la légende un sens inédit : il ne serait pas le simple imitateur d'Héraclès, mais son descendant, son héritier légitime. Juba le revendique d'abord par la généalogie, et il faut très probablement lui attribuer la création d'une filiation lui prêtant pour ancêtre Héraclès[3]. Une soixantaine d'années après la mort du roi, Plutarque, particulièrement soucieux d'honorer sa mémoire, est le premier à affirmer que Juba descend d'Héraclès, et c'est en ces termes qu'il l'établit[4] : Diodore, fils de Sophax lui-même fils d'Héraclès et de Tingis – l'épouse légitime d'Antée –, est le fondateur désigné de la dynastie royale à laquelle appartenait Juba. Le personnage de Diodore apparaît à la même période dans les écrits de Flavius Josèphe : tous deux, avec Plutarque, se font alors très probablement l'écho d'une généalogie qu'ils ont lue dans l'œuvre de Juba, à qui serait due l'invention de ce prince légendaire[5]. Le roi avait revisité le mythe héracléen au profit d'une nouvelle lecture qui l'ancrait davantage encore dans la géographie de son royaume. Avec lui, Tingis, anciennement

1. Plutarque, *Vie de Sertorius*, 9, 6-7 ; Strabon, *Géographie*, 17, 3, 8. Sur l'épopée de Sertorius et son épisode africain, dont les circonstances ne sont pas clairement élucidées : Callegarin, 2002.

2. Suétone, *Vie de César*, 7, 2 ; Diodore de Sicile, *Bibliothèque historique*, 4, 19, 1 et 4.

3. Coltelloni-Trannoy, 2002.

4. Plutarque, *Vie de Sertorius*, 9. Voir également Flavius Josèphe, *Antiquités judaïques*, 1, 238.

5. Flavius Josèphe, *Antiquités judaïques*, 1, 238. Voir Lassère, 1979, p. 232-234.

réputée comme la ville d'Antée, devient ainsi l'épouse puis la veuve du géant, et enfin la compagne d'Héraclès par laquelle Juba et les rois de son ascendance peuvent prétendre à une origine divine.

La dynastie numide avait déjà témoigné, avant lui, d'une faveur particulière pour la divinité dont Juba II se réclame. Des thèmes liés à Héraclès ou à Melqart figurent sur les monnaies de son père, Juba Ier[1]. La proximité entre le culte de Melqart et la royauté numide était ancienne. En atteste la célèbre inscription funéraire de Micipsa mort en 118 avant notre ère, découverte dans les environs de Cherchell : l'un des donateurs occupait une fonction liée au culte de Melqart[2]. La divinité phénicienne, ou un dieu très sensiblement proche du nom de Milkashtart, connaissait alors une dévotion qui s'étendait dans les cités d'influence punique, jusqu'aux deux rives du détroit de Gibraltar. Melqart et Milkashtart pourraient d'ailleurs être simplement différentes expressions d'un même culte : ainsi furent-ils progressivement identifiés à Héraclès, avec lequel ils se confondaient depuis longtemps déjà lorsque Juba II devient roi[3].

Il n'est pas aisé de distinguer dans toutes les personnalités du dieu, à la croisée de mythologies phénico-puniques, gréco-romaines, libyques, voire égyptiennes en Afrique. En tout état de cause, le culte rendu au dieu d'origine grecque était répandu, particulièrement en Numidie où il était peut-être le fruit d'une fusion entre des divinités locales et Melqart, ainsi que sur l'autre rive du détroit de Gibraltar[4]. En Hispanie,

1. Alexandropoulos, 2007, p. 173-186.
2. Cadotte, 2006 : il y a également des traces de la divinité à Cirta (Constantine), qui remonte au IIIe siècle avant notre ère ; Coltelloni-Trannoy, 2017, p. 29-32.
3. Cadotte, 2006.
4. Cadotte, 2006.

Gadès, fondée par les gens de Tyr, abritait un prestigieux sanctuaire d'Héraclès. Sa présence pourrait être l'une des clés expliquant le lien personnel entre Juba II et la cité, dont les habitants le distinguent de titres honorifiques[1]. L'ascendance héracléenne revendiquée par le roi le rendait sans doute particulièrement sensible aux lieux majeurs de dévotion à la divinité. Peut-être fut-il alors attentif au destin du temple de Gadès. Réputé pour ses richesses, il est en effet pris d'assaut par le roi maure Bogud lors du siège auquel il soumet la ville, en 38 avant notre ère[2]. À l'heure où Juba reçoit la royauté, le sanctuaire n'a peut-être pas encore recouvré sa splendeur passée : tel pouvait être le motif immédiat d'une aide accordée par le roi, à moins qu'un calcul plus sérieux ne l'y ait incité. En donnant son nom à des travaux qui embellissaient l'édifice, il pouvait espérer effacer le souvenir de Bogud dont il dominait désormais le pays. Si telle fut la générosité de Juba, elle expliquerait les honneurs qu'il reçoit à Gadès.

D'un point de vue politique, prendre la place d'un souverain maure n'allait pas de soi, et Juba compte peut-être sur la généalogie grâce à laquelle il se pose en descendant d'Héraclès pour lui donner toute légitimité en Maurétanie. Fort de la relation établie avec le dieu et les lieux symboliques qui auraient accueilli les épisodes du mythe dans la région, Juba conforte son titre de roi et son autorité sur un territoire, dans l'extrême occident de l'Afrique, qui dans les faits n'avait pas appartenu à ses aïeux numides, mais aux Maures[3]. Le choix d'Héraclès est à double gain : il offre une origine hellénique à son royaume en même temps qu'un patronage héroïque à son action profondément ancrée dans l'environnement africain. La référence au dieu vaut en terre numide comme

1. Domínguez Monedero, 2017.
2. Porphyre, *De l'abstinence*, 1, 25.
3. Coltelloni-Trannoy, 2002.

maure. Telle est l'implication profonde de l'héritage que Juba revendique ouvertement d'Héraclès et qu'il donne à voir sur ses monnaies, ornées de thèmes tirés du mythe. Le roi y apparaît paré des attributs du héros, coiffé de la peau du lion de Némée ou encore arborant la massue, puisant, pour évoquer la figure d'Héraclès, aux différentes facettes de la divinité honorée dans son royaume[1].

À travers Héraclès, Juba s'identifie aussi au plus prestigieux des souverains du monde hellénistique : Alexandre le Grand, protégé du dieu qui aurait fondé sa dynastie royale, celle des Argéades. L'évocation du roi macédonien est implicite sur un denier qui figure Juba traversant de sa lance un sanglier : l'écho est alors saisissant avec l'image d'Alexandre perçant un ennemi de sa pique[2]. Juba n'est pas le premier, loin de là, à invoquer le royaume d'Alexandre : avant lui, son père avait fait frapper monnaie en empruntant à l'effigie du Macédonien coiffé de la dépouille d'éléphant telle qu'elle était reproduite sur des pièces lagides, et qui avait aussi inspiré, à Rome, Pompée[3].

Si Juba II fait usage d'Héraclès tout au long de son règne, la présence du dieu devient progressivement plus prégnante sur les monnaies vers sa fin, au moment pense-t-on où le mythe des origines héracléennes du roi a pleinement pris forme[4]. Juba se montre alors plus sûr de son pouvoir, auquel il donne sa pleine mesure. L'image d'Héraclès se fait à l'inverse très discrète dans le monnayage de Ptolémée. Il ne revendique pas avec la vigueur qui fut celle de son père la généalogie qui liait leur dynastie au dieu[5]. Ptolémée fait d'autres choix pour

1. Coltelloni-Trannoy, 1997, p. 176-177 ; Suspène, 2015.
2. Alexandropoulos, 2007, p. 213-233. Voir en annexe.
3. Alexandropoulos, 2007, p. 173-186.
4. Alexandropoulos, 2007, p. 213-233 ; Suspène, 2015, p. 188-190.
5. Alexandropoulos, 2007, p. 235-244.

traduire en image son pouvoir, qui tranchent avec la personnalité et les revendications affirmées avec force par Juba.

Pour autant, Ptolémée n'échappe pas au halo divin dont son père a nimbé leur titre de roi. Non seulement Juba déclarait descendre d'un dieu, mais lui et son fils reçoivent également des marques de dévotion que nul autre roi en Afrique n'avait semble-t-il connues jusque-là[1]. La preuve se révèle à la lueur de deux inscriptions en langue latine gravées sous le règne de Ptolémée, découvertes à Césarée. L'une est dédiée « au génie du roi Ptolémée, fils du roi Juba », tandis que l'autre en appelle à Saturne afin qu'il soit favorable au salut du même souverain[2]. Les deux textes ne disent pas que le roi était perçu et honoré à l'égal d'une divinité, mais il a indubitablement acquis une importance nouvelle dans la dévotion religieuse dont les tenants de sa dynastie avaient fait l'objet jusque-là.

Le premier texte, de facture modeste, invoque avec le « génie » du roi une notion complexe, propre à la religion romaine. Selon Censorinus, grammairien du IIIe siècle, « le génie est un dieu sous la protection duquel vit tout ce qui est né[3] ». Associé à un individu du rang de Ptolémée, le génie constitue donc « une sorte de divinité qui lui était spécialement attachée et requiert un culte, en particulier aux anniversaires de sa naissance[4] ».

Cette dimension prend un relief politique inédit à Rome, au moment où règne Juba : les marques de dévotion à la personne impériale qui germent alors font d'Auguste, à travers le culte rendu à son génie, le défenseur par excellence de la puissance

1. Coltelloni-Trannoy, 1997, p. 195-199 ; Coltelloni-Trannoy, 2017.
2. *CIL*, VIII, 9342 ; *AE*, 1938, n°149.
3. Censorinus, *Sur le jour anniversaire de la naissance*, 3, 1, cité par Lepelley, 1992.
4. Dumézil, 1983, p. 86, citation reprise par Goffaux, 2004.

romaine[1]. On ne peut s'empêcher d'établir un parallèle avec l'invocation au génie du roi Ptolémée à Césarée, inspirée des mêmes formes d'expression religieuses qui s'attachent simultanément à l'empereur. Pour la première fois dans les royaumes africains, autant qu'on puisse en juger, une essence divine coexiste avec la nature humaine du roi régnant dans les hommages qui lui sont rendus[2].

Une pareille implication ressort de la seconde dédicace découverte à Césarée, gravée lors de la dixième année du règne de Ptolémée[3]. Son auteure, une certaine Galla, relate un sacrifice célébré en l'honneur du dieu Saturne, pour le salut de Ptolémée. Une autre femme du nom de Julia Vitalis, originaire de Rusguniae, cité voisine de Césarée, prit part au geste à ses côtés. À l'exemple du rite romain, une victime fut offerte à la divinité, auprès de qui le vœu fut fait de veiller sur le roi. Le choix d'invoquer Saturne est emblématique. Il dit bien la place prééminente qu'occupe désormais le dieu d'origine romaine dans la vie religieuse de l'Afrique. Là, il est l'héritier du dieu punique Baal Hammon, dont le culte est repris sous une forme empruntant aux représentations romaines.

L'intention qui a présidé à la décision de ce sacrifice à destination de Ptolémée puise aussi peut-être aux sources romaines du culte impérial[4]. Dès avec Auguste, les grandes divinités sont sollicitées, notamment lors de cérémonies officielles, pour soutenir l'empereur dans son action. C'est, avec la pierre de

1. Fishwick, 1991, p. 375-387.
2. Coltelloni-Trannoy, 1997, p. 196-197.
3. Sur cette inscription, Louis Leschi, qui en fut le premier commentateur, propose de traduire le texte de la façon suivante : « Pour le salut du roi Ptolémée, fils du roi Juba, dans la dixième année de son règne, moi, Antistia Galla, j'ai accompli un vœu à Saturne, d'un cœur content, à juste titre, la victime ayant été reçue par Julia Vitalis, fille de Respectus, originaire de Rusguniae » (voir Leschi, 1937). Également Hamdoune, 2021.
4. Coltelloni-Trannoy, 1997, p. 197.

Césarée, le rôle qui est semblablement confié à Saturne, chargé de protéger Ptolémée. Certes, le sacrifice cultuel organisé en l'honneur du souverain relève de l'initiative privée de deux femmes qui appartiennent à une frange romanisée de la population de la ville et de ses environs. Il n'y a alors aucune trace d'une dévotion institutionnalisée envers la royauté. Mais Juba et Ptolémée ne sont pas étrangers, en les inspirant et peut-être même en les encourageant, à la sorte d'hommages religieux qui leur sont rendus à l'exemple du culte développé sous différentes formes dans le sillage de l'empereur romain. Ils en furent assurément des acteurs avertis.

La dévotion nouvelle qui entoure les rois de Césarée s'ancre suffisamment pour qu'elle ne se soit pas éteinte à leur mort[1]. Dans la cité qui fut leur capitale, des statues de Juba, de Ptolémée et de Vénus, toutes trois sans doute de taille imposante, sont offertes par un citoyen romain, peut-être le gouverneur de la province d'Afrique Galba, au Ier siècle de notre ère, pour figurer dans le temple consacré à la déesse[2]. Les rois, compagnons de la déesse, sont alors associés à elle dans un acte de dévotion commune. Telle était également la finalité de la statue plus grande que nature de Ptolémée qui fut retrouvée dans le temple d'une divinité inconnue à Sala, dont les vestiges de la ville antique avoisinent aujourd'hui Rabat.

À une période plus tardive, alors que le christianisme connaît son plein essor, les auteurs originaires de l'Afrique romaine rappellent encore l'adoration portée à Juba et à son fils, élevés au rang de divinités[3]. « Chaque province, chaque

1. Coltelloni-Trannoy, 2017.
2. Voir ci-dessus p. 195.
3. Tertullien, *Apologétique*, 24, 7-8 ; Minucius Félix, *Octavius*, 21, 9 ; Cyprien, *De la vanité des idoles*, 2, 6 ; Lactance, *Institutions divines*, 1, 15, 8. Voir également Isidore de Séville, *Étymologies*, 8, 11, 1-2.

cité a aussi son dieu à elle ; ainsi, la Syrie a son Atargatis, l'Arabie son Dusarès, le Norique son Bélénus, l'Afrique sa Célestis, la Maurétanie ses rois. Ce sont des provinces romaines, je pense, que je viens de nommer ; et cependant leurs dieux ne sont pas des dieux romains », écrit au début IIIe siècle Tertullien[1]. Faut-il y voir la perpétuation, par les sources chrétiennes, d'un lieu commun qui faisait des dieux païens des hommes divinisés[2] ? Il pourrait tout aussi bien s'agir du souvenir encore vivace d'une vieille pratique qui avait fait de Juba, dans la religiosité de son royaume, l'égal d'une divinité.

La piste d'une telle croyance nous mène, au terme de l'enquête, dans la région de Sétif, en Algérie, en un temps où Juba n'est plus et où la domination romaine s'est refermée sur elle. Une inscription latine consigne son nom dans un usage troublant[3]. Le roi est invoqué en même temps que Jupiter et le génie du lieu (Vanisnesi), afin de placer sous la tutelle de ces différentes divinités l'organisation d'une foire annuelle dans cet endroit de la province de Maurétanie. Est-ce le roi Juba II divinisé auquel il serait fait référence ? L'hypothèse n'est pas à écarter, mais par prudence on préfère y voir un dieu maure homonyme qui pourrait avoir une existence très ancienne dans la région. La coutume était en effet répandue, chez les rois numides et maures, de prendre des noms théophores. Telle serait l'origine du nom de Juba, qui était déjà celui d'une divinité.

1. Tertullien, *Apologétique*, 24, 7-8.

2. Camacho Rojo & Fuentes González, 2000, p. 946.

3. Hamdoune, 2001, qui propose la traduction suivante : « Marché annuel, ce qu'ont prescrit Jupiter, Juba et le génie de *Vanisnense*. Selon la prescription des dieux des *Ingirozoglenses* ».

De ces différentes facettes qui ont constitué sa personnalité, Juba tira parti avec un sens politique aiguisé. Pour lui comme pour les autres souverains du monde hellénistique, soucieux de ce qu'ils avaient encore d'indépendance face à la puissance romaine, défendre leur titre royal était un enjeu de taille pour lequel la rivalité était âpre. Les dîners qui les réunissaient à Rome lorsqu'ils venaient rencontrer l'empereur étaient particulièrement propices à de vives discussions sur la noblesse de leurs origines, à laquelle chaque roi prétendait sans doute plus que les autres[1]. Comme eux, Juba savait la force des symboles pour se rendre légitime aux yeux des Romains qui puisaient aussi dans le monde hellénistique leurs modèles.

De sa jeunesse à Rome, il avait pu garder en mémoire tout ce que le nom d'Alexandre le Grand représentait pour ceux qui aspiraient au pouvoir politique à l'exemple de Pompée, César et désormais Auguste. C'est aussi dans les pas du Macédonien que Juba plaçait les siens en affirmant descendre du même ancêtre divin, Héraclès. Il y avait au surplus, dans son mariage avec Cléopâtre Séléné, matière à argumenter une proximité avec l'épopée qui avait conduit Alexandre jusqu'en Égypte. Le décès de la reine affaiblit aussi, d'une certaine façon, l'attache revendiquée par Juba entre son royaume et l'univers du grand conquérant.

Le lien à Alexandre pourrait alors expliquer l'intérêt particulier que Juba manifesta à un moment, après la mort de Séléné, pour la princesse de Cappadoce Glaphyra, qu'il voulut semble-t-il prendre pour épouse[2]. Celle-ci était éminemment fière de ses origines, et s'était même attiré bien des animosités

1. Suétone, *Vie de Caligula*, 22.
2. Schettino, 2002.

en rappelant sur un ton supérieur, lorsqu'elle était à la cour du royaume de Judée du temps de son mariage avec le roi Alexandre, qu'elle remontait par son père à Téménos, descendant selon la tradition d'Héraclès et fondateur de la dynastie d'Alexandre le Grand[1]. Pour Juba, le mariage avec Glaphyra était la promesse d'un lien renouvelé entre son royaume et l'illustre personnage dont il avait repris l'héritage, afin de promouvoir un hellénisme œcuménique[2]. Il est frappant de noter que, dans les années mêmes précédant ce projet de mariage, auquel Juba dut très vite renoncer, la mémoire d'Alexandre avait pris une tournure piquante sous l'impulsion d'écrivains grecs opposés à la domination de Rome en Orient et à la politique de l'empereur[3]. Il y avait semble-t-il parmi eux Timagène d'Alexandrie, que Juba connaissait sans doute au moins de nom : le grand historien d'origine égyptienne était ami d'Auguste, mais leur relation finit toutefois par se dégrader[4]. Dans les écrits de ces auteurs grecs hostiles à l'Empire circulait alors l'idée que « le peuple romain n'eût pu résister à la gloire d'Alexandre[5] ». L'héritage d'Alexandre était, lui aussi, à multiples facettes.

1. Flavius Josèphe, *Guerre des Juifs*, 1, 24, 2.
2. Expression empruntée à Schettino, 2002.
3. Humm, 2006.
4. Roller, 2003, p. 66 et 81. L'auteur alexandrin, qui avait été ramené comme captif à Rome en 55 avant notre ère, où il finit par recouvrer la liberté et faire carrière, fut proche aussi du cercle des amis d'Antoine : voir Ferriès, 2007, p. 16 et 340.
5. Tite-Live, *Histoire romaine*, 9, 18, 6.

ÉPILOGUE

L'âme d'un bâtisseur

Juba II meurt à la fin de l'année 23 ou au début de l'année 24, après avoir régné quarante-huit années[1]. Ptolémée devenait le nouveau roi, et il n'y eut aucun problème pour Rome à le reconnaître dans cette fonction[2]. En revanche, l'énigme reste entière sur la dernière demeure du souverain défunt. L'endroit de sa sépulture, dont on peut penser qu'elle avait accueilli également Cléopâtre Séléné, est à ce jour inconnu. Au Ier siècle de notre ère, Pomponius Mela signale succinctement entre Césarée et Icosium (aujourd'hui Alger) un « tombeau de famille de la lignée royale » : seul auteur à en faire mention, sans doute en rapporte-t-il l'existence pour l'avoir lui-même vu[3]. Le monument fut identifié à l'imposant mausolée qui se dresse sur les hauteurs à quelques kilomètres du site de Tipasa : surnommé « tombeau de la chrétienne » à cause de motifs à l'apparence de croix latine, il est l'un des plus fameux vestiges antiques de l'Algérie, des plus discutés aussi[4]. Au XIXe siècle, les voyageurs européens émirent l'idée

1. Coltelloni-Trannoy, 2003.
2. Tacite, *Annales*, 4, 24-26.
3. Pomponius Mela, *Chorographie*, 1, 6. Voir Briand-Ponsart, 2011, p. 179-180.
4. Voir en annexe.

qu'il servit de tombeau à Juba et Cléopâtre Séléné[1]. On ne sait toutefois à quel souverain il faudrait en attribuer la construction, datée entre le IIIe et le Ier siècle avant notre ère, et, s'il s'agit d'un tombeau dynastique, rien n'assure qu'il ait accueilli les restes de Juba et de la reine[2]. Ils peuvent tout aussi bien avoir été déposés à proximité de Césarée où se situait déjà, comme le rappelle une ancienne inscription, le tombeau aujourd'hui disparu du roi numide Micipsa, qui était de la même maison que Juba[3].

Par son action, même s'il n'est pas facile d'en connaître la portée au sein de son royaume, Juba avait donné une assise solide à son gouvernement que rien ne semblait menacer au moment de sa mort. Sa fidélité à Rome avait été indéfectible. Eut-il d'ailleurs d'autre choix[4] ? Qu'aurait-il pu envisager par les armes contre l'Empire, dont la puissance militaire touchait son domaine où il lui fallait aussi asseoir sa légitimité ? La guerre avait déjà été perdue par son père. Juba le savait, ramené enfant captif à Rome. Il avait pu en prendre la mesure dans sa jeunesse passée au plus près de la famille de l'empereur, à qui il devait somme toute, et ce n'était pas la moindre des dettes, le royaume dont il avait reçu la charge en Afrique. C'est aussi par d'autres moyens que le prince, devenu roi, avait entrepris d'écrire une histoire qui le liait aux racines du monde grec et conférait à sa terre natale une existence au-delà de la sphère de Rome. Là était le terrain où il pouvait être sûr de l'emporter, grâce à la dominance qui était reconnue à l'hellénisme jusque dans la capitale de l'Empire.

Il y avait dans ses choix bien plus que des considérations

1. Dondin-Payre, 2001.
2. Résumé des différentes hypothèses dans Bridoux, 2020, p. 129-130.
3. Coltelloni-Trannoy, 2017, p. 29-31.
4. Bénabou, 1988, p. 213-214.

culturelles. Juba était pleinement conscient des réalités politiques de son temps et du rôle qui pouvait être le sien dans son royaume comme à l'extérieur, sous l'œil de Rome, attentive à ce qui se jouait dans sa sphère d'influence. À sa mort, son fils héritait d'un titre qu'il s'était employé toute sa vie à faire reconnaître. Ptolémée pouvait alors en faire usage avec davantage d'assurance, dans une relation à Rome peut-être aussi plus assumée. Son assassinat par Caligula ne dit-il pas autrement que Juba avait réussi à donner force à son royaume, au point d'en faire paraître, une génération plus tard, son roi dangereux pour l'empereur?

Loin de la simple image de « fonctionnaire couronné », Juba fut un fondateur[1]. Et, pour bâtir son pouvoir, il utilisa des circonstances imposées à lui par Rome. Le mariage avec Cléopâtre Séléné l'y aida incontestablement. Avec habileté, Juba concilia les différentes lignes de force qui se croisaient de longue date dans le nord de l'Afrique déjà imprégné de courants culturels venus d'ailleurs, de l'est puis du nord de la Méditerranée. Inévitablement, l'ascendant romain faisait son œuvre, mais Juba le mit au profit d'un projet politique original grâce auquel il proposait une nouvelle manière de concevoir le rapport entre Rome et l'histoire des royaumes africains[2]. Cela, la conquête de Rome l'occulta peu à peu, mais le souvenir du roi restait intact dans son ancien royaume, où il bénéficiait d'une reconnaissance dont la nature même continue d'intriguer.

Avec lui prennent corps aussi toutes les questions posées par la perception de l'Antiquité dans les mémoires collectives au Maghreb, où elle fut régulièrement jugée comme

1. L'expression de « fonctionnaire couronné » est reprise de Bénabou, 1976, p. 248. L'image du fondateur est empruntée à Suspène, 2015, p. 203.

2. Suspène, 2015, p. 186.

la phase initiale de la colonisation étrangère[1]. Cette vision cyclique de l'histoire, centrée sur une succession de dominations venues d'ailleurs, s'inscrit paradoxalement dans la même ligne de pensée véhiculée au cours de la période coloniale[2]. Il n'est pas facile de sortir de ce paradigme et de ses discours dévalorisants, car le Maghreb a cela de particulier qu'il fut un creuset dans lequel se sont mêlées à l'histoire de l'Afrique, bien souvent avec violence, celles de l'Orient et de l'Europe, depuis l'Antiquité jusqu'à l'époque contemporaine. Un lourd et complexe héritage assurément, auquel il faut donner sa place par-delà une vision univoque de l'histoire.

« Les hommes font leur propre histoire, mais ils ne la font pas arbitrairement, dans les conditions choisies par eux, mais dans des conditions directement données et héritées du passé », écrivait Karl Marx[3]. C'est au fond cela, l'histoire de Juba II, et l'un des défis au Maghreb aujourd'hui, où le passé entrechoque le présent.

1. Laroui, 1982.
2. Cantier, 2003.
3. Marx, trad. française 2017, p. 14.

Carte et Annexes

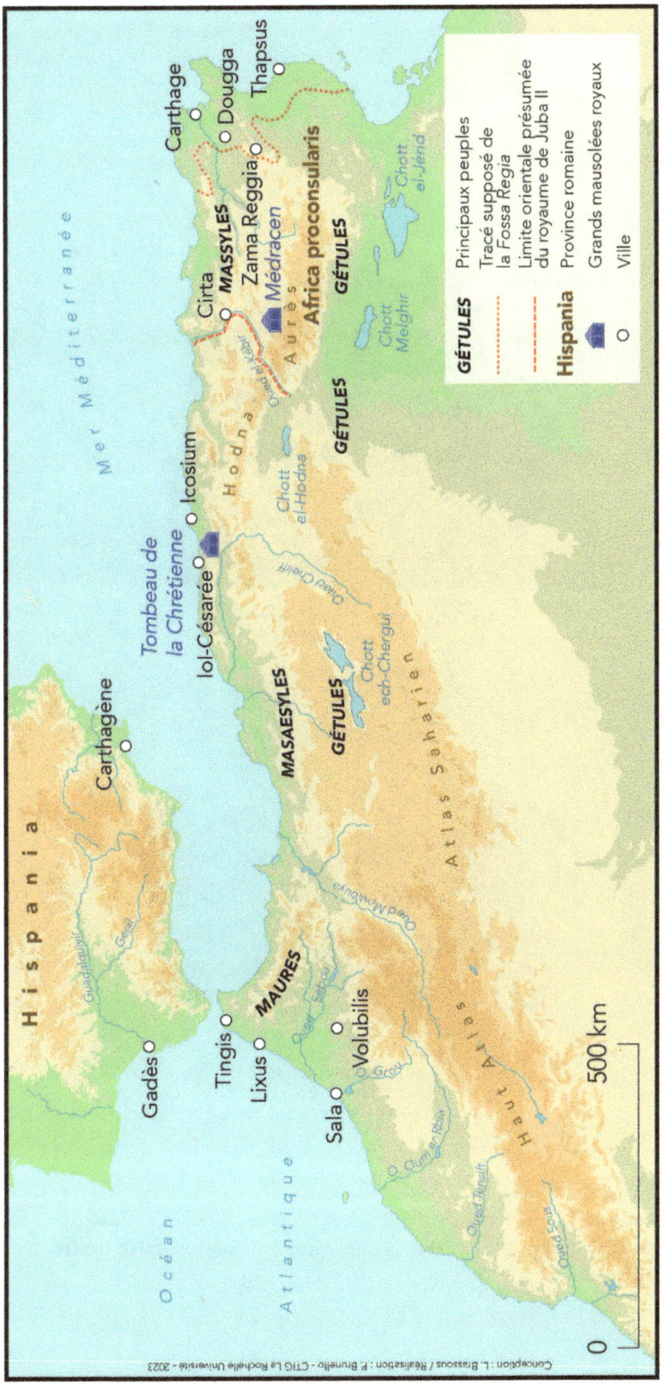

Le nord de l'Afrique au temps de Juba II. Sont mentionnés les principaux lieux et groupes de populations cités dans le texte, afin d'aider le lecteur à se repérer.

Buste de Juba II, bronze, Volubilis, Maroc, vers 25 av. J.-C., Musée de l'Histoire et des Civilisations, Rabat, Maroc © Fondation Nationale des Musées.

Monument funéraire dit « tombeau de la chrétienne » (Photo de l'auteur).

Bibliothèque nationale de France, département Monnaies, médailles et antiques, M 6862

Bibliothèque nationale de France, département Monnaies, médailles et antiques, Fonds général 853

Bibliothèque nationale de France, département Monnaies, médailles et antiques, M 6856

Bibliothèque nationale de France, département Monnaies, médailles et antiques, M 7014

Sources et bibliographie

Abréviations

AE : *L'Année épigraphique*, Paris, PUF, 1888-.

CIL, II : *Corpus Inscriptionum Latinarum*, II : *Inscriptiones Hispaniae Latinae*, Berlin, G. Reimer, 1869-1892.

CIL, VIII : *Corpus Inscriptionum Latinarum*, VIII : *Inscriptiones Africae Latinae*, Berlin, W. de Gruyter, 1881-1892.

FHG : *Fragmenta Historicum Graecorum*, éd. de Karl Müller, Paris, Firmin Didot, 1848-.

FGrHist : *Die Fragmente der griechischen Historiker*, éd. de Felix Jacoby, Berlin Leyde, Brill, 1923-1958.

IG, II^2 : *Inscriptiones Graecae. Vol. II et III. Inscriptiones Atticae Euclidis anno posteriores. Editio altera*, éd. de Johannes Kirchner, Berlin, De Gruyter, 1913-1940.

IG, II/III^2 : *Inscriptiones Graecae. Vol. II et III. Inscriptiones Atticae Euclidis anno posteriores*, éd. de Johannes Kirchner, Berlin, G. Reimer, 1913-.

IGR : *Inscriptiones Graecae ad res Romanas pertinentes*, éd. de René Cagnat, Paris, Ernest Leroux, 1906-1927.

ILS : *Inscriptiones Latinae Selectae*, éd. de Hermann Dessau, Berlin, Weidmann, 1892-1916.

Sources littéraires

De manière générale, les références précises en note de bas de page n'ont pas été mentionnées lorsque les textes littéraires consultés ont été édités dans la Collection des universités de France (CUF) ou bien dans la collection des Sources chrétiennes.

Bibliographie

ABASCAL PALAZÓN, Juan Manuel, RAMALLO ASENSIO, Sebastián F., *La Ciudad de Carthago Nova: la documentación epigráfica*, Murcie, Universidad de Murcia, 1997.

ALBALADEJO VIVERO, Manuel, « Las Columnas de Heracles en el imaginario griego », dans *Le Détroit de Gibraltar (Antiquité-Moyen Âge). I. Représentations, perceptions, imaginaires*, dir. Françoise des Boscs, Yann Dejugnat et Arthur Haushalter, Madrid, Casa de Velázquez, 2019, p. 39-57.

ALEXANDROPOULOS, Jacques, « L'usage du grec en Afrique du Nord, d'après les documents monétaires (IIIe s. av. J.-C.-Ier s. apr. J.-C.) », *Antiquités africaines*, 38-39, 2002, p. 289-296.

ALEXANDROPOULOS, Jacques, « Monnaie et romanisation en Afrique antique Ier siècle av. J.-C.-IIe siècle apr. J.-C. », *Pallas*, 68, 2005, p. 203-216.

ALEXANDROPOULOS, Jacques, *Les monnaies de l'Afrique antique, 400 av. J.-C.-40 apr. J.-C.*, Toulouse, Presses universitaires du Mirail, 2007.

ALEXANDROPOULOS, Jacques, « Jugurtha héros national : jalons sur un itinéraire », *Anabases*, 16, 2012, p. 11-29.

ALEXANDROPOULOS, Jacques, « Les guerres d'Auguste et Tibère en Afrique : le témoignage des monnaies », dans *La guerre dans l'Afrique romaine sous le Haut-Empire*, dir. Michèle Coltelloni-Trannoy et Yann Le Bohec, Paris, CTHS, 2014, p. 35-52.

ALEXANDROPOULOS, Jacques, « Hannibal et Jugurtha : regards sur deux héros nationaux maghrébins », *Karthago*, XXXI, 2018-2019, p. 109-123.

AMEDICK, Rita et FRONING, Heide, dir., *La réorganisation du musée de Cherchell. Phase I : Le royaume numide*, Wiesbaden, Harrassowitz, 2012.

AMIOTTI, Gabriella, « Le Isole Fortunate: mito, utopia, realtá geografica », dans *Geografia e storiografia nel mondo classico*, éd. Marta Sordi, Milan, Vita e pensiero, 1988, p. 166-177.

AOUNALLAH, Samir, GOLVIN, Jean-Claude, dir., *Dougga. Études d'architecture religieuse, 2. Les sanctuaires du forum, du centre de l'agglomération et de la Grande rue courbe*, Bordeaux, Ausonius, 2016.

ARANEGUI GASCÓ, Carmen, « Response by C. Aranegui Gascó to E. Papi's review of *Lixus 3* (*JRA* 26 [2013] 800-7) », *Journal of Roman Archaeology*, 28, 2015, p. 962-964.

ARCO AGUILAR, María del Carmen del, ARCO AGUILAR, María Mercedes del, BENITO MATEO, Carmen, ROSARIO ADRIÁN, María Candelaria, éds, *Un taller romano de púrpura en los límites de la Ecúmene. Lobos 1 (Fuerteventura, Islas Canarias). Primeros resultados*, Tenerife, Museo Arqueológico de Tenerife, 2016.

ARNOULD-BÉHAR, Caroline, « Les palais d'Hérode, lieux d'exaltation du pouvoir royal », *Transversalités*, 146/3, 2018, p. 89-106.

ARRAICHI, Hamid, « Le Maroc antique dans l'historiographie contemporaine : continuité, rupture ou mutation ? », *L'Africa romana*, 20/2, 2015, p. 997-1007.

BADIAN, Ernst, *Foreign clientelae, 264-70 B.C.*, Oxford, Clarendon Press, 1958.

BAKHOUCHE, Béatrice, « *Augustus* : les astres et la mutation de l'autorité à Rome », *Revue des études anciennes*, 114/1, 2012, p. 47-72.

BALTY, Jean-Charles, « Paul Zanker, *Studien zu den Augustus-Portraits. I. Der Actium-Typus* », *L'Antiquité classique*, 44/1, 1975, p. 393-397.

BARRANDON, Nathalie, *Les massacres de la République romaine. Histoire*, Paris, Fayard, 2018.

BEDON, Robert, « Les sources mises à contribution par Solin dans ses *Collectanea rerum memorabilium* et dans leur réédition revue et augmentée, le *Polyhistor* », *Revue des études latines*, 109, 2019, p. 127-150.

Beltrán, Antonio, « Juba II y Ptolomeo, de Mauritania, II viri quinquennales de Carthago Nova », *Caesaraugusta*, 51/2, 1980, p. 133-141.

Bénabou, Marcel, *La résistance africaine à la romanisation*, Paris, Maspero, 1976.

Bénabou, Marcel, « Juba II ou l'africanité vassale de Rome », dans *Les Africains*, t. IX, dir. Charles-André Julien, Magali Morsy, Catherine Coquery-Vidrovitch et Yves Person, Paris, Éd. Jeune Afrique, 1977, p. 145-165.

Bénabou, Marcel, « Les trois fidélités du bon roi Juba », *Le Genre humain*, 1/16-17, 1988, p. 201-214.

Bénabou, Marcel, « Entre l'Histoire et l'Ouvroir ou Noé arrachant lui-même son manteau », *L'Inactuel*, n. s., 12, 2004, p. 135-143.

Bennassar, Bartolomé, « La biographie, un genre historique retrouvé », dans *Biographies et récits de vie*, dir. Kmar Bendana, Katia Boissevain et Delphine Cavallo, Tunis, Institut de recherche sur le Maghreb contemporain, 2005, p. 89-95.

Bennett, Chris, « Drusilla Regina », *The Classical Quaterly*, vol. 53, n° 1, 2003, p. 315-319.

Benoist, Stéphane, *La Fête à Rome au Ier siècle de l'Empire. Recherches sur l'univers festif sous les règnes d'Auguste et des Julio-Claudiens*, Bruxelles, Latomus, 1999.

Bensalah, Mohamed, « La place du matériau cinéma en historiographie (avec séquence de films réalisés sur Massinissa) », dans *Actes de colloque international. Massinissa, au cœur de la consécration du premier État numide. Masensen, win yesbedden tagelda tamezwarut n Yimaziyen*, Alger, Haut-Commissariat à l'amazighité, 2015, p. 72-74.

Benseddik, Nacéra, « Histoire coloniale. Les tribulations des collections archéologiques de l'Algérie », *Libyan Studies*, 50, 2019, p. 165-177.

Benseddik, Nacéra, « Massinissa, Syphax, Juba… en Algérie aujourd'hui », dans *L'exposition « Die Numider », 40 ans après. Bilan et perspectives des recherches sur les Numides*, dir. Mustapha Khanoussi et Mansour Ghaki, Tunis, Institut national du patrimoine, 2021, p. 575-586.

Bernard, Gwladys, « Héros et monstres des confins occidentaux de l'oecoumène », dans *Confines. El extremo del mundo durante la Antigüedad*, dir. Gwladys Bernard, Iván García et Fernando Prados, Alicante, Publicaciones de la Universidad de Alicante, 2012, p. 73-94.

Bernard, Gwladys, « Le lien de *contributio* entre colonies et communautés de citoyens romains dans les provinces africaines : réflexions sur les colonies de la Confédération cirtéenne et sur la *contributio* entre *Icosium* et *Illici* », dans *Centres de pouvoir et organisation de l'espace*, éd. Claude Briand-Ponsart, Caen, Presses universitaires de Caen, 2014, p. 65-80.

Bernard, Gwladys, *Nex plus ultra. L'Extrême Occident méditerranéen dans l'espace politique romain (218 av. J.-C.-305 apr. J.-C.)*, Madrid, Casa de Velázquez, 2018.

Bertrand, Romain, *L'Histoire à parts égales. Récits d'une rencontre Orient-Occident (XVIe-XVIIe siècle)*, Paris, Éditions du Seuil, 2011.

Bertrandy, François, « L'aide militaire de Juba Ier aux pompéiens pendant la guerre civile en Afrique du Nord (50-46 av. J.-C.) », dans *113e congrès national des sociétés savantes, Strasbourg, 1988. IVe colloque sur l'histoire et l'archéologie de l'Afrique du Nord*, t. II, Paris, CTHS, 1991, p. 289-297.

Bertrandy, François, « Entre Numidie et Maurétanie, l'Ampsaga ou les Ampsaga », dans *Le fleuve et ses métamorphoses. Actes du colloque international tenu à l'université Lyon III-Jean Moulin les 13, 14 et 15 mai 1992*, dir. François-Marie Piquet, Paris, Didier érudition, 1993, p. 125-132.

Bertrandy, S., s. v. « Cirta », dans *Encyclopédie berbère*, Aix-en-Provence, Édisud, t. XIII, 1994, p. 1964-1977.

Bianchetti, Serena, « Il mistero del Nilo e l'idea di Africa nel pensiero geografico antico », dans *Libyae Lustrare Extrema. Realidad y literatura en la visión grecorromana de África. Homenaje al Prof. Jehan Desanges*, dir. José María Candau Morón, Francisco José González Ponce et Antonio Luis Chávez Reino, Séville, Universidad de Sevilla, 2008, p. 195-210.

BOUDOUHOU, Nouzha, REBUFFAT, René, s. v. « Moulouya », dans *Encyclopédie berbère*, Louvain, Peeters, t. XXXII, 2010, p. 5091-5095.

BOUTIER, Jean, « Les voyages des rois de France », *L'Histoire*, 24, 1980 (article en ligne : https://www.lhistoire.fr/les-voyages-des-rois-de-france).

BRIAND-PONSART, Claude, « Sophonisbe ou le prix à payer pour devenir vassal de Rome ? », dans *Dieu(x) et hommes. Histoire et iconographie des sociétés païennes et chrétiennes de l'Antiquité à nos jours. Mélanges en l'honneur de F. Thelamon*, dir. Sylvie Crogiez-Pétrequin, Rouen, Publications des universités de Rouen et du Havre, 2005, p. 327-343.

BRIAND-PONSART, Claude, « La Numidie ou la difficulté de devenir une province », dans *Provinces et identités provinciales en Afrique du Nord antique*, dir. Claude Briand-Ponsart et Yves Modéran, Caen, Publications du CRAHM, 2011, p. 153-188.

BRIDOUX, Virginie, *Les royaumes d'Afrique du Nord. Émergence, consolidation et insertion dans les aires d'influences méditerranéennes (201-33 av. J.-C.)*, Rome, École française de Rome, 2020.

BRIQUEL, Dominique, « Hannibal sur les pas d'Héraklès : le voyage mythologique et son utilisation dans l'histoire », dans *Voyageurs et Antiquité classique*, dir. Hervé Duchêne, Dijon, Éditions universitaires de Dijon, 2003, p. 51-60.

CADOTE, Alain, *La romanisation des dieux. L'*interpretatio romana *en Afrique du Nord sous le Haut-Empire*, Leyde-Boston, Brill, 2006.

CALLEGARIN, Laurent, « Considérations sur le périple de Sertorius dans la zone du détroit de Gibraltar (81-78 av. J.-C.) », *Pallas. Revue d'études antiques*, 60, 2002, p. 11-44.

CALLEGARIN, Laurent, « La côte maurétanienne et ses relations avec le littoral de la Bétique (fin du IIIe A.C.- Ier siècle P.C.) », *Mainake*, 30, 2008, p. 289-328.

CALLEGARIN, Laurent, MOREAU, Julien, « Le Gétule : cet autre insaisissable (première partie) », dans *Figures de l'étranger autour de la Méditerranée antique. « À la rencontre de l'Autre »*, dir.

Marie-Françoise Marein, Patrick Voisin et Julie Gallego, Paris, L'Harmattan, 2009, p. 203-222.

Callegarin, Laurent, « La Maurétanie occidentale à l'époque romaine : une terre de confins entre l'Atlantique et l'Atlas », dans *Confines. El extremo del mundo durante la Antigüedad*, dir. Gwladys Bernard, Iván García et Fernando Prados, Alicante, Publicaciones de la Universidad de Alicante, 2012, p. 125-148.

Callegarin, Laurent, « Production et mouvements monétaires en Hispanie et Maurétanie (iiie siècle av. J.-C.-i^{er} apr. J.-C.) », dans *D'une rive à l'autre. Circulations et échanges entre la Maurétanie césarienne et le sud-est de l'Hispanie (Antiquité-Moyen Âge)*, dir. Touatia Amraoui et Alejandro Quevedo, Oxford, Archaeopress, 2022, p. 53-80.

Camacho Rojo, José María, Fuentes González, Pedro Pablo, s. v. « Iuba (Juba) II de Maurétanie », dans *Dictionnaire des philosophes antiques*, t. III, dir. Richard Goulet, Paris, CNRS, 2000, p. 940-954.

Campos Daroca, Javier, s. v. « Bérose de Babylone », dans *Dictionnaire des philosophes antiques*, t. II, dir. Richard Goulet, Paris, CNRS, 1994, p. 95-104.

Camps, Gabriel, *Aux origines de la Berbérie : monuments et rites funéraires protohistoriques*, Paris, Arts et métiers graphiques, 1961.

Camps, Gabriel, *Aux origines de la Berbérie : Massinissa ou les Débuts de l'Histoire*, Alger, Imprimerie officielle, 1962.

Camps, Gabriel, « Les Numides et la civilisation punique », *Antiquités africaines*, 14, 1979, p. 43-53.

Camps, Gabriel, « Les derniers rois numides : Massinissa II et Arabion », *Bulletin archéologique du Comité des travaux historiques et scientifiques*, n. s., 17 B, 1984, p. 303-310.

Camps, Gabriel, « Grande ou Petite Numidie ? », dans *Vbique amici. Mélanges offerts à Jean-Marie Lassère*, dir. Christine Hamdoune, Montpellier, CERCAM, 2001, p. 67-84.

Camps, Gabriel, « Liste onomastique libyque. Nouvelle édition », *Antiquités africaines*, 38/3, 2002, p. 211-257.

CAMPS, Gabriel, *Les Berbères. Mémoire et identité*, Arles, Actes Sud, 2007.

CAMPS, Gabriel, s. v. « Medracen », dans *Encyclopédie berbère*, Louvain, Peeters, t. XXXI, 2010, p. 4834-4852.

CAMPS, Gabriel, CLAUDOT-HAWAD, Hélène, CHAKER, Salem, ABROUS, Dahbia, s. v. « Écriture », dans *Encyclopédie berbère*, Aix-en-Provence, Édisud, t. XVII, 1996, p. 2564-2585.

CAMPS, Gabriel, CHAKER, Salem, LAPORTE, Jean-Pierre, « Deux nouvelles stèles kabyles au cavalier », *Bulletin archéologique du Comité des travaux historiques et scientifiques*, n. s., 25, 1999, p. 19-32.

CANTIER, Jacques, « L'Algérie au regard de l'histoire : un exemple d'évolution de l'historiographie coloniale », *Cahier d'histoire immédiate*, 6/6, 1994, p. 29-55.

CANTIER, Jacques, « Histoire et historiens de l'Algérie. Une tentative de synthèse de l'histoire coloniale au tournant des années 1930 », dans *Décoloniser l'histoire ? De « l'histoire coloniale » aux histoires nationales en Amérique latine et en Afrique (XIXe-XXe siècles)*, dir. Sophie Dulucq et Colette Zytnicki, Saint-Denis, Publications de la Société française d'histoire d'outre-mer, 2003, p. 25-37.

CASAJUS, Dominique, « Sur l'origine de l'écriture libyque. Quelques propositions », *Afriques. Débats et lectures*, dossier hors-série, <http://afriques.revues.org/1203> mis en ligne le 4 juin 2013 [consulté le 1er décembre 2020].

CAZEAUX Mathilde, « Massinissa, traître loyal : paradoxes d'une figure héroïque chez Tite-Live », *L'Africa romana*, 20/1, 2015, p. 299-306.

CAZEAUX, Mathilde, « Massinissa et Syphax, un diptyque barbare chez Tite-Live », dans *Formes du portrait dans le monde hellénistique et romain*, dir. Béatrice Bakhouche, Paris, Garnier, 2017, p. 189-210.

CHAKER, Salem, « Variétés des usages libyques : variations chronologiques, géographiques et sociales », *Antiquités africaines*, 38-39, 2002, p. 267-273.

CHAKER, Salem, « Les Lybiens, le libyco-berbère : un peuple, une langue sans nom (propre) », dans *Comment s'écrit l'autre ? Sources épigraphiques et papyrologiques dans le monde méditerranéen antique*, dir. Coline Ruiz Darasse, Bordeaux, Ausonius, 2020, p. 97-106.

Chaouali, Moheddine, « Précisions sur le tracé de la *Fossa Regia* : le tronçon septentrional », *Comptes rendus de l'Académie des inscriptions et belles-lettres*, Paris, 2020, p. 501-508.

Chausson, François, « Qui était Masgaba ? », dans *Il Mediterraneo e la storia II. Naviganti, popoli e culture ad Ischia e in altri luoghi della costa tirrenica*, dir. Laura Chioffi, Mika Kavan et Simo Örmä, Rome, *Acta Instituti Romani Finlandiae* 45, 2017, p. 59-73.

Christol, Michel, Gascou, Jacques, « Volubilis, cité fédérée ? », *Mélanges de l'École française de Rome. Antiquité*, 92/1, 1980, p. 329-345.

Christol, Michel, Cosme Pierre, Hurlet Frédéric, Roddaz Jean-Michel, *Histoire romaine*, Paris, Fayard, 2021.

Coarelli, Filippo, Thébert, Yvon, « Architecture funéraire et pouvoir : réflexions sur l'hellénisme numide », *Mélanges de l'École française de Rome*, 100/2, 1988, p. 761-818.

Cogitore, Isabelle, « Crinagoras et les poètes de la *Couronne de Philippe* : la cour impériale romaine dans les yeux des Grecs », dans *Des rois au prince. Pratiques du pouvoir monarchique dans l'Orient hellénistique et romain (ive siècle av. J.-C.-iie siècle apr. J.-C.)*, dir. Ivana Savalli-Lestrade et Isabelle Cogitore, Grenoble, ELLUG, 2010, p. 253-269.

Coltelloni-Trannoy, Michèle, *Le royaume de Maurétanie sous Juba II et Ptolémée (25 av. J.-C.-40 apr. J.-C.)*, Paris, CNRS, 1997a.

Coltelloni-Trannoy, Michèle, « Les liens de clientèle en Afrique du Nord, du iie siècle av. J.-C. jusqu'au début du principat », *Bulletin archéologique du Comité des travaux historiques et scientifiques. Afrique du Nord*, n. s. 24, 1997b, p. 59-82.

Coltelloni-Trannoy, Michèle, « L'annexion de la Maurétanie : terminologie et enjeu de la guerre », dans *Vbique amici. Mélanges offerts à Jean-Marie Lassère*, dir. Christine Hamdoune, Montpellier, CERCAM, 2001, p. 129-157.

Coltelloni-Trannoy, Michèle, « Hercule en Maurétanie : mythe et géographie au début du principat », dans *L'Afrique du Nord antique et médiévale. Mémoire, identité et imaginaire*, dir. Claude

Briand-Ponsart et Sylvie Crogiez, Rouen, Publications de l'université de Rouen, 2002, p. 41-58.

Coltelloni-Trannoy, Michèle, s. v. « Juba », dans *Encyclopédie berbère*, Aix-en-Provence, Édisud, t. XXV, 2003, p. 3914-3938.

Coltelloni-Trannoy, Michèle, « L'usage du grec dans les royaumes et les provinces romaines d'Afrique », dans *Identités et cultures dans l'Algérie antique*, dir. Claude Briand-Ponsart, Rouen, Publications des universités de Rouen et du Havre, 2005a, p. 69-117.

Coltelloni-Trannoy, Michèle, « Rome et les rois "amis et alliés du peuple romain" en Afrique (ier siècle av. J.-C./ier siècle apr. J.-C.) », *Pallas*, 68, 2005b, p. 117-144.

Coltelloni-Trannoy, Michèle, compte rendu du livre de Duane W. Roller (*The World of Juba II and Kleopatra Selene*), *Gnomon*, 79, 2007, p. 272-274.

Coltelloni-Trannoy, Michèle, s. v. « Maurétanies (Royaumes) », dans *Encyclopédie berbère*, Paris-Louvain, Peeters, t. XXXI, 2010, p. 4717-4737.

Coltelloni-Trannoy, Michèle, « Les communautés grecques dans les cités africaines : les cas de Carthage, Cirta, Thuburnica », *Revue des études grecques*, 124/2, 2011a, p. 549-571.

Coltelloni-Trannoy, Michèle, « La Maurétanie royale et les débuts de la Maurétanie césarienne », dans *Provinces et identités provinciales dans l'Afrique romaine*, éd. Claude Briand-Ponsart et Yves Modéran, Caen, Publications du CRAHM, 2011b, p. 87-109.

Coltelloni-Trannoy, Michèle, « Encore les *Icositani* », dans *Visions de l'Occident romain : hommages à Yann Le Bohec*, éd. Bernadette Cabouret, Agnès Groslambert et Catherine Wolff, Paris, De Boccard, 2012, p. 137-152.

Coltelloni-Trannoy, Michèle, s. v. « Ptolémée de Maurétanie », dans *Encyclopédie berbère*, Paris-Louvain, Peeters, t. XXXIX, 2015, p. 6604-6607.

Coltelloni-Trannoy, Michèle, « Les cérémonies du culte royal dans l'Afrique antique », dans *Le cérémonial dans les sphères politiques et religieuses à travers les âges. Actes du colloque international du département d'histoire, 19-21 nov. 2015*, dir. Mehdi Jerad, Tunis, Latrach édition, 2017, p. 23-41.

Coltelloni-Trannoy, Michèle, « Quel usage du grec dans l'épigraphie publique africaine ? », dans *Pratiques du grec dans l'épigraphie de l'Occident : contextes, origines et pratiques culturelles. Actes de la XXII*[e] *Rencontre franco-italienne sur l'épigraphie du monde romain (Autun, 22-24 juin 2017)*, dir. François Chausson, Antony Hostein et Benoît Rossignol, Bordeaux, Ausonius, 2022, p. 247-266.

Coltelloni-Trannoy, Michèle, Bridoux, Virginie, Brouquier-Reddé, Véronique, dir., *Le Cercle du Détroit dans l'Antiquité : l'héritage de Miguel Tarradell*, Louvain, Peeters, 2016 (= *Karthago*, vol. 29, 2014-2015).

Coltelloni-Trannoy, Michèle, Leveau, Philippe, Satre, Stéphanie, dir., *Caesarea à l'époque des rois de Maurétanie. Témoignages épigraphiques sur la cour de ses rois et la population de leur capitale*, à paraître.

Coqueugniot, Gaëlle, « À propos des bibliothèques d'Athènes, de la fin de l'époque archaïque à l'époque impériale », dans *Locum Armarium Libros. Livres et bibliothèques dans l'Antiquité*, dir. Nicolas Amoroso, Marco Cavalieri et Nicolas L.J. Meunier, Louvain, Presses universitaires de Louvain, 2017, p. 287-310.

de Chaisemartin, Nathalie, *Rome. Paysage urbain et idéologie. Des Scipions à Hadrien (II*[e] *s. av. J.-C.-II*[e] *s. apr. J.-C.)*, Paris, Armand Colin, 2003.

Décret, François, Fantar, Mhamed, *L'Afrique du Nord dans l'Antiquité*, Paris, 1998.

Deprest, Florence, *Géographes en Algérie (1880-1950). Savoirs universitaires en situation coloniale*, Paris, Belin, 2009.

Deprest, Florence, « La géographie, ça sert à coloniser ? Des géographes en situation coloniale », dans *Histoire de l'Algérie à la période coloniale (1830-1962)*, dir. Abderrahmane Bouchène, Jean-Pierre Peyroulou, Ounassa Siari-Tengour et Sylvie Thénault, Paris, La Découverte, 2014, p. 274-278.

Desanges Jehan, *Catalogue des tribus africaines de l'Antiquité classique à l'ouest du Nil*, Dakar, Université de Dakar, 1962.

DESANGES, Jehan, « Les territoires gétules de Juba II », *Revue des études anciennes*, 66, 1964, p. 33-47.

DESANGES, Jehan, *Recherches sur l'activité des Méditerranéens aux confins de l'Afrique (VIe siècle av. J.-C.-IV siècle après J.-C.)*, Rome, École française de Rome, 1978.

DESANGES, Jehan, « Permanence d'une structure indigène en marge de l'administration romaine : la Numidie traditionnelle », *Antiquités africaines*, 15, 1980, p. 77-89.

DESANGES, Jehan, « Les sources de Pline dans sa description de la Troglodytique et de l'Éthiopie (*NH* 6, 163-97) », dans *Pline l'Ancien témoin de son temps*, éd. Jackie Pigeaud et José Oroz Reta, Salamanque, Universidad Pontificia de Salamanca, 1987, p. 277-292.

DESANGES, Jehan, s. v. « Atlas », dans *Encyclopédie berbère*, Aix-en-Provence, Édisud, t. VII, 1989a, p. 1013-1026.

DESANGES, Jehan, « L'hellénisme dans le royaume protégé de Maurétanie (25 av. J.-C.-40 apr. J.-C.) », *Bulletin archéologique du CTHS*, n. s., fasc. 20-21, 1989b, p. 53-61.

DESANGES, Jehan, « Regards de géographes anciens sur l'Afrique mineure », dans *Regards sur la Méditerranée. Actes du VIIe colloque de la Villa Kérylos à Beaulieu-sur-Mer les 4 et 5 octobre 1996*, dir. Jean Leclant, Paris, Académie des inscriptions et belles-lettres, 1997a, p. 39-60.

DESANGES, Jehan, « Un témoignage masqué sur Juba II et les troubles de Gétulie », *Antiquités africaines*, 33, 1997b, p. 111-113.

DESANGES Jehan, s. v. « Gétules », dans *Encyclopédie berbère*, Aix-en-Provence, Édisud, t. XX, 1998, p. 3063-3065.

DESANGES Jehan, « Les îles Fortunées et leur environnement africain d'après Pomponius Méla et Pline l'Ancien », dans *Vbique amici. Mélanges offerts à Jean-Marie Lassère*, dir. Christine Hamdoune, Montpellier, CERCAM, 2001, p. 19-34.

DESANGES, Jehan, « Aspects de l'hellénisme dans l'Afrique du Nord antique », dans *La Méditerranée d'une rive à l'autre : culture classique et cultures périphériques. Actes du XVIIe colloque de la Villa Kérylos à Beaulieu-sur-Mer les 20 & 21 octobre 2006*, dir. André Laronde et Jean Leclant, Paris, Académie des inscriptions et belles-lettres, 2007, p. 167-184.

DESANGES, Jehan, s. v. « Maures (Antiquité) : *Mauri, Maurēnsii, Maurousii* », dans *Encyclopédie berbère*, Louvain, Peters, t. XXXI, 2010, p. 4710-4712.

DESANGES, Jehan, DUVAL, Noël, LEPELLEY, Claude, SAINT-AMANS, Sophie, *Cartes des routes et des cités de l'est de l'Africa à la fin de l'Antiquité d'après le tracé de Pierre Salama*, Turnhout, Brepols, 2010.

DEVILLERS, Olivier, SION-JENKINS, Karin, dir., *César sous Auguste*, Bordeaux, Ausonius, 2012.

DI CESARE, Riccardo, « Lo Ptolemaion », dans *Topografia di Atene : sviluppo urbano e monumenti dalle origini al III secolo d.C. Tomo 5*, Athènes, Scuola archeologica italiana, 2015, p. 749-751.

DIRÈCHE, Karima, « La vulgate historique berbère en Algérie : savoirs, usages et projections », dans *Les revendications amazighes dans la tourmente des « printemps arabes »*, dir. Mohand Tilmatine et Thierry Desrues, Rabat, Centre Jacques-Berque, 2017, p. 67-89.

DOMÍNGUEZ MONEDERO, Adolfo, « *Rex Iuba*, monarca e intelectual helenístico, y la Hispania de Augusto », *Gerión*, 35, 2017, p. 61-85.

DONDIN-PAYRE, Monique, « Une étape méconnue de l'histoire du Tombeau de la Chrétienne. Les premières fouilles (1855-1856) », dans *Vbique amici. Mélanges offerts à Jean-Marie Lassère*, dir. Christine Hamdoune, Montpellier, CERCAM, 2001, p. 87-99.

DONDIN-PAYRE, Monique, « Empire antique, empire contemporain : l'Afrique du Nord », dans *Figures d'empire, fragments de mémoire. Pouvoirs et identités dans le monde romain impérial, IIe s. av. n. è.-VIe s. de n. è.*, dir. Stéphane Benoist, Anne Daguet-Gagey, Christine Hoët-Van Cauwenberghe, Villeneuve-d'Ascq, Presses universitaires du Septentrion, 2011, p. 49-70.

DRAYCOTT, Jane, « The Symbol of Cleopatra Selene: Reading Crocodiles on Coins in the Late Republic and Early Principate », *Acta Classica*, 55, 2012, p. 43-56.

DRAYCOTT, Jane, *Cleopatra's Daughter: Egyptian Princess, Roman Prisoner, African Queen*, Londres, Bloomsbury, 2023.

Drogula, Fred K., *Cato the Younger. Life and Death at the End of the Roman Republic*, Oxford, 2019.

Dumézil, Georges, « Encore *Genius* », dans *Hommages à Robert Schilling*, dir. Hubert Zehnaker et Gustave Hentz, Paris, Les Belles Lettres, 1983, p. 85-92.

Duthoy, Robert, « Sens et fonction du patronat municipal durant le principat », *L'Antiquité classique*, 53, 1984, p. 145-156.

Faur, Jean-Paul, « La première conspiration contre Caligula », *Revue belge de philologie et d'histoire*, 51/1, 1973, p. 13-50.

Ferdi, Sabah, et Bouchenaki, Mounir, « Figures d'exception de l'Algérie antique et médiévale », dans *L'affirmation de l'identité dans l'Algérie antique et médiévale. Combats et résistances. Hommage à Kadria Fatima Kadra*, dir. Sabah Ferdi, Alger, CNRA, 2014, p. 121-131.

Ferjaoui, Ahmed, « Recherches archéologiques et toponymiques sur le site de Jama et dans ses alentours », *Comptes rendus des séances de l'Académie des inscriptions et belles-lettres*, 145/2, 2001, p. 837-864.

Ferrary, Jean-Louis, « Le roi Archélaos de Cappadoce à Délos », *Comptes rendus des séances de l'Académie des inscriptions et belles-lettres*, 145/2, 2001, p. 799-815.

Ferriès Marie-Claire, *Les partisans d'Antoine (des orphelins de César aux complices de Cléopâtre)*, Bordeaux, Ausonius, 2007.

Ferroukhi, Mahfoud, « Histoire, archéologie et statuaire de Cherchell, antique Iol-Caesarea : nouvelles considérations », *Bulletin d'archéologie algérienne*, 8, 2020, p. 101-148.

Fishwick, Duncan, *The Imperial Cult in the Latin West*, Leyde-New York, Brill, 1991.

Flamerie de Lachapelle, Guillaume, *Clementia. Recherches sur la notion de clémence à Rome, du début du Ier siècle a.C. à la mort d'Auguste*, Bordeaux, Ausonius, 2011.

Foucher, Michel, *L'invention des frontières*, Paris, Fondation pour les études de défense nationale, 1987.

GAGÉ, Jean, « De César à Auguste. Où en est le problème des origines du principat ? », *Revue historique*, 177, 1936, p. 312-319.

GAZZANO, Francesca, TRAINA, Giusto, « Plutarque, lecteur critique. Jalons d'une recherche sur l'historiographie fragmentaire grecque et latine », dans *Les historiens fragmentaires de langue grecque à l'époque romaine impériale et tardive*, dir. Eugenio Amato, Pasqua De Cicco, Bertrand Lançon et Tiphaine Moreau, Rennes, PUR, 2021, p. 323-342.

GHAKI, Mansour, « Les cités et les royaumes numide et maure », dans *Studi sul Mediterraneo antico in ricordo di Giovanni Tore*, dir. Carla Del Vais, Oristano, S'Alvure, 2012, p. 625-632.

GHAKI, Mansour, LAPORTE, Jean-Pierre, DUPUIS, Xavier, s. v. « Numides, Numidie », dans *Encyclopédie berbère*, Louvain, Peeters, t. XXXIV, 2012, p. 5633-5668.

GIARDINA, Giovanna R., s. v. « Héron d'Alexandrie », dans *Dictionnaire des philosophes antiques, III. Supplément*, Paris, CNRS, 2003, p. 87-103.

GOFFAUX, Bertrand, « Le culte au génie de la cité dans la péninsule Ibérique romaine », *Pallas*, 66, 2004, p. 157-179.

GOMEZ, Carole, « Les émissions monétaires à type isiaque de *Caesarea* et *Carthago Nova* : l'affirmation identitaire des rois maurétaniens », dans *D'une rive à l'autre. Circulations et échanges entre la Maurétanie césarienne et le sud-est de l'Hispanie (Antiquité-Moyen Âge)*, dir. Touatia Amraoui et Alejandro Quevedo, Oxford, Archaeopress, 2022, p. 187-200.

GOULET, Richard, s. v. « Athénodore de Tarse », dans *Dictionnaire des philosophes antiques, I*, dir. Richard Goulet, Paris, CNRS, 1994, p. 654-657.

GOULET, Richard, s. v. « Pollion (C. Asinius-) », dans *Dictionnaire des philosophes antiques, V*, dir. Richard Goulet, Paris, CNRS, 2012, p. 1211-1214.

GRENIER, Jean-Claude, « Cléopâtre Séléné reine de Maurétanie. Souvenirs d'une princesse », dans *Vbique amici. Mélanges offerts à Jean-Marie Lassère*, dir. Christine Hamdoune, Montpellier, CERCAM, 2001, p. 101-116.

GROS, Pierre, *L'Architecture romaine. 1. Les monuments publics*, Paris, Picard, 1996.

GSELL, Stéphane, « Juba II, savant et écrivain », *Revue africaine*, 68, 1927, p. 169-197.

GSELL, Stéphane, *Histoire ancienne de l'Afrique du Nord*, Paris, Hachette, t. V, 1927.

GSELL, Stéphane, *Histoire ancienne de l'Afrique du Nord*, Paris, Hachette, t. VIII, 1928.

GSELL, Stéphane, *Histoire ancienne de l'Afrique du Nord*, Paris, Hachette, t. VII, 1930.

GUÉDON, Stéphanie, *Le voyage dans l'Afrique romaine*, Bordeaux, Ausonius, 2010.

GUÉDON, Stéphanie, « Sur les pas de César en Afrique ? La question de son influence sur l'exploration des confins africains sous Auguste », dans *César sous Auguste*, éd. Olivier Devillers et Karin Sion-Jenkins, Bordeaux, Ausonius, 2012, p. 93-105.

GUÉDON, Stéphanie, *La frontière romaine de l'*Africa *sous le Haut-Empire*, Madrid, Casa de Velázquez, 2018.

GUÉDON, Stéphanie, « Modalités de circulation entre la Maurétanie césarienne et l'Hispanie : l'apport des sources écrites à l'époque tardive », dans *D'une rive à l'autre. Circulations et échanges entre la Maurétanie césarienne et le sud-est de l'Hispanie (Antiquité-Moyen Âge)*, dir. Touatia Amraoui et Alejandro Quevedo, Oxford, Archaeopress, 2022a, p. 19-28.

GUÉDON, Stéphanie, « La tribu. Échos contemporains de l'Antiquité au Maghreb », *Esprit*, n° 486, juin 2022b, p. 115-122.

HADAS-LEBEL, Mireille, « L'éducation des princes hérodiens à Rome et l'évolution du clientélisme romain », dans *Jews and Gentiles in the Holy Land in the Days of the Second Temple, the Mishnah and the Talmud*, dir. Menahem Mor, Aharon Oppenheimer, Jack Pastor et Daniel R. Schwartz, Jérusalem, Yad Ben-Zvi Press, 2003, p. 44-62.

HAMDOUNE, Christine, « Les points de ralliement des *gentes* », *Antiquités africaines*, 37, 2001, p. 93-104.

HAMDOUNE, Christine, « Les relations entre la Maurétanie occidentale et la Maurétanie orientale », *L'Africa romana*, 14/2, 2002, p. 1425-1443.

HAMDOUNE, Christine, « Les distiques élégiaques de Césarée et la *Familia* des rois de Maurétanie », *Antiquités africaines*, 49, 2013, p. 5-17.

HAMDOUNE, Christine, « *Nationes* et espace provincial », *L'Africa romana*, 20/2, 2015, p. 1009-1022.

HAMDOUNE, Christine, « L'épitaphe versifiée d'un esclave de la *familia* de Juba II », dans *Esclaves et maîtres dans le monde romain. Expressions épigraphiques de leurs relations*, dir. Monique Dondin-Payre et Nicolas Tran, Rome, École française de Rome, 2017, p. 83-96.

HAMDOUNE, Christine, *Ad fines Africae Romanae. Les mondes tribaux dans les provinces maurétaniennes*, Bordeaux, Ausonius, 2018.

HAMDOUNE, Christine, « Réceptivité religieuse dans la société de Césarée de Maurétanie à l'époque royale », dans *Operae pretium facimus. Mélanges en l'honneur de Charles Guittard*, dir. Mathilde Simon et Étienne Wolff, Paris, L'Harmattan, 2021, p. 451-463.

HANNOUZ, Aomar, « Mémoires et patrimonialisation d'un passé antéislamique : Mubârak al-Mîlî et l'ethnogenèse du peuple algérien », *L'Année du Maghreb*, 10, 2014, p. 115-141.

HARBI, Mohamed, « Préface », dans *Dictionnaire biographique de militants nationalistes algériens, 1926-1954*, Paris, L'Harmattan, 1985, p. 7-9.

HARBI, Mohamed, *L'Algérie et son destin. Croyants ou citoyens*, 3e éd. revue et corrigée, Paris, Éditions Bouchène, 2016.

HARTOG, François, *Le miroir d'Hérodote. Essai sur la représentation de l'autre. Nouvelle édition revue et augmentée*, Paris, Gallimard, 2001.

HÉRON DE VILLEFFOSSE, Antoine, *Rapport sur une mission archéologique en Algérie. Extrait des Archives des Missions scientifiques et littéraires, tome deuxième, troisième série*, Paris, Imprimerie Nationale, 1875.

HULOT, Sophie, « César génocidaire ? Le massacre des Usipètes et des Tenctères (55 av. J.-C.) », *Revue des études anciennes*, 120/1, 2018, p. 73-99.

HUMM, Michel, « Rome face à la menace d'Alexandre le Grand », dans *Guerre et diplomatie romaines, IVe-IIIe siècles av. J.-C. Pour un réexamen des sources*, dir. Emmanuèle Caire et Sylvie Pittia, Aix-en-Provence, Publications de l'université de Provence, 2006, p. 175-196.

HURLET, Frédéric, « Le gouverneur et les clientèles provinciales : la province romaine d'Afrique de sa création à Auguste (146 av. J.-C.-14 apr. J.-C.) », dans *Foreign* clientelae *in the Roman Empire. A Reconsideration*, éd. Martin Jehne et Francisco Pina Polo, Stuttgart, Franz Steiner Verlag, 2015, p. 165-183.

INOWLOCKI, Sabrina, « Une trace de Genèse 11:1-9 dans les *Fabulae* attribuées à Hygin ? », *Latomus*, 66/2, 2007, p. 342-349.

JACOB, Christian, *Géographie et ethnographie en Grèce ancienne*, Paris, Armand Colin, 2017.

JANON, Michel, « De Judée en Narbonnaise, reconnaissance de quelques sanctuaires du pouvoir », *Mélanges de l'École française de Rome. Antiquité*, 103/2, 1991, p. 735-783.

JOANNÈS, Francis, s. v. « Bérose », dans *Dictionnaire de la civilisation mésopotamienne*, dir. Francis Joannès, Paris, Robert Laffont, 2001, p. 124-125.

JODIN, André, *Les établissements du roi Juba II aux iles Purpuraires (Mogador)*, Tanger, Éditions marocaines et internationales, 1967.

KALLALA, Nabil, SANMARTÍ, Joan, BELARTE, Maria Carme, RAMON, Joan, BEN MOUSSA, Moncef, REVILLA, Víctor, « L'occupation du territoire d'*Althiburos*, du temps des Numides à la fin de l'Antiquité », dans *Centres de pouvoir et organisation de l'espace. Actes du Xe colloque international sur l'histoire et l'archéologie de l'Afrique du Nord préhistorique, antique et médiévale, Caen, 25-28 mai 2009*, dir. Claude Briand-Ponsart et Yves Modéran, Caen, Presses universitaires de Caen, 2014, p. 179-204.

La Blanchère, Marie-René de, *De rege Juba regis Jubae filio*, Paris, Ernest Thorin, 1883.

Lancel, Serge, *Carthage*, Paris, Fayard, 1992.

Lancel, Serge, *L'Algérie antique. De Massinissa à saint Augustin*, Paris, Éditions Place des Victoires, 2008.

Landwehr, Christa, « Die römischen Skulpturen von Caesarea Mauretaniae. Bildhauerkunst unter König Juba II », *Archäologischer Anzeiger*, 2002/2, p. 99-110.

Landwehr, Christa, « Les portraits de Juba II, roi de Maurétanie, et de Ptolémée, son fils et successeur », *Revue archéologique*, 2007/1, n° 43, p. 65-110.

Landwehr, Christa, *Die römischen Skulpturen von Caesarea Mauretaniae*, vol. 1-4, Berlin, Gebr. Mann, 1993 (vol. 1), puis Mayence, P. von Zabern, vol. 2-4, 2000-2008.

Laporte, Jean-Pierre, « Datation des stèles libyques figurées de Grande Kabylie », *L'Africa romana*, 9, 1992, p. 389-423.

Laporte, Jean-Pierre, « Isiaca d'Algérie (Maurétanie, Numidie et partie de la Proconsulaire) », dans *Isis en Occident. Acte du IIe colloque international sur les études isiaques, Lyon III, 16-17 mai 2002*, Leyde-Boston, Brill, 2004, p. 249-320.

Laporte, Jean-Pierre, « Massinissa et Ptolémée VIII Évergète II ou : "De la gastronomie à la politique internationale" », dans *Entre Afrique et Égypte : relations et échanges entre les espaces au sud de la Méditerranée à l'époque romaine*, dir. Stéphanie Guédon, Bordeaux, Ausonius, 2012, p. 213-219.

Laporte, Jean-Pierre, « Langues et cultures dans la Kabylie antique », *Études et documents berbères*, 41, 2019, p. 7-30.

Laporte, Jean-Pierre, « Notes sur quelques rois de Numidie et de Maurétanie », dans *L'exposition « Die Numider », 40 ans après. Bilan et perspectives des recherches sur les Numides*, dir. Mustapha Khanoussi et Mansour Ghaki, Tunis, Institut national du patrimoine, 2021, p. 207-238.

Laroui, Abdallah, *L'histoire du Maghreb : un essai de synthèse (Nouvelle édition)*, Paris, Maspero, 1982.

LASSÈRE, Jean-Marie, « Onomastica africana, I-IV », *Antiquités africaines*, 13, 1979, p. 227-234.

LASSÈRE, Jean-Marie, *Africa, quasi Roma (256 av. J.-C.-71 apr. J.-C.)*, Paris, CNRS, 2015.

LAUTER, Hans, « Les éléments de la *regia* hellénistique », dans *Le système palatial en Orient, en Grèce et à Rome. Actes du colloque de Strasbourg, 19-22 juin* 1985, dir. Edmond Lévy, Leyde, Brill, 1985, p. 345-355.

LEFEBVRE, Sabine, *L'administration de l'Empire romain. D'Auguste à Dioclétien*, Paris, Armand Colin, 2011.

LEPELLEY, Claude, « Une forme religieuse du patriotisme municipal : le culte du génie de la cité dans l'Afrique romaine », dans *Histoire et archéologie de l'Afrique du Nord. Actes du Ve colloque international réuni dans le cadre du 115e congrès national des sociétés savantes (Avignon, 9-13 avril 1990). Spectacles, vie portuaire, religions*, Paris, CTHS, 1992, p. 125-137.

LESCHI, Louis, « Un sacrifice pour le salut de Ptolémée, roi de Maurétanie », dans *Mélanges de géographie et d'orientalisme offerts à E.-F. Gautier*, Tours, Arrault et Cie, 1937, p. 332-340.

LEVEAU, Philippe, « L'urbanisme des princes clients d'Auguste : l'exemple de Caesarea de Maurétanie », dans *Architecture et société. De l'archaïsme grec à la fin de la République. Actes du colloque international organisé par le Centre national de la recherche scientifique et l'École française de Rome (Rome, 2-4 décembre 1980)*, Rome, École française de Rome, 1983, p. 349-354.

LEVEAU, Philippe, « La fin du royaume maure et les origines de la province romaine de Maurétanie césarienne », *Bulletin archéologique du CTHS*, n. s., fasc. 17 B, 1984a, p. 313-321.

LEVEAU, Philippe, *Caesarea de Maurétanie. Une ville romaine et ses campagnes*, Rome, École française de Rome, 1984b.

LEVEAU, Philippe, s. v. « Caesarea Mauretaniae », dans *Encyclopédie berbère*, Aix-en-Provence, Édisud, t. XI, 1992, p. 1698-1706.

LEVEAU, Philippe, « Caesarea Mauretaniae Cherchell », *Dossiers d'archéologie*, n° 286, 2003, p. 20-25.

LEVEAU, Philippe, « D'Alexandrie d'Égypte à *Caesarea* de Maurétanie : transfert de technologie hydraulique et diffusion d'un nouveau modèle urbain », dans *Entre Afrique et Égypte : relations et échanges entre les espaces au sud de la Méditerranée à l'époque romaine*, dir. Stéphanie Guédon, Bordeaux, Ausonius, 2012, p. 157-172.

LEVEAU, Philippe, « L'Afrique romaine, résistance et identité, histoire et mémoire », dans *L'affirmation de l'identité dans l'Algérie antique et médiévale. Combats et résistances. Hommage à Kadria Fatima Kadra*, dir. Sabah Ferdi, Alger, CNRA, 2014a, p. 37-59.

LEVEAU, Philippe, « Le bâtiment d'Ennabod (« redoute Amabar ») à Cherchell. Un pavillon royal à Caesarea ? », dans *Les Séminaires du CNRA. Édition 2013*, dir. Sabah Ferdi et Farid Ighilahriz, Alger, CNRA, 2014b, p. 8-23.

LEVEAU, Philippe, « L'archéologie française en Algérie et la résistance à la romanisation : les enjeux d'un débat », dans *Under Western Eyes. Approches occidentales de l'archéologie nord-africaine (XIXe-XXe siècles)*, dir. Hédi Dridi et Antonella Mezzolani Andreose, Bologne, BraDipUS, 2016, p. 127-138.

LEVEAU, Philippe, « Climat, sociétés et environnement aux marges sahariennes du Maghreb : une approche historiographique », dans *La frontière méridionale du Maghreb. Approches croisées (Antiquité-Moyen Âge)*, dir. Stéphanie Guédon, Bordeaux, Ausonius, 2018, p. 19-106.

LEVEAU, Philippe, « Les gardes du corps des rois de Maurétanie. Imitation de la cour de Rome et témoignage d'un projet politique », *Revue internationale d'histoire militaire ancienne*, 9, 2020, p. 191-202.

LEVEAU, Philippe, « Aux origines des collections épigraphiques et archéologiques : *Caesarea*, *Jubae regia* et les *basileia* des rois de Maurétanie », dans *Caesarea à l'époque des rois de Maurétanie. Témoignages épigraphiques sur la cour de ses rois et la population de leur capitale*, dir. Michèle Coltelloni-Trannoy, Philippe Leveau et Stéphanie Satre, à paraître.

LEVEAU, Philippe, RÉMY, Bernard, « Ésus en Afrique : à propos d'une inscription fragmentaire de *Caesarea Mauretaniae* commémorant l'exécution d'une injonction d'Ésus», *Antiquités africaines*, 50, 2014, p. 85-92.

LEVI, Giovanni, «Les usages de la biographie», *Annales. Économies, sociétés, civilisations*, 44/6, 1989, p. 1325-1336.

LÓPEZ SÁNCHEZ, Fernando, «The Coinage of Carthago Nova and the Roman Fleet of Missenum: Imperial Triumphs and Local *deductiones*», dans *The City and the Coin in the Ancient and Early Medieval Worlds*, Oxford, Archaeopress, 2012, p. 73-85.

LORCIN, Patricia M.E., *Imperial Identities: Stereotyping, Prejudices and Race in Colonial Algeria*, Londres-New York, I.B. Taurus, 1995.

MALLOCH, Simon J.V., «The Death of Ptolemy of Mauretania», *Historia*, 53/1, 2004, p. 38-45.

MANFREDI, Lorenza-Ilia, MEZZOLANI ANDREOSE, Antonella, dir., *Iside punica. Alla scoperta dell'antica Iol-Caesarea attraverso le sue monete*, Bologne, ISMA, 2013.

MAR, Ricardo, ARANEGUI, Carmen, «De la casa de Augusto en el Palatino al Palacio de Juba II en Lixus: los palacios imperiales de Roma vistos desde África», dans *Le regole del gioco. Tracce, archeologi, racconti. Studi in onore di Clementina Panella*, dir. Antonio F. Ferrandes et Giacomo Pardini, Rome, Edizioni Quazar, p. 337-355.

MARAINI, Toni, «Juba de Maurétanie et l'héritage antique», dans *Horizons maghrébins. Le droit à la mémoire. Place Jema'el Fna: Patrimoine oral de l'humanité. Héritage commun en Méditerranée*, n° 39, 1999, p. 43-61.

MARCOTTE, Didier, «La spedizione orientale di Gaio Cesare: per una nuova interpretazione di un epigramma dell'Antologia Palatina», *Sileno*, 37/1, 2011, p. 61-72.

MARX, Karl, *Le 18 Brumaire de Louis Bonaparte*, trad. française présentée par Samuel Hayat, Paris, Nouveau Monde éditions, 2017.

Massinissa: Actes de colloque international. Massinissa, au cœur de la consécration du premier État numide. Masensen, win yesbedden tagelda tamezwarut n Yimaziyen, Alger, Haut-Commissariat à l'amazighité, 2015.

Mattingly, David, « From One Colonialism to Another: Imperialism and the Maghreb », dans *Roman Imperialism: Post-Colonial Perspectives*, Leicester, Université de Leicester, 1996, p. 49-69.

Mattingly, David, *Between Sahara & Sea. Africa in the Roman Empire*, Ann Arbor, University of Michigan Press, 2023.

Mattingly, David, « Au-delà des “tribus” : quelques difficultés à enquêter sur les anciennes populations du Maghreb et du Sahara », dans *La tribu au Maghreb et au Sahara (Antiquité-Temps présent)*, dir. Stéphanie Guédon avec la collaboration de Yazid Ben Hounet et Charles Grémont, Bordeaux, Ausonius, 2024, p. 45-77.

Medas, Stefano, « La navigazione antica lungo le coste atlantiche dell'Africa e verso le Isole Canarie. Analisi della componente nautica a confronto con le esperienze medievali », dans *Los Fenicios y el Atlántico*, dir. Rafael Gonzalez Antón, Fernado López Pardo et Victoria Peña Romo, Madrid, Centro de Estudios Fenicios y Púnicos, 2008, p. 143-215.

Mederos Martín, Alfredo, Escribano Cobo, Gabriel, « Las Islas Afortunadas de Juba II. Púnico-gaditanos y romano-mauretanos en Canarias », *Gerión*, 20/1, 2002, p. 315-358.

Mederos Martín, Alfredo, « Los periplos atlánticos norteafricanos de Polibio y Juba II transmitidos por Plinio (*N.H.*, V, 9-10) », *Gerión*, 31, 2013, p. 239-268.

Michel, Anne-Claire, *La cour sous l'empereur Claude. Les enjeux d'un lieu de pouvoir*, Rennes, Presses universitaires de Rennes, 2015.

Moatti, Claudia, *La raison de Rome : naissance de l'esprit critique à la fin de la République (iie-i^er^ siècle av. J.-C.)*, Paris, Seuil, 1997.

Modéran, Yves, *Les Maures et l'Afrique romaine (ive-viie siècle)*, Rome, École française de Rome, 2003.

Moniot, Henri, « L'histoire des peuples sans histoire », dans *Faire de l'histoire. I. Nouveaux problèmes*, dir. Jacques Le Goff et Pierre Nora, Paris, Gallimard, 1974, p. 106-123.

Nef, Annliese, « L'invention des Berbères : retour sur la genèse de la catégorie “Barbar” au cours des premiers siècles de l'islam », dans *Les Berbères entre Maghreb et Mashreq (VIIe-XVe siècle)*, dir. Dominique Valérian, Madrid, Casa de Velázquez, 2021, p. 29-42.

NELIS, Damien, « L'*Énéide* et les origines de Rome : l'épopée étiologique », dans *Origines gentium*, dir. Valérie Fromentin et Sophie Gotteland, Bordeaux, Ausonius, 2001, p. 223-240.

NICOLET, Claude, *L'inventaire du monde*, Fayard, Paris, 1988.

NICOLS, John, *Civic Patronage in the Roman Empire*, Leyde, Brill, 2013.

PAPI, Emanuele, « Châteaux en Espagne : *Lixus 3* et le palais de Juba II », *Journal of Roman Archaeology*, 26, 2015, p. 800-807.

PARKER, Victor L., « *Romae omnia uenalia esse*. Sallust's Development of a Thesis and the Prehistory of the Jugurthine War », *Historia*, 53/4, 2004, p. 408-423.

PARMENTIER, Édith, BARONE, Francesca Prometea, *Nicolas de Damas. Histoires, Recueil de coutumes, Vie d'Auguste, Autobiographie*, Paris, Les Belles Lettres, 2011.

PEYRAS, Jean, « Les Méditerranéens et l'Atlantique dans l'Antiquité : géographies et anthropologie », *Babel*, 28, 2014, p. 13-55.

PICARD, Gilbert, « La date du théâtre de Cherchel et les débuts de l'architecture théâtrale dans les provinces romaines d'Occident », dans *Comptes rendus des séances de l'Académie des inscriptions et belles-lettres*, 119/3, 1975, p. 386-397.

PIETROBELLI, Antoine, « The Pharmacological Treatise Περὶ εὐφορβίου of Juba II, King of Mauretania », dans *'Greek' and 'Roman' in Latin Medical Texts: Studies in Cultural Change and Exchange in Ancient Medicine*, dir. Brigitte Maire, Leyde, Brill, 2014, p. 157-182.

PONS PUJOL, Lluis, « *Luxuria Mauretaniae.* ¿ La explotación de los productos de lujo como causa de la conquista ? », *Anuari de Filologia. Antiqua et Mediaevalia*, 11/1, 2021, p. 25-46.

QUÉZEL, Pierre, GAST, Marceau, s. v. « Euphorbes », dans *Encyclopédie berbère*, Aix-en-Provence, Édisud, t. XVIII, 1997, p. 2707-2710.

RAEPSET-CHARLIER, Marie-Thérèse, « La vie familiale des élites dans la Rome impériale : le droit et la pratique », *Cahiers du Centre Gustave Glotz*, 5, 1994, p. 165-197.

REBUFFAT, René, « La gestion du royaume en Afrique », dans *Centres de pouvoir et organisation de l'espace*, éd. Claude Briand-Ponsart, Caen, Presses universitaires de Caen, 2014, p. 43-64.

REMAOUN, Hassan, « L'intervention institutionnelle et son impact sur la pratique historiographique en Algérie : la politique "d'Écriture et de Réécriture de l'histoire", tendances et contre-tendances », *Insaniyat*, 19-20, 2003, p. 7-40.

RIBICHINI, « Hercule à Lixus et le jardin des Hespérides », dans *Lixus. Actes du colloque de Larache (8-11 novembre 1989)*, Rome, École française de Rome, 1992, p. 131-136.

RODDAZ, Jean-Michel, « Auguste et les confins », *L'Africa romana*, 15/1, 2004, p. 261-276.

RODDAZ, Jean-Michel, GOLVIN, Jean-Claude, *Hérode. Le roi architecte*, Paris, Errance, 2014.

ROLLER, Duane W., *The World of Juba II and Kleopatra Selene. Royal Scholarship on Rome's African Frontier*, New York-Londres, Routledge, 2003.

ROLLER, Duane W., *Cleopatra's Daughter and Other Royal Women of the Augustan Era*, Oxford-New York, Oxford University Press, 2018.

ROUIGHI, Ramzi, « La berbérisation et ses masques : le peuple berbère en question (VIIe-Xe siècle) », dans *Les Berbères entre Maghreb et Mashreq (VIIe-XVe siècle)*, dir. Dominique Valérian, Madrid, Casa de Velázquez, 2021, p. 15-28.

ROUVERET, Agnès, « Parrhasios ou le peintre assassin », dans *'Ars' et 'Ratio'. Sciences, art et métiers dans la philosophie hellénistique et romaine*, dir. Carlos Lévy, Bernard Besnier et Alain Gigandet, Bruxelles, Latomus, 2003, p. 184-193.

ROUVERET, Agnès, « La peinture antique entre Grèce et Rome : nouveaux objets, nouvelles approches », *Perspective. Actualité en histoire de l'art*, 2006, n° 1, p. 25-37.

ROUVERET, Agnès, « Ce que Pline l'Ancien dit de la peinture grecque :

histoire de l'art ou éloge de Rome ? », *Comptes rendus des séances de l'Académie des inscriptions et belles-lettres*, 151/2, 2007, p. 619-632.

SADDINGTON, Denis Bain, « Romanized Africans or Sophisticated Cosmopolitans? », *Scholia Reviews*, n. s. 13, 2004 (en ligne : http://www.casa-kvsa.org.za/legacy/ScholiaUpdate/2004/04-29rol.htm).

SAHLI, Mohamed, *Décoloniser l'histoire. Introduction à l'histoire du Maghreb*, Paris, Maspero, 1965.

SANTANA SANTANA, Antonio, ARCOS PEREIRA, Trinidad, « La descripción de África en Plinio (*Nat.* V y VI) », dans *Libyae Lustrare Extrema. Realidad y literatura en la visión grecorromana de África. Homenaje al Prof. Jehan Desanges*, éd. José María Candau Morón, Francisco José González Ponce et Antonio Luis Chávez Reino, Séville, Universidad de Sevilla, 2008a, p. 347-360.

SANTANA SANTANA, Antonio, ARCOS PEREIRA, Trinidad, « La expedición de Juba II a las Islas Afortunadas y el meridiano cero del *Orbis Terrarum* », dans *Orbis Terrarum. Internationale Zeitschrift für Historische Geographie der Alten Welt*, 9, 2008b, p. 143-158.

SARTRE, Maurice, « Les nomades dans l'Empire romain », dans *Le monde de l'itinérance en Méditerranée de l'Antiquité à l'époque moderne*, dir. Claudia Moatti, Wolfgang Kaiser et Christophe Pébarthe, Bordeaux, Ausonius, 2009, p. 51-91.

SARTRE, Maurice, *Cléopâtre. Un rêve de puissance*, Paris, Tallandier, 2018.

SAUMAGNE, Charles, *La Numidie et Rome. Masinissa et Jugurtha*, Paris, PUF, 1966.

SCHETTINO, Maria Teresa, « Giuba II, la sua storia di Roma e l'età augustea », dans *Fragments d'historiens grecs. Autour de Denys d'Halicarnasse*, dir. Sylvie Pittia, Rome, École française de Rome, 2002, p. 481-503.

SCHMITT, Rüdiger, s. v. « Isidorus of Charax », dans *Encyclopædia Iranica*, 14/2, 2007, p. 125-127.

SCHMITT-PANTEL, Pauline, *La cité au banquet. Histoire des repas publics dans les cités grecques*, Rome, École française de Rome, 1992.

SHIPLEY, D. Graham J., *Geographers of the Ancient Greek World. Selected Texts in Translation*, Cambridge, Cambridge University Press, 2024.

SIRAGO, Vito Antonio, « Il contributo di Giuba II alla conoscenza dell'Africa », *L'Africa romana*, 11/1, 1996, p. 303-317.

Splendeurs de Volubilis : *Splendeurs de Volubilis. Bronzes antiques du Maroc et de Méditerranée*, Marseille-Arles, Actes Sud, 2014.

SPOERRI BUTCHER, Marguerite, « Le monnayage d'argent émis par le roi Juba II de Maurétanie (I) : catalogue des monnaies datées », *Schweizerische Numismatische Rundschau*, 94, 2015, p. 33-114.

SPOERRI BUTCHER, Marguerite, « Juba II de Maurétanie (25 a.C.-24 p.C.). Quelques réflexions concernant le classement du numéraire d'argent non daté », dans *Rome et les Provinces. Monnayage et histoire. Mélanges offerts à Michel Amandry*, dir. Laurent Bricault, Andrew Burnett, Vincent Drost et Arnaud Suspène, Bordeaux, Ausonius, 2017, p. 123-132.

SUSPÈNE, Arnaud, « L'Empire et le royaume : des territoires inconciliables ? », dans *Des rois au prince. Pratiques du pouvoir monarchique dans l'Orient hellénistique et romain (IVe siècle av. J.-C.-IIe siècle apr. J.-C.)*, dir. Ivana Savalli-Lestrade et Isabelle Cogitore, Grenoble, UGA Éditions, 2010, p. 37-52.

SUSPÈNE, Arnaud, « L'apport de la documentation numismatique à l'étude des *Foreign Clientelae* : le cas de Juba II de Maurétanie », dans *Foreign* clientelae *in the Roman Empire. A Reconsideration*, éd. Martin Jehne et Francisco Pina Polo, Stuttgart, Franz Steiner Verlag, 2015, p. 185-206.

SUSPÈNE, Arnaud, « De l'amitié républicaine à l'amitié du prince : une approche politique de l'*amicitia* romaine (fin de la République-Haut Empire) », *Parlement(s). Revue d'histoire politique*, 3, 2016, p. 33-56.

SYME, Ronald, *The Augustan Aristocracy*, Oxford, Clarendon Press, 1986.

TARPIN, Michel, *Roma Fortunata. Identité et mutations d'une ville éternelle*, Gollion, InFolio, 2001.

TERIO, Simonetta, *Der Steinbock als Herrschaftszeichen des Augustus*, Münster, Aschendorff, 2006.

THÉBERT, Yvon, « Romanisation et déromanisation en Afrique : histoire décolonisée ou histoire inversée ? », *Annales. Économies, Sociétés, Civilisations*, 33e année, n° 1, 1978, p. 64-82.

THÉBERT, Yvon, « Royaumes numide et hellénisme », *Afrique & histoire*, 3, 2005, p. 29-37.

THOLBECQ, Laurent, « Strabon et Athénodore de Tarse : à propos de la description de Pétra à la fin du Ier s. av. J.-C. (*Géogr.*, XVI, 4, 21 et 26) », *Revue belge de philologie et d'histoire*, 87/1, 2009, p. 47-68.

THOMAS, Yan, « À Rome, pères citoyens et cités des pères (IIe siècle av. J.-C.-IIe siècle apr. J.-C.) », dans *Histoire de la famille. 1. Mondes lointains, mondes anciens*, éd. André Burguière, Paris, Armand Colin, 1986, p. 194-229.

TRAN, Nicolas, « Le cuisinier G. Iulius Niceros et la domesticité royale de Maurétanie », *Zeitschrift für Papyrologie und Epigraphik*, 187, 2013, p. 310-316.

VALÉRIAN, Dominique, dir., *Les Berbères entre Maghreb et Mashreq (VIIe-XVe siècle)*, Madrid, Casa de Velázquez, 2021.

VOISIN, Jean-Louis, « Le triomphe africain de 46 et l'idéologie césarienne », *Antiquités africaines*, 19, 1983, p. 7-33.

WACHTEL, Nathan, *La vision des vaincus. Les Indiens du Pérou devant la Conquête espagnole, 1530-1570*, Paris, Gallimard, 1971.

ZIMMERMANN, Klaus, s. v. « Libyens », dans *Encyclopédie berbère*, Aix-en-Provence, Édisud, t. XXVIII-XXIX, 2008, p. 4387-4389.

Table

Mise en pages : Bruno Ringeval

Ce volume,
publié aux Éditions Les Belles Lettres
a été achevé d'imprimer
en février 2025
sur les presses de SEPEC Numérique

N° d'imprimeur : N05425250202
N° d'éditeur : 11146
Dépôt légal : mars 2025